虞城故事

8

主编　韩承峰

执行主编　杨瑞庆

中国·苏州

古吴轩出版社

编委会

目　录

昆山历代方志述要

马一平

国有史，地有志，家有谱。地方志是中国传统文化的瑰宝。地方，即地域；志，就是记述、记载之意。地方志，古称地志、地记、图经、方志等，是指按一定体例，全面、系统地记述某一时期某一地域的自然、政治、经济、文化、社会的历史与现状的资料性文献，亦可称是地方的百科全书。赓续不断地编修地方志，是中华民族的优秀文化传统，已有2000多年的历史。中华人民共和国成立后，特别是改革开放以来，这一优良传统得到了继承和发扬，新编地方志取得了丰硕成果，发挥了资政、存史、教育的重要作用。方志成为记载历史、传承文明、服务当代、惠及子孙的千秋大业。

昆山地方志源远流长，从宋代起就开始编纂，流传至今，加上当代编纂，截至2015年底，共有新旧志书140部（存119部，佚21部），其中历代县（州、市）志22部（存13部）、历代乡镇志49部（存47部）、街道（村）志2部、专业（部门）志34部、其他专志33部（存23部），现简介于下。

历代县（州、市）志

共22部，存13部，佚9部。

1. ［三国·吴］《娄地记》一卷　三国吴时期顾启期纂。娄县，是昆山县前身。顾启期，生平不详。此志已佚。

［淳祐］《玉峰志》、［咸淳］《玉峰续志》，宣统元年（1909）刻本（马一平提供）

［至正］《昆山郡志》，1983年成文出版社有限公司影印宣统元年（1909）本（马一平提供）

2．［淳祐］《玉峰志》三卷　宋代项公泽修，凌万顷、边实纂。玉峰即昆山县，因玉峰山在昆山境内而得名。知县项公泽聘凌万顷、边实于淳祐十二年（1252）二月纂成，即刻于县学，原刻本已佚。此书为昆山现存最早的志书。其内容虽简，然颇精练。版本：共有24种，最早的是清嘉庆《宛委别藏》刻本；最新的是2010年11月广陵书社《昆山宋元三志》（1函全3册）点校本。

3．［咸淳］《玉峰续志》一卷　宋代谢公应修，边实纂。谢公应，合沙人，宋咸淳八年（1272）来昆山任知县。莅任后，以《玉峰志》已逾二十载，“颇有遗佚”，于是仍聘边实，赓续前志。历三月而成书，即以刊行，原刻本已佚。宋元之际，昆山志乘世不多得，故史料价值尤高。全国流传至今的宋代旧志仅43种，正志和续志并存者更稀少，仅8个地方，昆山即为其一。版本：共24种，最早的是清嘉庆《宛委别藏》刻本；最新的是2010年11月广陵书社《昆山宋元三志》（1函全3册）点校本。

4．［至正］《昆山郡志》六卷　元代孛罗帖木尔修，杨譓纂。元时昆山为州，故称郡志。杨譓，本籍浦城，徙居昆山太仓，为昆山州学训导，时州治在太仓城，著述颇多，晚年耗时十余年纂成此志，未刊刻，后譓卒。

孛罗帖木尔，唐兀人，至正元年（1341）冬，以车议大夫为昆山监州，有善政，与谌子杨才商议镌刻《昆山郡志》，请杨维桢作序后，即予刊行。版本：共15种，最早的是清嘉庆《宛委别藏》刻本。

5.《昆山续志》　元代顾德辉纂。元郭翼《与顾仲瑛书》载："时刊《昆山续志》……亡于元末战乱。"明方鹏《昆山人物志序》有"宋凌万顷、元杨谌、顾仲瑛，皆尝作志"语，明王同祖《三复方矫亭书》有"顾仲瑛刊《昆山续志》"。顾德辉（1310—1369），一名阿瑛，字仲瑛，号金粟道人，元末昆山信义（今正仪）人。著名大富商，当时江南文坛领袖人物。此志已佚。

6.《昆山志》八卷　明代殷奎纂。[乾隆]《昆山新阳合志》、[道光]《昆新两县志》、[光绪]《昆新两县续修合志》的《著述目》中均有著录。殷奎（1331—1376），元末明初昆山太仓人。曾任昆山、咸阳县学教谕。此志已佚。

7.[永乐]《昆山志》十八卷　明代范能纂。明永乐十五年（1417），范能与同邑盛颐、屈昉等编纂成《昆山志》十八卷，上缴官府，未能刊刻。此志已佚。

8.[景泰]《昆山县志》　明代蒋明纂。蒋明，明初昆山人，慈利县学教谕。景泰年间纂成此志，昆山知县郑达为之刊行。此志已佚。

9.[宣德]《昆山县志》十八卷、图六卷　明代季篪纂。季篪，常熟人，宣德年间任昆山县学训导时纂成此志，并刊刻成书。此志已佚。

[弘治]《昆山志》，2014年广陵书社点校本（马一平提供）

10.[弘治]《昆山志》

［嘉靖］《昆山县志》，1963年上海古籍书店《天一阁藏明代地方志选刊》影印本

十四卷　明代顾潜纂。顾潜（1471—1534），南直隶昆山县人，状元宰相顾鼎臣侄，弘治九年（1496）进士，仕至山西道监察御史。此志系顾氏家居时所辑，文字颇为简洁，取材也较精严。有些记载不见于史籍，比较珍贵。版本：稿（抄）本7种，最新的是2014年10月广陵书社点校本。

11.［嘉靖］《昆山县志》十六卷　明代杨逢春修，方鹏纂。杨逢春，福建同安人，嘉靖八年（1529）进士，授昆山知县。在任期间聘邑人方鹏主纂县志。方鹏（1470—1540），南直隶苏州府昆山县朱塘乡南新渎里（今属玉山镇南星渎村）人。正德三年（1508）与弟方凤同举进士，仕至南京太常寺少卿。方鹏嫌顾潜［弘治］《昆山县志》"太略"，故补其所遗，续所不足，纂后刻行。版本：共5种，最新的是2012年5月广陵书社点校本。

12.《昆山续志》十六卷（一作八卷）　明代王同祖纂。王同祖，南直隶苏州府昆山县人。正德十六年（1521）进士，仕至国子监司业。乾隆、道光、光绪昆新县志的《著述目》中均有著录。此志已佚。

13.［万历］《昆山县志》八卷　明代周世昌纂。周世昌，昆山人，太学上舍生，平生热心地方文献。其时去方鹏所纂嘉靖志已将近40年，世昌担心地方文献久而湮没，遂搜访旧志，参稽他史，考订摭拾，间附己见，终成一编。版本：明万历四年（1576）申思科刻本；1983年3月台北成文出版社有限公司《中国方志丛书》影印南浔嘉业堂藏万历四年刻本；2013年9月广陵书社点校本。

14.［康熙］《昆山县志稿》二十卷　清代董正位修，叶奕苞等纂。董正位，直隶宣府开平卫人，拔贡，康熙九年（1670）六月任昆山知县。叶奕苞（1629—1686），明末清初昆山县城人，文学家和戏曲家。昆山自明代最后一次修纂县志（万历四年周世昌《昆山县志》）后，已近百年没有续修了。董正位出任昆山知县后，延聘昆山名儒盛符升、叶奕苞主纂、邑人徐开禧（前翰林院编修）等5人同纂县志，不久，盛符升因复官赴任而去。至康熙十四年（1675）七月，董知县因积欠税粮而被劾离任，志书尚未脱稿。叶氏出于对桑梓志书的高度负责，终于以一己之力，又历时近10年完成了昆山清代第一部县志稿，但限于经费，未能刊刻。[道光]《昆新两县志》和[光绪]《昆新两县续修合志》之《著述目》中著录的盛符升《昆山志稿》、徐开禧《昆山志稿》，实际就是此部志稿，不能混淆成三部志稿。版本：稿本藏苏州图书馆；清康熙抄本；清抄本；1994年5月江苏科学技术出版社整理点校本。

15.《昆新志稿》十六卷　清代唐德宜纂。唐德宜，昆北澜漕（今属玉山镇）人。清雍正三年（1725）析昆山县县城之半设立新阳县，两县同城分治，故县志续修理应两县合纂。雍正末乾隆初，邑志失修170多年，唐氏特为之裒集掇拾，纂成《昆新志稿》十六卷。此志已佚。

16.[乾隆]《昆山新阳合志》三十八卷首一卷末一卷　清代邹召南、张予介等修，顾登、顾惇量等纂，王峻总裁。邹召南，汉阳人，乾隆十一年（1746）八月任昆山知县。张予介，平原（今属山东省）人，乾隆九年（1744）任新阳知县。顾登，昆山县城人，明代顾潜六世孙，曾任亳州

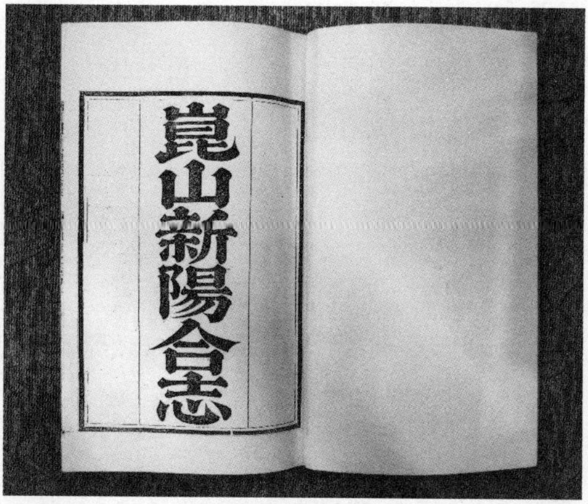

[乾隆]《昆山新阳合志》，清乾隆十六年（1751）刻本书影（马一平提供）

［道光］《昆新两县志》，清道光六年（1826）刻本（马一平提供）

同知。顾惇量，昆山县城人，明代赠少保顾恂十世孙，曾任县学训导。当时上距明万历县志后近170年未修邑志，清康熙年间虽曾修志但并未付刻，流传不广，且昆山、新阳分县已近30年。于是乾隆十三年（1748），由邑绅顾登创议，邹召南、张予介申报上级同意，顾登首捐三百金作开创之资，又无偿出借后浜下岸跨街临河处十间楼作修志馆所，敦请原［乾隆］《苏州府志》总裁的常熟人王峻为总裁，聘李桓、周奕钫、徐凌云、刘象春为分纂，顾登嘱族孙顾惇量主其事。在顾登的资助下，克尽艰难，终于在乾隆十六年（1751）季春完成县志的编纂刻印，世称《顾志》。［光绪］《昆新两县续修合志》卷五十《著述目下》著录的周奕钫《昆山续志》十六卷，就是此志，不能混成两部志。版本：清乾隆十六年（1751）刻本。

17.《昆新志略》九卷　清代戴溶纂。戴溶，清乾隆、嘉庆时昆山县张浦人，昆山县学廪膳生员。此志已佚。

18.［道光］《昆新两县志（昆山新阳两县志）》四十卷首一卷末一卷　清代张鸿、来汝缘等修，王学浩等纂，石蕴玉总裁。张鸿，古田（今属福建省）人，举人，嘉庆二十四年（1819）代理昆山知县。来汝缘，萧山人，举人，道光二年（1822）代理新阳知县。道光元年（1821），苏州知府宋如林议修府志，昆新两县已70多年未修续志，张鸿、来汝缘聘［道光］《苏州府志》总纂——苏州状元石蕴玉为总裁，邑人王学浩（举人）为总纂，邑人吴映奎、邱以燈、张宗城等16人参与编纂新志，至道光五年（1825）春而竣事，即付梓刊行，一切薪酬与编纂刊刻费用均由朱大松承担，世称《朱志》。需要指出的是，［光绪]《昆新两县续修合志》卷五十《著述目下》著录的吴映奎《昆新志稿》，就是此志，因他曾参与编纂，故个人著述目中也载入，但不能混淆成两部志。版本：清道光六年（1826）刻本；1991年4月江苏古籍出版社《中国地方志集成·江苏府县志辑》影印道光六年（1826）本。

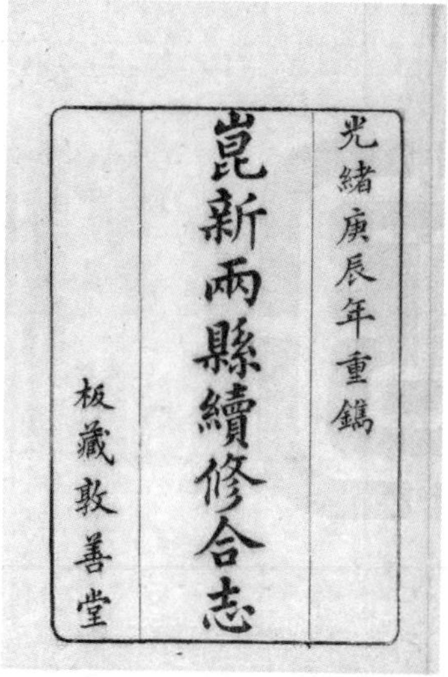

[光绪]《昆新两县续修合志》，清光绪六年（1880）敦善堂刻本书影（马一平提供）

19. [光绪]《昆新两县续修合志》五十二卷首一卷末一卷　清代金吴澜、丁廷鸾、李福沂等修，汪堃、朱成熙、李缃等纂。自[道光]《昆新两县志》成书后，至光绪初年已50余年。昆山知县金吴澜（嘉兴人）会同代理新阳知县丁廷鸾于光绪三年（1877）九月筹款开局修志，延请邑绅汪堃（进士）、朱成熙（进士）为总纂，贡生徐家畴、李缃、何顾绚、张星鑑为协纂，另聘邑中举人、贡生、生员17人任采辑分校、采访、收掌校刊之职。因续《道光志》，故名《续修合志》。光绪五年（1879）七月稿成，实李缃贡献最大，越年镌版刊行，板存敦善堂。所记两县史事，内容丰富，并仿《吴郡志》旁征博引以为注，记述详尽。版本：清光绪六年（1880）刻本；1991年6月江苏古籍出版社《中国地方志集成·江苏府县志辑》影印光绪六年本。

20. [民国]《昆新两县续补合志》二十四卷　连德英、赖丰熙、汪原渠修，李传元、赵诒琛等纂。连德英、赖丰熙、汪原渠相继为民国昆山县知事。李传元，邑人，翰林院编修。赵诒琛，正仪镇人，著名藏书家、刻书家和学者。民国初，“各州县奉省檄”修志，昆山因于民国六年（1917）秋设局修志，公推李传元为总纂，赵诒琛为主任，陈志坚、王德森、汪家玉为分纂，王直湘、马光榻为编校，并在市区和17个乡区，聘请

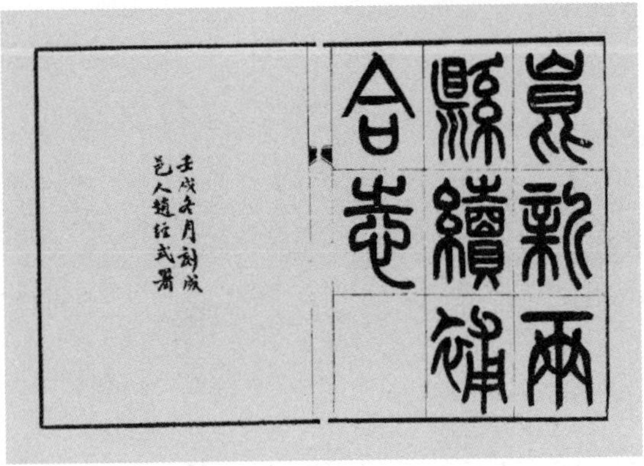

[民国]《昆新两县续补合志》，民国十二年（1923）刻本书影（马一平提供）

地方德高望重的饱学博识之士73人任采访，邑内儒林俊彦几囊括尽矣。经过全体编纂人员的努力，民国八年（1919）夏脱稿，再经复校定稿，于民国十二年（1923）初刻成刊行。记事起自光绪七年（1881），迄于宣统三年（1911）。因是对《光绪志》的续补，补前志之遗，续前志之无，遵循前志体例又略有变通和增益。此志之成，遂使我邑清代志乘幸成完璧。版本：民国十二年（1923）刻本；1991年6月江苏古籍出版社《中国地方志集成·江苏府县志辑》影印民国十二年（1923）本。

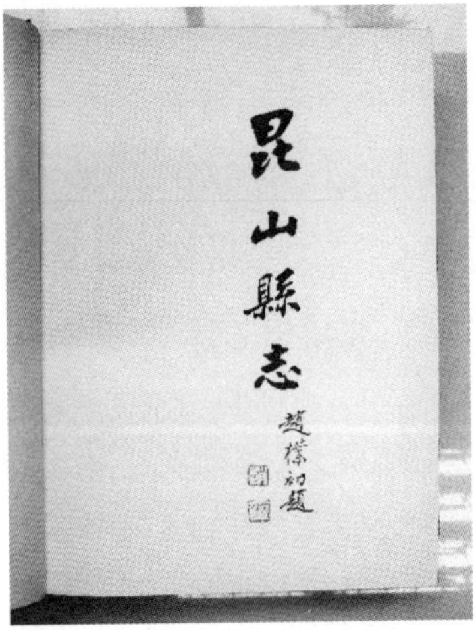

新编《昆山县志》，上海人民出版社1990年12月版（马一平提供）

21.《昆山县志》　昆山市地方志编纂委员会编，编委会主任吴克铨；主编王道伟。自1923年编刻成[民国]《昆新两县续补合志》以来，昆山60多年未修志。新县志编纂工作始于1986年秋，全县68个部门、20个乡镇建立编志机构，共300多人参与编纂。历时三年，八订纲目，四易其稿，终于在1989年10月完稿，经市四套班子和苏州市、江苏省地方志编纂委员会审核批准后，交付出版。这是中华人民共和国成立后昆山的第一部县志。此志上限不限，下限截至1987年底，着重记述1911年辛亥革命以来昆山沧海桑田的变化历程，政治、经济、社会、文化等各方面的史实。全书共27篇142章500节137万字，采用记、志、传、图、表、录等体裁，照片、行政区域地图、县城地图、序、凡例、概述、大事记置于书首，附录、编后记、修编人员名录列书末。1990年12月上海人民出版社出版。

《昆山市志（1981—2010）》，江苏人民出版社2013年11月版（马一平提供）

22.《昆山市志（1981—2010）》　昆山市地方志编纂委员会编，编委会主任管爱国、路军；主编王建东、郭秧全、蔡坤泉，执行主编张树成。2006年11月启动编纂，历时6年余，2013年11月付梓。这是中华人民共和国成立以来昆山的第二部县（市）志。上限1981年，下限截至2010年，全面记录了改革开放以来，特别是1989年昆山撤县设市以来政治、经济、社会、文化、生态等方面的大变革、大发展，使昆山建邑后2524年的历史得以清晰梳理、延续贯通。全书共38编615节，180多万字。2013年11月江苏人民出版社出版。

历代乡镇、街道（村）志

共51部（含淀山湖旧志1部、原属邻县周庄镇旧志2部、与邻县共辖分治镇旧志5部），存49部，佚2部。

以地域东南西北中为序。

1.《蓬朗镇志》　1992年6月上海三联书店出版。

2.《蓬朗镇志（1989—2003）》　2005年5月内部版。

3.《兵希镇志》　2001年4月哈尔滨出版社出版。

4.［嘉庆］《安亭志》二十卷　清代陈树德、孙岱纂。安亭镇从宋嘉定十年（1217）至1952年一直由昆山、嘉定两县合辖，东半部属嘉定，西半部属昆山。1952年9月安亭镇区西部的昆山部分划归嘉定。陈树德与孙岱是乾隆、嘉庆年间安亭人，舅甥关系。此志编纂于清代中期。［道光］《昆新两县志书》和［光绪］《昆新两县续修合志》的《著述目》中均著录孙岱《安亭江志》六卷，实仅人物志，《安亭志》已将其内容全部收入。版本：清嘉庆十三年（1808）刻本（竹纸）；民国二十六年（1937）安亭吴廷铨铅印本；1992年7月上海书店出版社《中国地方志集成》（乡镇志专辑3）版；2003年7月上海古籍出版社版；2004年1月上海社会科学院出版社《上海乡镇旧志丛书2》版。

5.《昆山市花桥镇志》　1997年6月上海科学技术文献出版社出版。

6.《花桥镇志（1995—2006）》　2011年7月广陵书社出版。

7.《菉溪志》四卷　清代诸世器纂。菉溪，即陆家浜，今陆家镇。诸世器，陆家浜镇南人。十五岁即中昆山秀才，后入陕西巡抚毕沅幕府，乾隆三十九年（1774）归里后纂成此志。版本：清乾隆三十九年稿本；民国二十八年（1939）朱启甲、蒋止逵铅印本；1992年8月江苏古籍出版社《中国地方志集成》（乡镇志专辑8）版。

8.《陆家镇志》　1992年12月中国大百科全书出版社上海分社出版。

9.《陆家镇志（1988—2006）》　2011年11月广陵书社出版。

10.《石浦镇志》　2003年5月中国华侨出版社出版。

11.《淀湖小志》八卷　清代诸福坤原著，陈庆林、万以增补著，陶惟坻校订，石中玉整理。诸福坤（1843—1902），号杏庐，周庄人，一代名儒；陈庆林即陈去病的原名，吴江同里镇人，著名诗人、辛亥革命元老，为诸福坤门生；万以增，青浦人，南社社员；陶惟坻，字小沚，周庄镇人，著名教育家、图书馆学家。该志纂辑约起于清同治末光绪初，经过光绪末年至民国初年三人相继的补著校订，仍然涂改杂乱，未能排整誊清，直至2004年方整理成书，历经一百多年。此志收录了淀山湖以及湖周边青浦县朱家角、金泽、商塌、昆山县杨湘（今淀山湖）、陈墓（昆山、元和两县合辖，今锦溪）、元和县周庄（今属昆山）、千墩（今千灯）镇的大量史料，可作昆南乡镇志的重要补充，具有较高的史料价值。该志打破传统行政区划一乡一镇各自为志的束缚，以淀山湖自然地理区域为范围，以治水史实为特色，以环湖镇村人文为重点，涵盖周边地理、水利、行政、军事、风物等，对后人编纂跨境域志书具有一定参考价值。版本：稿本；2005年8月上海社会科学院出版社《上海乡镇旧志丛书8》版。

12.《淀山湖镇志》　2005年6月西安地图出版社出版。

13.［嘉庆］《珠里小志》十八卷首一卷　清代周郁滨纂。珠里即朱家角，明万历年间成为繁荣大镇，名珠街阁，又称珠溪。镇区以北漕港、放生桥为界，河桥以北称井亭港镇，属昆山县；河桥以南称朱家角镇，属青浦县。1949年5月昆山县井亭港镇划归青浦县朱家角镇。周郁滨（1780—1834），朱家角小港村人。诸生（即秀才），手不释卷，博学多才。嘉庆十年（1805）起编写该志，历时12年至嘉庆二十二年（1817）纂成刊行。版本：清嘉庆二十二年（1817）刊本；1992年7月上海书店出版社《中国地方志集成》（乡镇志专辑2）版；2004年1月上海社会科学院出版社《上海乡镇旧志丛书7》版。

14.《淞南志》十八卷　清代陈元模纂。淞南是昆山吴淞江以南地区。陈元模，清康熙年间昆山千墩（今千灯）镇人，昆山县学生员。此志经过30多年编纂，五易其稿，完成于雍正四年（1726）。版本：清嘉庆十八年（1813）活字印本；1992年7月上海书店出版社《中国地方志集成》（乡镇志专辑4）版。

15.《续淞南志》一卷　清代陈云煌纂。陈云煌，是陈元模长子，昆山县学生员，岁贡生。续志完稿于乾隆十四年（1749）。版本：清嘉庆十八年(1813)活字印本;1992年7月上海书店出版社《中国地方志集成》(乡镇志专辑4)版。

16.《二续淞南志》二卷　清代陈至言纂。陈至言,是陈元模次子陈光亨之子,昆山县学生员。此志完成于嘉庆十八年(1813)。版本:清嘉庆十八年(1813)活字印本;1992年7月上海书店《中国地方志集成》(乡镇志专辑4)版。

17.《千灯镇志》　1991年4月上海人民出版社出版。

18.《千灯镇志(1988—2007)》　2015年4月江苏人民出版社出版。

19.《张浦杂记》二卷　清代许春霆撰辑,许沄、许淦校字续补。许春霆,昆山县张浦镇人,嘉庆例贡生。历时16年,于嘉庆二十二年(1817)夏辑成此志,后其子许沄、许淦于道光年间(1821—1850)校字并续补。南京博物院藏许氏家抄本二卷,卷上记张浦镇事,卷下述附近村落事,全书内容完整不缺,或是许沄、许淦校字续补时已厘为二卷,而[光绪]《昆新两县续修合志》卷五十《著述目下》、[民国]《昆山图书馆先哲遗书目录》著录时仍误录为三卷。

20.《张浦镇志》　1992年7月上海三联书店出版。

21.《张浦镇志1989—2008》　2015年12月江苏人民出版社出版。

22.《张浦镇志(大市卷)》　2003年12月西安地图出版社出版。

23.[乾隆]《陈墓镇志》十六卷首一卷　清代陈尚隆纂,陈树榖增续。陈墓(今锦溪)镇始于宋元之际,以南北流向的市河为界,河西称上塘,宋、元、明和清初均属长洲县,清雍正二年(1724)起改属元和县,民国元年(1912)属吴县;河东称下塘,宋、元、明、清、民国均属昆山县,1952年吴县陈墓镇划归昆山县。陈尚隆,康熙、雍正年间元和县陈墓人。志稿成于雍正二年(1724),未能刊行。其子树榖,于乾隆三十四年(1769)复加采集,增续志书,耗时两载,三易其稿而成。因志书属初创,跨越时间又久,所记缺略甚多。版本:清同治七年(1868)李文楷抄本;民国三十五年(1946)朱建三抄本;1992年江苏古籍出版社《中国地方志集成》（乡镇志专辑6）版。

24.《锦溪镇志》　1993年9月中国大百科全书出版社上海分社出版。

25.《锦溪镇志（1988—2006）》　2014年4月江苏人民出版社出版。

26.［嘉庆］《贞丰拟乘》二卷　清代章腾龙纂，陈勰增辑。贞丰，周庄镇古名。镇以油车漾、坝基为分界，东五分之四属长洲县（雍正三年起为元和县、民国元年起为吴县）苏台乡贞丰里，西五分之一属吴江县久咏乡二十八都。1950年1月镇西吴江县境域划给吴县，1952年9月吴县周庄镇划归昆山县。章腾龙（约1673—1753），周庄镇人，博艺多才，其甥吴江杨俊任广西兴业知县，往佐为书记。此志乃其归里后晚年所作。陈勰（1746—？），元和人，潜心制艺，医术亦精，藏书丰富。晚岁增补《贞丰拟乘》，72岁时补刻。版本：清嘉庆十五年（1810）聚星堂刻本；嘉庆二十二年（1817）增补本；民国补印清咸丰九年（1859）增刻本；抄本；1992年江苏古籍出版社《中国地方志集成》（乡镇志专辑6）版。

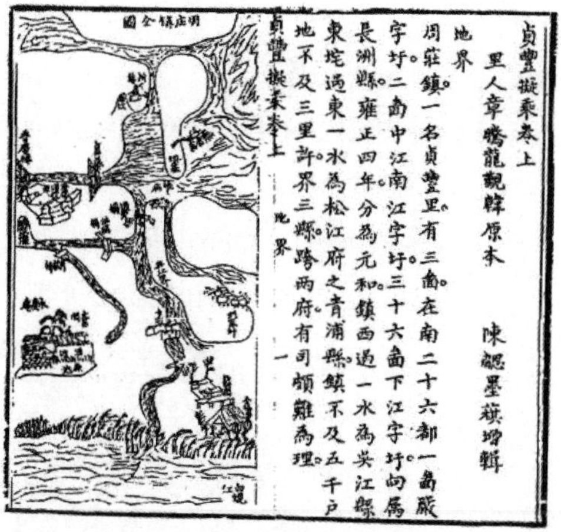
貞豐擬乘卷上
里人章騰龍覿韓原本　陳勰墨蕤增輯
地界
周莊鎮。一名貞豐里。有三扁。在南二十六都一扁歲字圩。二扁中江南江字圩。三十六扁下江字圩。向屬長洲縣。雍正四年。分為元和。鎮西過一水為吳江縣東垞過東一水為松江府之青浦縣。鎮不及五千戶地不及三里許。界三縣。跨兩府。有司頗難為理。
貞豐擬乘卷上　地界　一

［嘉庆］《贞丰拟乘》嘉庆十五年（1810）聚星堂刻本书影（马一平提供）

27.［光绪］《周庄镇志》六卷首一卷　清代陶煦纂。陶煦，元和县周庄镇人。清末被聘任《苏州府志》采访，因周庄已70年无志，于是详审搜罗，纂辑镇志。成稿后，商之于杨引传，多所是正，斟酌损益，又得力于堂弟善，其弟焘，子惟增、惟坻、惟坡为之绘图及校录，四易其稿而成书。体例脱胎于府、县志之并列门目，较为要而不烦，其所记却详于府县志。版本：清光绪八年（1882）元和陶氏仪一堂刊本；稿本

（题为《周庄镇识》，无卷次）；1992年江苏古籍出版社《中国地方志集成》（乡镇志专辑6）版。

28.《周庄镇志》　1992年5月上海三联书店出版。

29.《周庄镇志》上、下册　2014年7月江苏人民出版社出版。

30.［康熙］《吴郡甫里志》十二卷首一卷　清代陈惟中撰。甫里向分隶两县，约在元明时形成集镇，以东美桥、界浦、北港为分界，以西镇区的十之七八，属长洲县（清雍正二年起为元和县、民国元年起又为吴县），称甫里镇；以东镇区的十之二三属昆山县，称六直（甪直）镇。1952年9月镇区的昆山部分，划归吴县甪直镇。甫里的纂志，草创于明代成化时严维学、隆庆时马子问，继作于万历时金问川、崇祯时赵甫阳诸人，可惜都未能成书。入清后，稿渐散佚，康熙二十二年（1683）清政府纂修一统志，命各郡县修新志，于是陈惟中（长洲人）据尚存旧稿，重加考辑，网罗旧闻，删补新增，三易其稿而定。版本：清康熙四十一年（1702）树德堂刻本；抄本。

31.［乾隆］《吴郡甫里志》二十四卷首一卷　清代彭方周纂修，顾时鸿、王立礼校辑。彭方周，西蜀人，曾任元和县丞。彭氏在任时，根据康熙四十一年（1702）陈惟中所辑《吴郡甫里志》原稿重加修订补充，并将元和、昆山、新阳县志中有关部分辑入。其用力精勤，考订孜孜不怠。版本：清乾隆三十年（1765）刻本；抄本。

32.［光绪］《甫里志稿》一卷　清代许起、许玉瀛纂。许起（1828—1903），甫里镇人，贡生。工诗古文，善书法，通医术。许玉瀛为许起长子。当时，甫里距乾隆志后已130余年未修志，许起为保存乡邦文献，立志续修，遂着手搜集资料，并于晚年动笔编写。许起卒后，由许玉瀛续纂，约于光绪三十一年（1905）前后成稿。记事上限不限，下限大多断于光绪初年。版本：清光绪间稿本；抄本。

33.《张浦镇志（南港卷）》　2003年12月西安地图出版社出版。

34.《星溪杂志》　明万历年间邑人夏晧（字士炎）辑。此志已佚。

35.［乾隆］《信义志》（一作《星溪志略》）六卷　清代陈至言等纂。信义，又名真义、星溪、进义、正义、唆义、朱塘、鹿野、精谊，即原昆山市正仪镇，今正仪街道。信义是昆山县一大镇，地理位置重要，历史悠久，南朝梁时曾建信义县（县治即在信义）隶信义郡（析吴郡地置）。陈至言，信义人。雍正十一年（1733），至言与里人胡鼎铉（介公）、张洲（松年）和县中宿儒周奕钫（韩锡）搜采参考明夏晧《星溪杂志》，编纂是志，协助搜采、参订和校对者有徐昇初（号石泉）、俞天寿等人，至乾隆十七年（1752）冬完稿，最后由昆山顾惇量定稿。道光、光绪昆新县志之《著述目》著录的周奕钫《星溪志略》六卷，就是此志，不能混淆成两部志。版本：清稿本；光绪三十三年（1907）吉晖堂抄本；1992年江苏古籍出版社《中国地方志集成》（乡镇志专辑8）版。

36.《信义续志》四卷　清代道光末年里人魏宗萼（字孔怀，号雪江）、赵之骏（字月卿）同辑。此志已佚。

37.《信义志稿》二十一卷首一卷末一卷　清代赵诒翼纂。赵诒翼，信义镇人，光绪贡生，著述颇丰。此志下限为光绪三十四年（1908）。体例上以地、人、文、事为纲统率全志，在旧志中颇为独特，是乡镇志中的一部善志。版本：清宣统三年（1911）稿本；抄本；民国晒印抄本；1992年江苏古籍出版社《中国地方志集成》（乡镇志专辑6）版。

38.《正仪镇志》　1992年9月中国大百科全书出版社上海分社出版。

39.《巴溪志》不分卷　朱保熙纂。巴溪即今昆山市巴城镇，清代为县北之首镇。境接常熟，商贾帆樯，时时辐辏，实为通衢，与正仪镇犬牙相错。朱保熙，字慕丹，巴城镇人。版本：民国二十四年（1935）铅印本；1992年江苏古籍出版社《中国地方志集成》（乡镇志专辑6）版。

40.《巴城镇志》　1991年6月上海人民出版社出版。

41.《巴城镇志（1988—2008）》　2013年2月广陵书社出版。

42.《昆山市石牌镇志》　1995年3月上海科学技术文献出版社出版。

43.《陆杨镇志》　2001年10月文心出版社版。

44.《周市镇志》　2002年5月广东人民出版社出版。

45.《新镇镇志》　2002年5月广东人民出版社出版。

46.《昆山市城北镇志》　1995年6月上海科学技术文献出版社出版。

47.《昆山市城北镇志（续集）》　上海科学技术文献出版社2003年4月出版。

48.《昆山市玉山镇志》　1996年8月上海科学技术文献出版社出版。

49.《昆山市玉山镇志（1993—2001）》　2003年4月上海科学技术文献出版社出版。

50.《新阳街道志》　1994年11月上海科学技术文献出版社出版。

51.《同心村志》　2002年5月四川人民出版社出版。

专业（部门）志

共34部。

1.《昆山人民代表大会志（1954—2004）》　2004年6月内部版。

2.《昆山市政协志》　2006年3月内部版。

3.《昆山市工会志》　2001年5月中国社会出版社出版。

4.《昆山市土地志》　1998年9月上海科学技术文献出版社出版。

5.《昆山市农业志》　1994年5月上海科学技术文献出版社出版。

6.《昆山市农业机械志》　1994年7月上海科学技术文献出版社出版。

7.《昆山市农林志》　2013年8月广陵书社出版。

8.《昆山市粮食志》　1996年1月上海科学技术文献出版社出版。

9.《昆山县水利志》　1995年12月上海科学技术文献出版社出版。

10.《昆山市工业志》　1996年9月上海科学技术文献出版社出版。

11.《昆山市工业志（1991—2010）》　2014年9月古吴轩出版社出版。

12.《昆山市商业志》 1995年12月上海科学技术文献出版社出版。

13.《昆山县供销合作社志》 1992年3月中国大百科全书出版社上海分社出版。

14.《昆山市建设志》 2013年3月广陵书社出版。

15.《昆山市交通志(1986—2006)》 2011年5月广陵书社出版。

16.《昆山市财政志》 2005年5月东方出版社出版。

17.《昆山税务志》 1992年2月内部版。

18.《苏州市昆山地方税务志》 2014年9月江苏凤凰科学技术出版社出版。

19.《昆山县金融志》 1991年7月中国大百科全书出版社上海分社出版。

20.《昆山市民政志》 1992年8月上海科学技术文献出版社出版。

21.《昆山市人事志》 2011年11月广陵书社出版。

22.《昆山市劳动和社会保障志》 2013年4月广陵书社出版。

23.《昆山市公安志》 2012年10月广陵书社出版。

24.《昆山市军事志》 2011年6月内部版。

25.《昆山人民防空志》 2007年1月广陵书社出版。

26.《昆山市科学技术志》 2012年10月广陵书社出版。

27.《昆山县教育志》 1991年10月中国大百科全书出版社上海分社出版。

28.《昆山市教育志(1988—2007)》 2012年7月广陵书社出版。

29.《昆山市血防志》 1995年9月上海科学技术文献出版社出版。

30.《昆山红十字运动发展史》 2010年7月安徽人民出版社出版。

31.《亭林园志》 2006年3月西安地图出版社出版。

32.《江苏省昆山中学史(1946—2006)》 2006年8月方志出版社出版。

33.《昆山市第一人民医院院志》 2009年10月上海科学技术文献出版社出版。

34.《昆山钞票纸厂志(1994—2000)》　2003年4月中国金融出版社出版。

其他专志

共33部(含与邻县共辖旧水志1部、共辖分治镇旧人物志1部),存23部,佚10部。以山水、人物、冢墓、寺庙、地理、碑刻、艺文志为序。

1.《马鞍山志》一卷　明代嘉靖年间邑人周复俊(进士)纂。版本:民国二十六年(1937)娄东周慤冰壶堂明万历刻本影印本。

2.《续马鞍山志》　明代邑人沈松年纂。[道光]《昆新两县志》卷三十八《著述目》、[光绪]《昆新两县续修合志》卷四十九《著述目上》均有著录。此志已佚。

3.《马鞍山志》三十七卷　清初邑人朱谨撰。版本:清抄本(南博藏)。

4.《马鞍山志》六卷　清代乾隆初年邑人周奕钫、吴之玠纂。周奕钫,昆山县学生员。吴之玠,甫里人,寓居邑北乡南村。清代潘道根《昆山名家诗人小传·吴之玠》作"与周奕钫同修《马鞍山志》"。此志已佚。

5.《马鞍山志》十二卷首一卷　清代邑人沈启东(字岱瞻)纂。版本:稿本(上海图书馆、南京图书馆藏)。

6.《马鞍山景物略》(一名《玉山名胜》)一卷　清代乾隆初年邑人周奕钫述,清代邑人潘道根补。版本:民国昆山图书馆抄本;民国二十四年(1935)苏州文新印书馆铅印本。

7.《玉山景物略》一卷　清代沈岱瞻述,清代潘道根补。版本:民国昆山图书馆抄本;民国二十四年(1935)苏州文新印书馆铅印本(与《马鞍山景物略》合印)。

8.《娄江志》(下卷又称《娄江浚筑志》)二卷　明末清初太仓

顾士琏等辑。娄江含昆山段。版本：清康熙五年序刻《吴中开江书》本；清顾学斋刻本；清康熙十二年（1673）刻本；2001年海南出版社《故宫珍本丛刊》第239册中影印《吴中开江书》三种五卷清康熙七年（1668）刻本。

9.《昆山人物志》十卷　明代邑人方鹏纂。版本：明嘉靖刻本；2001年9月齐鲁书社《四库全书存目丛书补编》影印本（第93册）。

10.《皇明昆山人物传》十卷《昆山名宦传》一卷　明代邑人张大复纂，清汪中鹏补订。版本：明崇祯刻本；清雍正二年（1724）补订本；2003年5月上海古籍出版社《续修四库全书》影印本（第541册）。

11.《昆山人物纪略》十二卷　明代邑人龚埏纂。[道光]《昆新两县志》卷三十八《著述目》、[光绪]《昆新两县续修合志》卷四十九《著述目上》、《信义志稿》卷十七《志文·著述目》均有著录。此志已佚。

12.《昆山人物传》七卷　清代邑人叶均禧纂。版本：清抄本；2007年12月广陵书社《清代地方人物传记丛刊》清抄本影印本（第6册）。

13.《昆山人物续考》　清代邑人叶沄纂。[道光]《昆新两县志》卷三十八《著述目》、[光绪]《昆新两县续修合志》卷五十《著述目下》均有著录。此志已佚。

14.《昆山人物志》　清代邑人唐德咸纂。[道光]《昆新两县志》卷三十八《著述目》、[光绪]《昆新两县续修合志》卷五十《著述目下》均有著录。此志已佚。

15.《玉山人文小传》四卷附集小传一卷　清代邑人刘象春纂。刘象春，太学生，搜访邑先贤困于诸生者，自清初至乾隆初年共119人，辑成《玉山人文小传》四卷。书甫竣而卒。版本：清乾隆大朴轩刻本（南京图书馆藏）；2011年9月广陵书社《江苏人物传记丛刊》影印本（第30册）。

16.《续玉山人文小传》　清代乾隆至道光年间邑人顾抡纂。此志已佚。

17.《昆山名家诗人小传》五卷　清代邑人潘道根纂，清代邑人彭治续编（卷五）。版本：稿本（藏于上海图书馆）；2008年复旦大学出版社《上海图书馆未刊古籍稿本（第17册）》影印本。

18.《吴郡甫里人物考》二十二卷　清代吴江徐达源纂。版本：稿本；清道光九年（1829）刻本。

19.《昆山历代医家录》　邑人马一平主编。1997年7月中医古籍出版社出版。

20.《玉峰翰墨志（修订本）》　邑人陆家衡编著，即《昆山历代书画家传略》。2015年10月苏州大学出版社出版。

21.《昆山先贤冢墓考》四卷附录一卷　清代邑人潘道根辑，邑人彭治增辑。彭治（号椒庐）在清末民初整理、编排、抄录此书，并增编附录一卷。全书共收录100余名自唐下迄清道光年间昆山人物冢墓资料。一人一文，每文一般包括墓所、墓主家世与生平简介、墓志（墓表、墓碑、圹志）铭文等内容，而以墓志铭为主。版本：清末民初抄本；1983年台北成文出版社有限公司影印清末民初抄本。此外尚有上海图书馆藏潘道根不分卷（六册）稿本（2008年复旦大学出版社《上海图书馆未刊古籍稿本（第16册）》影印本）；南京图书馆藏潘道根十卷稿本；另，南京图书馆还藏有潘道根辑、杜彝增辑的十二卷清抄本《昆山名贤墓志铭》。

22.《东禅景德两寺志》　清代邑人周奕钫纂。[光绪]《昆新两县续修合志》卷五十《著述目下》有著录。此志已佚。

23.《昆山城隍庙志》　明代邑人张大复纂。[道光]《昆新两县志》卷三十八《著述目》、[光绪]《昆新两县续修合志》卷四十九《著述目上》均有著录。此志已佚。

24.《昆山县城隍庙续志》不分卷　清代邑人张圻（字白源）纂，潘道根考正校补。版本：1912年抄本（2册，南京图书馆藏）；2004年9月广陵书社《中国道观志丛刊续编》清抄本影印本（第14册）。另，《中国道观志丛刊续编》第14册还收有《续修昆山县城城隍庙志》不分卷，作（清）钱宝琛纂，误，实为《昆山县城城隍庙续志》散出部分。

25.《昆新两邑庙志》二卷　清代邑人潘道根纂。[光绪]《昆新两县续修合志》卷五十著述目下有著录。此志已佚。

26.《昆山佛教志》　2013年12月江苏人民出版社出版。

27.《昆新乡土地理志》　顾国珍撰。顾国珍，清末民初昆山宿儒，曾任本邑初等小学讲席。此志系清光绪三十四年（1908）顾氏为小学所编地理教科书，文字简短，内容浅近，叙述井然，脉络清晰。版本：清光绪三十四年（1908）铅印本。

28.《昆山景物志略》　徐剑萍编辑。徐剑萍（1909—1940），昆山徐氏名门之后，系清徐开泽（顾炎武大姐夫）长子徐履忱（廪贡生）的八世孙，民国时期曾任昆山县民生工厂厂长。此书由时任昆山县县长彭百川作序。版本：民国二十六年（1937）三月昆山县民生工厂铅印本。

29.《江苏省昆山县土壤志（内部资料）》　1984年12月昆山县土壤普查办公室编印。

30.《昆山见存石刻录》四卷　潘鸣凤辑。潘鸣凤（1891—1966），字吟阁，昆山人。曾任昆山县教育局督学、局长。任内重视乡邦文化，与商务印书馆洽商，将县内珍藏的顾炎武《天下郡国利病书》原稿，纳入《四部丛刊》影印。又恐乡邦文献湮没，汇集历代碑碣志铭文字共105篇编印成此书。版本：民国二十四年（1935）昆山县教育局铅印本；2011年5月国家图书馆出版社《地方金石志汇编》本（第37册）。

31.《昆山碑刻辑存》　2014年2月上海书店出版社出版。

32.《昆山艺文志》　清初邑人邱钟仁纂。[光绪]《昆新两县续修合志》卷五十《著述目下》有著录。此志已佚。

33.《昆山历代艺文志》　邑人郭秧全、蔡坤泉主编。2012年5月江苏科学技术出版社出版。

昆山百年老校掠影

陈柏华

昆山于唐代始建庙学，自宋至清，先后有书院、社学、义塾、书塾等求学组织。自古以来，昆山重视教育，培养人才，名公硕学不乏其人，书香门第比比皆是。明嘉靖昆山人方鹏语："抑吾昆名生物产与他邑等耳，唯人才之盛则寔倍之。"在昆山，逐渐形成了"家家礼乐，人人读书"的教育氛围和人文传统。

然而，自鸦片战争后，内忧外患，民生凋敝，为拯救国家、富国强民，昆山学界方还、胡石予、吴粹伦和王颂文等有识之士受"洋务运动"及"维新"改良思想影响，开始兴办"新学"，探求培育人才，挽救国家危亡之策，因此创办了一批具有现代教育理念的学校。这些老校屡经沧桑，大都有百余年历史。本文择选五所老校，以供参阅。

樾阁学堂——第一中心小学（集街）分校

方还像（陈柏华提供）

清光绪末年，在废科举、办新学的潮流中，以倡导"中学为体、西学为用"的新式学堂，在各地兴办起来。昆山县有识之士顺应历史潮流鼓吹新学，邑人方还、徐梦鹰、陈定求等人积极筹办昆新学会，开始倡办新学。

光绪二十七年（1901），清地方政府下令全县书院一律改为学堂。昆山第一所以班级授课制为基本形式的樾阁学堂应运而生。学堂位于半茧园内。为明朝举人叶恭焕所辟，旧名春玉圃，后由其孙叶国华拓地改建，因园似蚕茧形态，故改名为茧园；后叶国华次子叶奕苞分得园之北部，重新设计改造后，将园称为半茧园。因学堂借用园内秀美的樾阁，故取名樾阁学堂。校址位于新阳县，校名旋即改称新阳县立高等小学堂［今第一中心小学（集街）分校一部分］。昆山先贤方还、徐梦鹰、周梅初等先生均在早期樾阁学堂任教过。

光绪三十年（1904），昆新县立高等小学堂创办，樾阁学堂之高等班并入，其余初等班仍留原处。由于樾阁学堂有别于旧时书院、私塾，所以求学者甚多，学校必须扩展。光绪三十年（1904）十月，由昆山县知事俞锡畴发起，创办昆新县学堂于玉山书院知止山房（今培本小学东部），聘地方鸿儒杜友菊、姚威伯为校董，后一直以“县学堂”称之。

昆新县学堂立校不久改由方还主持校务，后聘原在淀东金家庄自设新学堂的徐梦鹰出任校长，其后相继由顾莲伯、蔡望之、王丕嘉等先生出任校务。后王丕嘉去厦门集美师范任教，续聘上海龙门师范毕业的杜嫩仁先生任校长。

辛亥鼎革，新阳县归并昆山县，新阳县学堂为与民国后设在陆家东庄第二高等小学堂和千灯第三高等小学堂相区别，就易名为昆山县立第一高等小学校。建校初，因校舍狭小，曾借用土地堂房屋，仍不敷教学之用，民国三年（1914），县政府将校址迁至正阳桥北埯、朝阳门西侧、仓潭北面的前清“守备衙门”（现正阳桥原粮食局地址），从此，县学堂有了较为固定的教学场所。

杜氏掌校后，即将“高小”三个班扩至六个班，并在学校管理、教学方面均有建树。学校以授国文、算术两科为主，先后延聘顾仲超（后任省立太仓师范校长）、狄膺（后任国民党中央委员）、程植士、顾吏荪等为教师，由于名师荟萃，教学质量见长，前后培养学生达六七百人，其中俞楚白、汪子皋、王达三、陈大衡等均在昆山地方史上留有影响。

仓潭校门内曾有一棵树龄达六七百年、五六人合抱的银杏树，郁郁葱葱，冠叶茂密，炎暑盛夏时，成了校内师生乘凉庇荫佳处。抗战初，校舍被炸毁，而古树幸存，后连根被砍，令人扼腕痛惜。

1921年冬，因杜校长年事已高，改聘在苏州省立草桥中学任教的王仁夔（字乘六）任校长。此时，学校还是双轨制，共有五个学级，155名学生。学校除开设语文、数学外，兼设英语、历史、地理、自然、音乐等课程，注重学生的全面发展，而且还注重爱国主义教育，要求学生“毋忘国耻”。

20世纪20年代后，“一高小”校长由徐定邦担任。1934年秋，徐校长由原担任陆家浜民众教育馆馆长王鸿文接任。学校改名为“昆山县立玉山小学校”，仍是双轨制，附设幼稚园，学校已形成一年级到六年级完全小学的规模，又利用大操场北部建造二楹平房共六间教室。建于1901年的察院前樾阁初小（首任校长蒋传桂）、建于1916年的东南门的迎薰初小（首任校长张庭桢），均是该小学的附属第一、第二分校，三校共有教职工234名，学班15个，学生560名，成了县城规模最大的学校。

抗战期间，日寇占领昆山，学校毁于炮火，学子入学无门。抗战胜利后，家乡父老认为玉山小学应及早复学。教育界宿耆程植士先生倡议，利用一部分救济物资、票友义演、地方募捐，及上海徐云荪先生的资助，才促成复校。选定集街新庙废墟为校址，由俞楚白（校友）工程师设计建造十二间教室及办公室、图书室等。学校筹建由庞寿康（校友）负责。复校后，由庞寿康任校长，学校定名为昆山县第一中心小学。

中华人民共和国成立初集街小学校园（陈柏华提供）

中华人民共和国成立后，庞氏继任校长，后去无锡学习，回昆后改任第二中心小学（今培本小学）校长。后来第一中心小学改名为集街小学，1958年又成为昆山师范附属小学。1962年，昆山师范停办，又恢复集街小学旧名，归属二中心辅导区。1996年并入第一中心小学（原第三中心小学），成为其分校，招收三、四年级学生，延续至今。

第一高等小学历时百年之余，在昆山现代教育史上具有元老级地位。

淞南初等学堂——石浦中心校

石浦中心校位于石浦街道卫丰路一号，其前身为淞南初等学堂，由文节书院改名而来，是我市历史比较悠久的一所学校。

清光绪十一年（1885），石浦歇马人吴钟麟创办了文节书院，以纪念石浦先贤——昆山首位状元卫泾。吴氏创办书院的倡议提出后立即得到了石浦士绅朱上舍静初的响应，朱捐出腴田二顷（每顷一百亩）、钱六十缗（缗为穿钱的绳子，每缗为一千文），为创办书院的费用。旋即吴氏又会同石浦乡贤唐汝鄂、朱元增等十余人，向昆山县令周灵川请示，周不但赞同，还批准“岁提糟米公费项目每石钱五文，以资生徒膏火之用”，院址利用三贤祠（明知县杨子器为石浦先贤卫泾、张和、叶盛建祠于石浦真如馆）房宅，并在原真如馆废墟建“堂尾若干楹、廊舍若干楹，门口庖湢各具”。书院于光绪十一年（1885）秋动工，翌年二月落成。光绪十二年（1886）初，文节书院正式招徒讲授经书。

卫泾刻像（陈柏华提供）

光绪三十年（1904），废科举，兴新学，石浦热心地方教育的人士受此潮流影响，以原有文节书院田租及县贴补经费，就书院后埭建五楹木结构的校舍，因学校位于吴淞江南，故将文节书院改名为淞南初学学堂，学校用城隍大殿作教室，唐汝鄂出任学监。学堂课程设置虽较旧制有所更新，但教学方法依旧，大多以识字唱读为主，学生不交纳学费，先生薪水以田租敷用。

1911年，昆山光复，淞南初等学堂改为石浦乡第一初等小学堂（四年制）。1912年，学堂名称一律按新制改为石浦乡第一国民学校。学校开设三个单式班和一个复式班，另办五年级复读班，学生大多来自本乡农村，女生较少，魏寿祺任校长。校区狭窄，设备简陋，有时学生只能自带台凳到校上课。民国十一年（1922），据县劝学所编《学事年报》载，学校教职工五人，只有三个学班，130名学生。是年，县劝学所派员会同第五区学委戴元夔，由校长魏寿祺陪同视察学校，他们对学校的评价较高。

民国十六年（1927），石浦乡第一国民学校改名为石浦初级小学校，校长仍由魏寿祺担任。当学生进入高年级后，必须至茜墩就读，也有学生由于年幼、路远，仍留在校内补习班复读，其开设的课程同高小班相同。其时镇内尚有歇马桥初小（1912）、大潭初小（1913）、朱巷初小（1915）、白米泾初小（1920）、和尚浜初小（1928）等校，形成了遍及全镇的小学初级教育规模。

民国十八年（1929），茜墩镇完全小学校长徐士贤调任石浦初级小学校长，时有4个学级，6名教员，137名学生，学校管理逐步走上正轨。

民国二十一年至二十三年（1932—1934），经县教育局批准，由金轶尘担任石浦初级小学校长，下设教导主任、事务主任各一名，分管学校教学和后勤工作，另有数十名班主任和任课教师，按学历和任职情况计酬。学校按省厅规定开设课程。每周一上午第一节课举行“总理纪念周”活动，周六下午上周会，由级任老师主持，学生经常进行文娱表演。

抗战爆发后，石浦小学停课。直至民国二十八年（1939）复学。民国三十二年（1943），由校长徐士贤等力争，增设五、六年级，废止补习班，成为石浦镇内的第一所完全小学。后因徐氏任石浦镇镇长，学校由叶其臻代理校长。其时物价飞涨，教师待遇低下，学校教学工作举步维艰。

抗战胜利后，民国政府接管学校。同年，学校更名为石浦乡国民小学校，还是叶其臻任校长，学生达200余名。为保障学校各项工作的开展，建立学生自治会，下设巡查队、救护队等组织，为全体学生服务。1946年，因国民政府经常拖欠工资，影响了教师的基本生活，曾罢教、停课，迫使伪镇长倪品祥为每位教师配发一石大米，才使教育秩序维持下去。

1949年5月，石浦解放，中共茜墩区委书记王学昌宣布，由县教育科刘鸿诃接管学校，全体教师留任，石浦小学从此获得了新生。

一百多年来，石浦中心校为社会输送了大量人才。近年来，石浦中心校以弘扬状元文化为核心，在校内建起了文节园，设卫泾雕像、石刻碑文，以供学生瞻仰。还开设（刘）必成武术学院、卫泾民乐学院、（朱）希周书法学院、（徐）元文科学院、毛澄航模学院等，传承优秀的地方文化，为培养学生特长创造了优越的条件。

今日石浦小学（陈柏华提供）

私立培本女学堂——第二中心小学

培本小学创办于清光绪三十一年(1905),系本邑徐氏族人集资所建,最初校址选在县北后街望山桥东岸一所私人医师的宅院里,初名私立培本女学堂。建校时正值清末,社会上仍旧盛行男尊女卑的封建思想,地方上尚无专为女子开设的学校。培本女校的开办,提高了女权,在社会上引起了较大反响。

培本女校创办人为徐梦鹰,也是首任校长(董事)。徐梦鹰(1873—1943),字冀扬,昆山巴城镇人。自小习诵诗书,20岁时就设馆于玉山城内的东塘洪家和昆南金家庄顾家,自行授徒。后经苏州府选送赴日本留学。归国后,正值"废科举,兴新学"开始,先生闻风而起,光绪三十年(1904),他参与昆新县立高等小学堂的筹建。光绪三十一年(1905),徐氏创办培本女校。后来,还被推举为县救济院院长和县立中学校长。

初创培本女校时仅招一个班,由于当时女子上学者很少,学生只有二十余人,而且年龄悬殊,小者十来岁,大者近二十岁。后来,徐校长应聘于上海澄衷中学任教后,继任校长的有顾徐芬、徐祖芬、顾也珍等人。因管理规范,治学有方,学校得到了长足的发展。

1912年建立民国后,私立培本女学改为公立,易名为昆山县女子高等小学校。因学校规模不断扩大,学生人数逐渐增多,原有校舍不敷使用,经县劝学所决定,校址迁入了建于清末的玉山书院内。

徐梦鹰留影(陈柏华提供)

玉山书院,旧名玉峰书屋,原在荐严寺南,七塔寺东,乾隆八年(1743)由昆山知县吴韬和新阳知县姚士林创建。清乾隆二十三年(1758)移建于城内望山桥东。玉山书院曾是昆山著名教育家朱柏庐的讲授之处。直至20世纪60年代初还留有遗迹。笔者曾参加玉山镇教师集训，会堂就设在可容纳上百人的“通天礼堂”。后因学校改建被拆。据当时县教育局编的《学事年报》载：民国十一年（1922），徐祖芬任校长，教职工10人，学班3个，学生97名；民国十八年（1929），改为县立培本小学校，校长顾也珍，教职工20人，学班10个，学生397名。

民国成立后，提倡普及教育，公办学校逐步建立。据民国元年（1912）九月，省教育厅行政会议公布：昆山人口计20万，城乡学生仅2115人，男1814名，女301名，学生在校比例甚低。为便于更多的女学生入学，毕业于培本女学的符昌权于民国四年（1915）秋，利用其西街香花桥西岸的私宅楼下三间，以“私立”名义，创办了复式教育的“爱华女校”，全称“昆山县私立爱华女子国民初级小学校”，其开设科目与公立初小相同。

由于符校长治校有方，爱华女校赢得了普遍赞誉。后得到县劝学所王颂文、督学沈梦伯的支持，于民国八年（1919）征用石幢弄内原马王府，搬走泥塑神像，挂起了“私立爱华女子国民小学暨附设蒙养园”的校牌，小学由符昌权主教，蒙养园（即幼儿园）由同样毕业于培本女校的符昌学（符昌权妹）主教，学校同时兼收少量男生，以便照顾女生。初小三年级开始即由大符先生（兄）指导查字典，小符先生（妹）教授英语，使学生受益匪浅。爱华女校破除男尊女卑陋习，因此被载入了昆山教育史册。

1929年，昆山先贤方还为学校重建而题额“昆山县培本小学校”，至今仍镶嵌于校墙上，成了培本小学悠久历史的见证。

经老校友夏凯铭收集、王炳泉吟唱、周锡贤记词的20世纪30年代

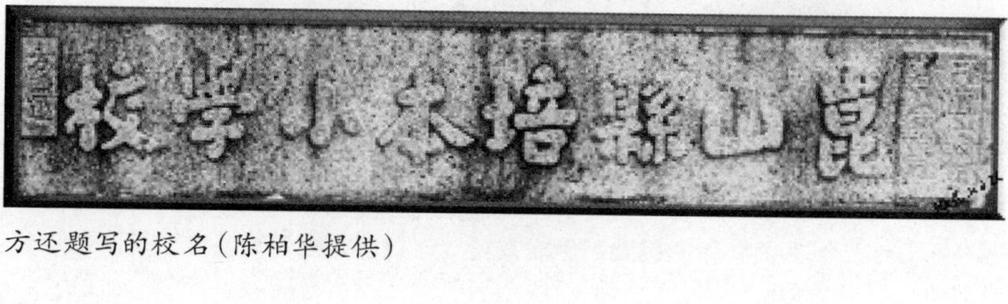

方还题写的校名（陈柏华提供）

培本小学的校歌："革命成功事业新，教育建设始发轫。念总理遗训男女平等，让我效力，敢将此任记心间。诸君莫以少小笑我们，我们的责任也非轻。校训谨慎与诚朴，各自努力向前进。愿吾培本小学永远地亮晶晶，与那日月星辰一样光明。"至今仍在校园内传唱，鼓励学生本立而道生，为报效社会而努力学习。

抗战爆发，昆山沦陷，由于校舍毁于战火而被迫停课，次年才复课。抗战胜利后，学校改名为昆山县城区第二中心国民学校，被毁坏的校舍逐步修复为三进平房，大小十二间教室，但由于经费短缺，建筑草率，至中华人民共和国成立时已破烂不堪。其间先后由龚家鹏、张家篁、顾也珍和庞寿康任校长。

中华人民共和国成立后，培本小学由人民政府接管。1956年，易名为昆山县玉山镇第二中心小学。1992年，在90周年校庆前夕，市教育局为发扬知名老校的优良传统，决定恢复培本小学原名，并与玉山镇第二中心小学的校名并用。1995年通过省实验小学的评估验收，2005年校庆百年时，经上级批准，学校易名为昆山市培本实验小学，2012年9月，学校跨入"一校两区"的布局，进入了飞速发展的时期。

中国驻联合国前副秘书长金永键，著名学者徐振玉、邵瑞珍、徐冲德、顾以芳、唐梦熊，著名演员游本昌均毕业于培本小学，为母校

今日培本小学（陈柏华提供）

增添了光彩。

元江两等小学堂——周庄小学

周庄小学位于千年古镇周庄的南湖之滨。百年来，周庄先贤教书育人，硕果累累，书写出一页页光辉灿烂的育人篇章。

光绪三十一年（1905）十月，由乡贤陶惟坻捐资，购买周庄南栅徐姓民宅一幢，及相邻的周庄巡检司署作为校舍，开办了元江两等小学堂（因镇时属元和、吴江两县，故取其名），即今周庄小学前身。当时由乡贤陶惟坻、陶顺甫、沈伸眉、沈咏韶、张秩侯、柳已仲组成校董会，由先生堂兄陶顺甫主持校务。

陶惟坻（1856—1930），字小沚，周庄镇人，生于书香门第，小有大志，勤奋好学，未满二十岁就著述《说文集释》，博得众学者推崇。清光绪十三年（1887），陶先生在县试中获一等四名。次年，赴河南任知县，因辖区矿产丰盛，上奏朝廷劝募开采，但当局昏庸，所提奏章被束之高阁。先生不得志，遂于光绪二十四年（1898）辞职返乡，设馆授教，潜心教育，四乡学子纷纷慕名而至。创办元江两等小学堂后，先生遍觅名士执教，讲授经文、史地，鼓励学生为民族兴盛而发愤读书，先生还亲自授课，深受学生爱戴。民国元老叶楚伧、沈君崇（后任青浦县县长）、沈君陶和朱翊新（曾任苏州市教育局局长）等均出自先生门下。

光绪三十三年（1907），乡贤沈根黄在周庄双桥畔开办沈氏义庄小学，后并入周庄元江两等小学堂。著名教育家沈体兰曾就读于该校。光绪三十四年（1908），为开化社会风气，满足女子上学需求，陶先生又开办了贞丰女子两等小学堂，后与元江两等小学堂合并为公立贞丰两等小学堂，陶顺甫主事。

陶惟坻留影（陈柏华提供）

辛亥革命后，学校更名为周庄乡立两等小学堂，聘乡董张秩侯任主事（至1916年），并扩建校舍，将南湖滩围以木栏作操场，并亲自制作校歌“南湖水色，倒影门墙，校旗映射湖光。校宇轩朗，操场宏敞，休息室、读书堂，学校兴趣洋洋。春则菜畦云掩，秋则稻陇飘香。抬头看门外垂杨，位置正当阳。地脉蜿蜒，人才充盈。吁，万年源流长”，供学生演唱，从中激发力量。

民国初，乡贤费公直先生曾亲临学校为品学兼优的学生颁发奖杯，并合影留念，成为学校的珍贵留念。费公直（1879—1952），周庄人，同盟会会员。早年因参加章太炎、蔡元培组织的爱国学社而遭当局通缉，后东渡日本留学，追随孙中山先生，参加推翻清政府封建统治的活动。民国元年（1912）回乡开业行医，诊所设在双桥堍。当时周庄风气闭塞，先生当众剪辫，以开反清先河。先生热心地方公益，发起组织周庄红十字会，服务桑梓。曾募捐修建全福寺藏经阁，并捐赠全套大藏经。

民国五年（1916），周庄小学变成国民学校，更名为周庄乡区立高等小学校附设国民学校，由朱翊新任校长（至1919年），朱校长就任后积极向社会集资，新建教室一幢，将教师的教学经验汇编成《乡校》一册，分送全县各校参阅，得到了县教育局赞赏。

以后，学校高级部收归县立，学校先后易名为吴县县立第八高等小学校、吴县公立第三小学、吴县公立周庄小学校，先后由沈君崇（后任青浦县县长）、陶岷源任校长。

民国十八年（1929），民国元老江苏省主席叶楚伧将平时节省下来的三千元作为助学基金，存入周庄镇上的一家商号，将每年利息捐给镇上清贫子弟作为学费，并发起筹款，新建校舍5间，并装有天幔地板这样的时尚设施。次年，学校被吴县教育局立为乡重点小学，时有八个班级。

费公直留影（陈柏华提供）

冯元堂(尚存的老校舍,陈柏华提供)

抗战期间,学校被日军侵占,学生只得迁至周庄沈氏山庄、戴氏义庄及后港朱宅上课,后日军司令部移至后港朱宅,学校才迁回原址,校名仍沿用周庄小学校,但校舍已破败不堪。

抗战胜利后,周庄镇改名为楚伧镇,学校也更名为吴县楚伧镇中心国民学校。叶楚伧闻知非常反感,责令仍然恢复原名。随后,乡邑踊跃捐款,重建学校,修理残舍,添置教具,学校规模迅速发展,达九个班之多。民国三十七年(1948),恢复周庄镇旧名,学校亦复名为吴县周庄镇中心国民学校。

1949年5月8日,周庄解放。吴县人民政府委派甪直区接管学校,校长丛孝明和全体教职工留任。1952年,周庄镇划归昆山县,学校更名为昆山县周庄中心小学校,沿用至今。

百余年来,周庄小学培养了许多优秀毕业生,他们后来成为各条战线上的优秀人才:中央广播事业局前副局长顾文华,上海译文出版社前社长孙家晋,著名教育家沈体兰,著名教授柳鎏、杨逢春、皇甫雪官、沈家模、徐杰、邱全荣、朱大绶、潘梅峰、阮水根,苏州市军分区原政委朱渊元,国家一级导演田夫,冶金专家陈知平、姚振恒……这些是周庄小学引以为傲的闪亮名字。

周庄小学新貌(陈柏华提供)

改革开放后，学校先后于1990年、2000年两次易地新建。而今，一所教学设施齐全的现代化新校矗立于风景秀丽的太师淀南畔。周庄小学又一次跨上了新台阶，大步向着更加辉煌的目标攀登！

乙种商业学校——第一中心小学

昆山市第一中心小学创办于1915年3月，迄今已达百年历史。民国初，主张实业救国，创办职业学校，培养有一定文化的劳动者的思潮风行于时。县公署学务课王颂文、王景虞和潘鸣凤等，接受省教育会张謇、黄炎培之建议，遵照民国初《教育部高等小学令》第八条与《教育部实习学校令》第二、五条规定，择县文庙东，南街积谷仓为校址，创立昆山县立乙种商业学校。

县劝学所遴选赵儒章(仲英)先生为"乙商"首任校长，学校教职员仅4人，招收学生30余人，校舍占地5亩，大小屋宇20余间，面积狭窄，设备简陋，初创阶段，备受艰辛。

其后，学校先后由姜胡鼎、潘鸣凤接任校长。由于管理严谨、学风淳厚，深受社会各界赞许，因此来校读书的学生日益增多。民国十一年

（1922），县劝学所编《昆山县学事年报》载："乙种商业学校教职员工达12人，学班4个，学生152名。"《江苏省视学报告》载："乙种商业学校前途发展当未可量。"评价甚佳。

民国十三年（1924），学校因办有初中补习班，校名改为昆山县立商业学校。民国十五年（1926），学校改为普通国民学校，辍商科，停办"中等科"，课程设置均按高小国民学校开设。时因夏桥东庄第二高等小学撤销，学校易名为昆山县立第二高等小学校。民国十六年（1927），学校因古时地处南街一带，故被称为近民坊，为使学校面向广大普通国民，学校更名为昆山县立近民小学校。县教育事业由南京第四中山大学区管辖，此时的学校发展较快，规模较大，校名改为昆山县立近民中心小学校，中心学区辖有琅环里小学、丽泽小学、严村小学和私立爱华初级小学校。民国十八年（1929），近民小学教职工有21名，班级9个，学生350名，加上学区的学生，共有435名之多。后又利用拆除城墙变卖砖石和上海"仙霓社"来昆义演取得的款项，新建教室和小礼堂，学校面积扩大到9亩。抗战前夕，学校有教员28名，班级15个，学生700多人。

1937年，昆山沦陷，学校一度被日寇侵占。其间，学校曾先后易名为昆山县立模范小学、昆山县立实验小学（校长龚华生）、昆山县立学宫小学，1943年又复名为昆山县立近民中心小学。

抗战胜利后，学校更名为昆山县玉山镇第三国民学校。但好景不

20世纪30年代第一中心小学的校舍（陈柏华提供）

今日第一中心小学（陈柏华提供）

长，教职员工生活困难，在中共地下党员郑慕贤、俞明等领导下，进行了多次“反饥饿、反迫害、反内战”的“罢教”斗争。1949年4月，校舍悉被蒋军占领，学校只得暂寄宣化坊几间宅院内坚持上课。

1949年5月13日昆山解放，学校获得新生，县人民政府委派文教科宋学濂任校长，7月，学校更名为昆山县城区第三中心小学校。1956年，玉山城区改为玉山镇，学校改名为昆山县玉山镇第一中心小学，且城南乡小学归第一中心小学领导。

1978年8月，学校恢复中心校建制，下辖司徒街小学、小西门小学、集街小学、一中心幼儿园。1996年集街小学被撤销，成为第一中心小学分校。目前，学校有教职工106名，班级35个，学生1670名，是一所设施先进、师资优厚的著名小学校。

进入今日的第一中心小学，齐贤园内物理学家周同庆、音乐家丁善德、电脑博士王安三尊塑像引人瞩目。著名外交家金永键、温宗岳，宁夏军区原政委林山中将、国务院原副秘书长顾明，苏州市人大常委会原副主任俞明，还有美国哥伦比亚大学终身教授徐振玉，治水专家徐水根少将，著名版画家陆放，昆曲艺术家、省昆剧院院长李鸿良，省昆院首席笛师、国家一级演奏家王建中，全国优秀教育工作者于洁……是百年校史中熠熠生辉的名字。

桃李春风一百年，薪火相传育后贤。第一中心小学全体教职员工正以更加务实的精神，为创建一所更加光辉灿烂的新型学校而不懈努力。

回眸掖布场廿四家屋

徐俊良

中华人民共和国成立初期，昆山东门外大街是除大街（人民路）外最热闹的长街。街上商铺林立，尤其是玉龙桥北堍以西的“上横头”（上半条街），更为繁华。东门外大街南侧沿娄江、太仓塘的沿河街，有竹行、柴行、米厂等，向东一直延伸到同丰油厂西头。东门外大街向西，过城桥宾曦门，沿至和塘北侧的东门街、东塘街、西塘街直到留晖门外大西门街，是昆山原先东西走向的一条主要的长街。作为东门街与东塘街分界线的富春桥，俗称高板桥，是东门人从桥南经北后街、南后街通过春马坊、弓箭街、宣化坊到达大街的重要通道；作为东塘街与西塘街分界线的“县治至山，当路之半”、“彩虹高驾炫晴霞”的半山桥，是古代昆山十分重要的一座桥，桥边是个繁华的农贸市场。而东门城桥头和玉龙桥北侧则是当时东门街和东门外大街十分热闹的“农贸市场”，也是人们夏天纳凉的好去处；沿河竹行则是个钓鱼的好处所。但在孩童们的心目中，对于东门和东门外大街关注得最多的，也许还是掖布场和廿四家屋。回眸掖布场、廿四家屋，虽然都只是点点滴滴，但别有风味，别有情趣。

小掖布场

在廿四家屋中段，有一条小路通向东头，东头朝南连接东门外大街殷家茶馆东侧的一条南北走向的弄堂。这条小路经过的区域，就是小掖布场。其间，有几个当时孩童向往的嬉戏空间：

后门小径　玉龙桥以西的东门外大街西段，东门人称之为“上横头”，这里有许多殷实人家，两边的老房子大都是几开间门面、四进五进，十分进深。上街（路北）几乎所有房子的后门都通到大小掖布场。有的是通过一条狭长的陪廊由大街直通到后门的掖布场，有的在最后一进的客堂间开扇后门到掖布场。因此，掖布场的路，特别是小掖布场的路，就成了大街上街各家的后门小径。小掖布场那条由大掖布场通往廿四家屋的小径，常吸引孩子们去看热闹与玩耍。

陈家菜地　小掖布场偏东路北，有一家姓陈的人家。房屋北边是个池塘，东头有一大片菜地，一年四季种上了各种蔬菜。这里是儿童们识别蔬菜与各种小动物的好地方。春天，一畦畦的青菜、萝卜，连着远处田间金灿灿的油菜花，色彩鲜丽，生机盎然。一到夏秋时节，丝瓜藤、豇豆藤长得十分茂盛，长长的丝瓜和豇豆从棚顶和竹架上挂下来。菜地周围的荆树开着红色的、白色的花，毛豆地里则一片碧绿。

原来的掖布场现在已高楼林立（徐俊良提供）

夏天到了，这正是捉螳螂的好时光。那时的螳螂已经长出了翅膀，举着两把大刀，一副威风凛凛的样子。体形有长的和圆的两种，色彩有绿色的和棕色的两种。雌螳螂的肚子鼓得圆圆的，要结螳螂籽了。孩子们找到后，小心翼翼地用两个指头快速抓住它长长的颈项，装进早就准备好的盒子里，等待它生螳螂籽。偶尔，能看到雌螳螂正在吃雄螳螂，显得有点残忍，这是雄螳螂为了补充雌螳螂生儿育女的营养、增强体力而做出的自我牺牲。孩童们也有冬天到荆树上找螳螂籽的。不知什么缘故，螳螂很喜欢将籽结在荆树上，也许荆树的枝条比较适宜结籽，也比较牢固、安全。在小孩们的眼里，螳螂籽有两个用处：一个是到了冬天，手脚干裂时，将螳螂籽中的黏液涂在手脚上，可以防冻疮；二是放好了，到来年暮春时节，看着一群小螳螂从籽中陆续钻出来，小心翼翼地将它们放到花上、树上去，那种乐趣，真是难以形容。当然，在医生的眼里，螳螂籽医名桑螵蛸，是治消渴病的良药。

一到晚上，乐事又来了。夜嘶咚陆陆续续地扇着翅膀叫起来，终于形成了此起彼落的一片声。孩子们开始提着灯笼、打着手电抓夜嘶咚了。夜嘶咚与螳螂一样，也有绿色与棕色两种，这是一种保护色，它们往往躲在与它们的颜色相仿的叶片或细树枝上。所以，要抓它们得凭一定的听力和眼力，而且还得小心别被它咬到。被抓的夜嘶咚一般都被装进小孩们白天精心编织的麦柴笼子里。那是一种用一根根麦柴秆连接织成的底部大，越往上越小，盘旋向上呈宝塔形的四角、六角、八角形的金黄色小笼子。它的精巧程度，全靠织笼人的技巧水平。一些细心的小女孩和少数小男孩，能将笼子织得非常美观、精致。将装有几只夜嘶咚的笼子挂在客堂或房间里，晚上就可以在家里听夜嘶咚抑扬顿挫的叫声了。清早起来，摘上几朵刚开的南瓜花给夜嘶咚吃。到了晚上，它们就又唱起来了。有的人家，到街上买上一只“叫哥哥”（蝈蝈），则家里白天晚上叫声不断，十分热闹。那时候，有小孩的人家，“叫哥哥”几乎是不可或缺的，因为据说听着这叫声，小孩子不会“伤筋”，用今天的话来说，大概就是会增进小孩神经系统和心血管方面的健康。

姚家竹园　陈家菜地西边百米之遥，就是姚家。姚家住房的西边，是一片不大的竹园。但在小孩的眼里，这片竹园已经是够大的了。这是十分吸引孩子们的地方。一到放学时间，姚家小主人就常会邀些同学到他家去玩，偶尔也一起做做作业。一到那里，大家往往是先钻进竹园里。那是一片青葱的篾竹，林子里有颇具沧桑感的露出地面的老竹根和穿透力很强的新竹鞭。一到春天，雨后春笋欣欣向荣。摘上几个竹心，可以泡上一杯清香的竹心茶。夏天放假，这里是纳凉、玩耍的好地方。在竹林里玩耍，采覆盆子，捉螳螂，抓“蚊子蜻蜓”，爬竹竿摸鸟窝，还可以砍上一根细竹子，做一个噼啪管，从朴树上摘下一些籽放进竹管，就可以打噼啪籽了，真的不亦乐乎。但竹林里也有大家害怕的东西。一是黄蜂，要是不小心碰到了它，就会被螫出一个疼痛难忍的疙瘩。蜂螫虽疼，并不致命。大家最怕的还是竹叶青蛇。这是一种与竹叶同样颜色的小毒蛇，因为它有保护色，所以很难发现。据说被这种生活在竹林里的毒蛇咬到了，是会送命的。所以大家一边玩，一边总还提心吊胆地提防着这种小毒蛇，简直到了谈虎色变的程度。然而到这片林子里来玩的小孩们，从未碰到过这种毒蛇。竹林里还是抓蟋蟀的好地方，但抓时得防着另一种苏南地区常见的毒蛇——蝮蛇，昆山人俗称地壁蛇，它们经常生活在乱砖堆里。

大掖布场

小掖布场的东边，就是大掖布场。那是一片很大的场地，是一个十分热闹的去处，是东门一带孩子们的天堂，是个很好玩的地方。

掖布与晒谷　掖布场的功用，主要是两个：掖布与晒谷。农家妇女自己纺纱、织布后，染色、晒布需要这片场地；庄稼收后，它又是打场、扬谷、晒谷的场地；农闲时，它成了东门著名的娱乐、休闲的场所。

我国数千年来是一个以农立国的国家。相当长一段时期内，男耕女织是我国人民的主要的劳动与生活方式。男子在田里种出棉花，妇女们在家纺纱、织布、染色、晒布，裁制衣服。染过色的布需要晒干。

晒布就要掖布。晒布、掖布有两种方法：较大的染坊晒布，是像扯旗一样将布从上掖直挂到下的，现在的影视中还能看到；但一家一户纺织、染布、掖晒，就没有这种条件，都只能是平拉。因为几乎个个农家都要掖布，所以需要一块宽广的公用的掖布场地，掖布场也就应运而生了。做好一些一样高低的像100米跨栏那样的栏杆架子，两头由人将染过色或上过浆的长长的布掖（拉）直、放平、扎紧，中间部分间隔一段距离就在布下按上一个架子，以免布挂到地上弄脏了。晴暖的时日，家家到场上掖布、晒布，所以这是名副其实的掖布场。但到了中华人民共和国成立初期，用机器生产的“洋布”几乎取代了农家自己织的“土布”。当时向“苏联老大哥”学习，许多小孩身上穿着的都是“苏联花布”，掖布场已失去了它的掖布功能。取而代之的农事上的主要功能，就是将割下的小麦、水稻，都运到这里来，家家都在这里打场、扬谷、晒谷，囤稻草了。

夏秋两季，庄稼收后，农民们都将麦子、稻子运到掖布场上，几乎是通宵达旦地打场，噼啪、噼啪的声音此起彼落，使整个掖布场沸腾了起来。大一点的孩子，也参与到了打场的大军中去，帮着搬稻把、掼稻，直忙得个个腰酸背痛。打场结束，夏季场地上是一片片颗粒饱满的麦粒，秋季场上是一片片金黄的稻谷，掖布场成了标准的晒谷场。麦子、稻谷晒干收好后，最后打扫战场的，就是成群的鸡鸭。

原掖布场一带的今日娄邑住房（徐俊良提供）

稻草囤　打场后，需要把打掉麦粒、谷子的麦秆、稻草整齐地堆起来，掖布场的四周就出现了一群麦堆和稻草囤。这些囤，有长方形的和圆形的两种，以圆形的居多。扎囤需要一定的技巧。先是选定地点，一般是在每个农家的门口两侧，或是场地南端的场边上。将一个个稻把先围成一个圆加以定位，大小视所囤稻草的多少而定。然后，一层层有序地叠上去，通常是上一围的草比下一围的圈稍大一点，到一人高左右，开始一层层收小围圆，最后形成一个尖顶，就像清代官员所戴的帽子，四围的稻把披下来，伸出些，将整个囤遮住，顶端的稻把用草绳扎紧。这样，下雨时，水可以快速泻下，整个囤的稻草就不致淋湿、霉烂。麻雀们经常会光顾草囤，在囤上搜吃打剩下来的稻谷。孩子们则在囤边地上撒一些稻谷，支起一个罩子，拉一根长线，藏在暗处，等着麻雀来，用罩子捉麻雀。有时候，他们会翻开囤底边的稻草挖蚯蚓，以备钓鱼做诱饵。

小溇潭与牛车棚　大掖布场北侧，有一排房屋大小不一的五家农家。西边陈家屋后，有一个小溇潭，那是周围农家种田用的小水库。一条小路由溇潭西向北通到一条东西走向的小河。小河与樾河南岸之间是一带高地，那是一带坟地，附近的农民在坟间的空地上零星地种上一些蔬菜。溇西路边农田东有一个牛车棚，车棚与溇潭间斜放着一架水车。从落谷、莳秧到耘稻、耥稻，常常能看到套着牛眼罩的老水牛在车水。它围着车轴一圈圈地转，那斜置在水中的龙脊水车将一斗斗的水由小水溇中打到稻田里。车轴和龙脊不断发出咿咿呀呀的声响。溇潭边长着几株野桑树，我们小时养蚕会去那里采桑叶。一次，我兄弟采桑时不小心掉进溇潭，幸亏被路过的大人救起。到了晚上，许多麻雀会到牛车棚来宿夜，于是有人就会来这里抓麻雀。

热闹的殷家茶馆　东门外大街有许多茶馆。规模较大的有城桥东周家的一啸楼茶馆、玉龙桥北堍的王家茶馆和大掖布场口的殷家茶馆。大掖布场南边弄堂东侧是东门外大街上街住家院落西侧的一排高墙，弄堂西侧就是整天热闹的殷家茶馆。天蒙蒙亮，就有老茶客陆陆续续来茶馆喝茶、聊天。茶馆外，沿街向西，周边的农民会到这里来卖农产品，摆开了零零落落的地摊。到了傍晚或是星期天，一群小孩会聚到这里来打扑克牌、打麻将、压牌九，作为输赢的是铜板、弹子、洋片和用废弃了的金圆券折成的纸飞机。那时候，没有现在小孩这么多可以玩的现代化玩具，因此，到茶馆和掖布场玩，也算是一种乐趣了。

天然的动物园　莳秧时节，掖布场四围的水稻田里蛙声一片，还和着一声声长长的蝼蛄叫声。夏天，是动物活动最活跃的时节，也是孩子们抓昆虫最起劲的时候。掖布场成了孩子们捉蜻蜓、粘知了、抓天牛、捉螳螂、捉蝴蝶、逮金龟子的好地方。在这里，还可以抓到正在学飞掉下来的小麻雀。盛夏初秋，则是捉蟋蟀的极盛时期。捉蟋蟀是孩子们最喜欢、最起劲的事。稻田里的蟋蟀不容易捉，因为田里的裂缝太深，蟋蟀容易跑掉，灌水也较难。毛豆地、草堆旁、高墙边、田岸边都是捉蟋蟀的重要地点。捉蟋蟀是“技术活”，不会捉的，一出手就将蟋蟀给拍死了或将一条腿给拍掉了。本领大的，可以做到髭须无伤。带回家，小心养在蟋蟀盆中，到休息时，就在场上或家中围着斗蟋蟀。常常是斗到天黑了也想不到回家，要等大人三番五次地叫喊了，这才没精打采地拿着蟋蟀盆跟着大人回家。到了晚上，除了捉夜嘶咚外，就是四处抓梦幻似闪着绿光的萤火虫。将抓到的萤火虫放在玻璃瓶中，玩耍与照明。清晨，则是到田间、溇边钓黄鳝、钓田鸡、挖螃蟹的好时光。

宽广的游乐场　大掖布场是孩子们的乐园：夏日白天，大人们各自忙着干活；吃晚饭时，端着饭碗串门交谈；吃了晚饭，就都到这里纳凉、聊天。孩子们则三五成群地到这里来嬉戏、捉迷藏。通常，女孩子在那里玩的是用橡皮筋跳蹦蹦，用公鸡毛做成毽子踢毽子，用装有赤豆的小布袋做成的贴子抛贴子。男孩则在那里转菱角、打弹子、吃铜板、滚铁环。捉迷藏则不分男女。每天，都有一群小孩在许多稻草囤间捉迷藏，跑着、叫着，玩得满头大汗也不顾。

丰富的民间技艺　掖布场还是一个展现丰富民间技艺的场所。一年四季，耍杂技的、玩猴戏的、开蛇展的、卖拳头的，真是三教九流什么人都有。孩子们记忆中最深刻的，大概就是杂技的顶碗、爬杆、转缸；猴戏中的猴子穿衣装人样；蛇展中的蟒蛇盘在玩蛇人的头颈里与抓毒蛇；卖拳头的昂面睡在钉板上，用石头放在肚子上，另一人抡起大锤将石头一砸两段，而躺着的人却安然无恙。到掖布场来的，还有许多十分吸引孩子们，引得他们嘴馋的，那就是卖冰糖葫芦的、卖梨膏糖的、卖糖饼的、做面人的、爆炒米的，还有敲着竹筒“笃笃笃”卖糖粥、卖“黄连头”的，高喊着“鸭毛鸡毛换糖吃”的，引得大家垂涎三尺。

每年年底，爆炒米是最吸引人的。家家户户大人小孩都参加到这行列中来，往往要排上一个长队才能轮到自家。黄豆、玉米、蚕豆、糯米都可以拿来爆。爆炒米的在炉子里添好炭火，转动着装有黄豆之类的像个小炸弹一样的爆米机，看好机上的一个小时钟。几分钟后，他向周围的人喊一声“响了”，人群快速地退后了几步。爆米人将爆米机装进一个麻袋，将一根铁杆插向爆米机，用力一扳，随即“轰”的一声巨响，冒出一团白气，传来一股诱人的香味。爆米人将袋中爆好的东西倒到爆的人家的容器里，小孩子已迫不及待地抓上一把，吃了起来。

放风筝　放风筝是孩子们非常喜欢的一项活动。春风一吹，掖布场的空中就热闹起来了。大一点的小孩自己放，小一点的孩子就昵着大人放。大家一边放，一边在比赛，看哪家的风筝放得最高、冲线冲得最远。当时放的风筝，最普通的是“爸爸鹞”，那是一种上方下尖的风筝，拖着一条长尾巴，扎起来很简单，放的人也最多，但今天说起来，它的技术含量不高。不过要放好，也要花点力气。否则，还是放不高。当时还有一则童谣唱道：“爸爸鹞，放勿高，害恁的穷爷跌一跤。”相对来说，圆圆的月亮鹞的构造更简单，只有两根竹片，一根弯成一个圆月，一根像圆的直径，两边各伸出十余厘米，两端各扎上几根公鸡毛就成了。放月亮鹞的难度要超过爸爸鹞，主要是较难平衡，但欣赏价值超过爸爸鹞。长长的、威武有气派而又显得悠闲的蜈蚣鹞是人们最喜欢的，那是用十数个月亮鹞连在一起，加上蜈蚣的头和尾组成的，结构复杂，放飞的难度很高，放在天空拉力很大，小孩是放不起来的。但也因此，会引来许多人，尤其是孩子们的仰慕。谁家能放蜈蚣鹞，就会感到十分自豪。

水汇三江成锁钥的玉龙桥，又名玉虹桥，在原东门外大街中段，昆山著名的古代三孔石拱桥。《康熙昆山县志稿》载："玉虹桥，在县城东门外，跨至和塘。相传梁大通中建，顺治五年圮，十三年里人周思、卢荣增修。"据王家伦先生考证，"桥宽4.2米，长34.3米，高约7.1米，中孔跨径约11.5米，两边次孔跨径各约7.1米。桥面中央雕八卦风火图案，中孔顶部雕二龙戏珠纹，16根望柱均雕有纹饰。共砌石阶72级，两堍均有东西向石阶引桥。"东西桥柱均有对联。东侧为"门对宾曦，水汇三江成锁钥；场连选佛，路通八达便舟车"。西侧为"旧主是玉山，看雁齿重排，一片岚光相映带；名区推娄邑，认虹腰三折，千年地脉自绵长"。(《苏州的桥》)两联盛赞玉龙桥的风水地脉，只是不知是何人所撰。这座桥在1991年被公布为昆山市第一批文物保护单位。玉龙桥除了是一个水陆交通枢纽，还是东门人放风筝的好地方。因为它高，桥下水面又开阔，所以风筝放起来容易"得风"，因而飞得特别高。不过风筝起飞时要跑步、冲线，跑这一级级台阶有点危险，所以放的人并不多，特别是小孩。相比之下，掖布场放风筝要安全得多，因此在那儿放风筝的人也就特别多。

廿四家屋

"廿四家屋"是东门大街民居、店铺集聚，人气旺盛的泛称。在孩子的记忆中，那里曾有很多人家、店号和难忘的景象：

廿四户人家　东门外大街西头东门大桥东堍北侧的一条南北走向的沿河小街，就是廿四家屋。路东是一排人家，有一段时间正好有二十四户人家，所以街名被称为廿四家屋。

万源酱园　万源酱园在昆山曾经是很有名的酱园，总店开在昆山南大街双脊廊头东头，廿四家屋南端的是分店。东门一带的人打酱油、买酱菜都要到这里来。当时的酱菜都是用荷叶包裹的。所以打开时，总可以闻到一股清香。许多家庭都叫小孩买酱菜，小孩常常以先尝为快，偷偷地从包里拈上一小块，一边走回家，一边慢慢地尝鲜。

茶楼与浴室　万源酱园下街是一啸楼茶馆。东门外大街大小的茶馆不少，但主要的有玉龙桥北堍的王家茶馆、掖布场口的殷家茶馆和城桥东堍下街的一啸楼茶馆。一啸楼茶馆最大，到这里喝茶的人最多。万源酱园向北三四家，有一个不太大的王家浴室，名叫玉泉池，大概是因为昆山玉峰山上有一口宋井名玉泉井而定名。茶馆与浴室间隔只有几十步路。在当时人们的心目中，尤其是男人们的心目中，茶馆和浴室就是一天之中得以休闲的有乐趣的地方。从早到晚，忙碌一天，只有喝茶、洗澡，才是消除疲劳的好方法。所以，历来流传着这样的话："早上皮包水，晚上水包皮。"所以城桥边上的茶楼与廿四家屋的浴室，一早一晚，生意一直很兴隆。

兴旺的菜市场　廿四家屋南端城桥及东西桥堍是当时东门街和东门外大街一带最大的菜市场，这是一个农贸自由市场。市场上的农副产品大都是这一带的农民一家一户生产与制作出来的。天不亮，就有人出来摆摊了，早一点，可以占个好位置。一年四季各种蔬菜不断。还有手工制作的各种各样的生产、生活用的竹器。从畚箕、筛匾、竹篮到洗帚，应有尽有。我的外祖父和舅父，都是制竹器的高手。

清晨的捣衣声　廿四家屋路西侧沿河，除了零星的几间小屋外，就是一排大大小小的河滩。每天一早，主妇们前前后后来到河滩洗衣、洗菜，此起彼落的捣衣声、谈天声不绝于耳，使河边十分热闹。

轮船码头边的天然游泳池　廿四家屋南端的对河，是昆山东门的轮船码头，每天来来往往的轮船进站、出站，发出"呜呜"的鸣叫声和

“突突”的马达声，成为附近人们十分熟悉的声音。每当轮船一到，孩子们纷纷到码头上去看热闹，有时候，还到码头去接家人、朋友。一到夏日的傍晚，大人孩子三三两两地下到河里去游泳，水面上扬起一片喧哗声。许多大人和男孩子们也就算是洗了一个冷水澡。

嘉福香料厂与夜间的轮船声　在廿四家屋北端樾河的北岸，上海人在这里建造了嘉福香料厂。为了交通方便，在廿四家屋北端与香料厂之间的樾河上架起了一座小木桥。后来，木桥日渐成了东门人过樾河的便捷通道。为了方便嘉福香料厂的上海职工上班与回家，轮船站增开了嘉福班，早上、中午来回各一班。“文化大革命”后期，东门轮船码头撤去，到上海的嘉福班轮船就停靠在香料厂小桥南的河东岸。夜里九十点钟，嘉福班从上海到达昆山东门，船鸣声也成了廿四家屋一带人们习惯的声音。

一百间头与交公粮　在廿四家屋河对面轮船站的北边，就是昆山著名的粮仓——“一百间头”。这“一百间头”到底是确有一百间储粮的房屋呢，还是形容仓库的房屋之多，似无明确的答案。依我想，确数的可能性也许小些，大概是说这个粮仓的房屋很多。也确实，昆山城里当时有三个粮库：东门粮库、南门粮库、小西门粮库，而以东门一百间头的粮库为最大。每年，一到夏秋两季交公粮的时候，城河里、樾河里来来往往的船只穿梭不绝。中华人民共和国成立后，经过土地改革运动，广大农民分到了土地，生产积极性空前高涨。每到收获的季节，农民交公粮的积极性非常高。他们都争先恐后地将最好的麦子和稻谷拿来交公粮。所以，一时间，河里的船只来来往

改造成娄邑小区后的廿四家屋沿河一带景观（徐俊良提供）

往十分繁忙，整个廿四家屋成了闹市区。正因为廿四家屋南端通东门外大街闹市，北端通樾河北岸嘉福香料厂，中段向东通大小掖布场，河西又有轮船码头与粮仓，所以，虽然廿四家屋本身并没有什么大的引人注目的建筑，但它的地理位置在东门人心目中的地位很高。

今天，中华人民共和国成立初期的繁华的东门外大街包括掖布场与廿四家屋都已经不复存在了，代之拔地而起的是娄邑小区和爱河小区，东门大桥已经成了安上铁门的小桥，“一百间头”建成了宾曦园。随着社会的快速发展，现代化的东西越来越多，人们的生活水平远比60年前高得多，但在前进、发展的同时，也常常使我们感到了一些缺失。现在，住在新住区的人们，往往与对门的邻家，三年五载都说不上一句话，也不知对方姓甚名谁。晚间和休息期间，孩子们的笑语声也越来越少。为了“赢在起跑线上”，一些中小学生们从清晨睁开眼一直忙到将近半夜才能闭上眼，“童趣”二字已几乎从他们的生活辞典中消失了，这也许并不利于他们的健康成长。

青阳港铁路桥的百年沧桑

杨瑞庆

青阳港是江苏昆山境内接通娄江与吴淞江的一条大河，由于江面宽阔、河床陡深，所以成为一条沟通南北的黄金水道。同时，还是一条取之不尽的灌溉“水库”，千百年来孕育生机，恩泽两岸，成为滋润昆山百姓的“母亲河”。据传，康熙南巡曾驻跸青阳港，观赏沿江风光，并上岸嘘寒问暖，成为民间美谈。

青阳港原名青阳江，命名原因在于这条大江处在青葱的玉峰之阳（南麓方向）。清雍正年间，昆山实施同城分治，昆南区域由于地处青阳江流域而被命名为青阳县。那时皇室大兴“文字狱”，为了避用与“清”同音的“青”字，就改名为“新阳县”，青阳江也就顺称新阳江。昆山光复后，新阳县又回到了昆山县的怀抱，新阳江又复用青阳江旧名，由于昆山方言中“江”和“港”同音（都读“gang”），而且青阳江中货船如织，犹似良港，后人就传记为“青阳港”了。

青阳港本是一条平淡无奇的大江，百年前开通的沪宁线必须穿江而过，因此架起了一座高大、挺拔的铁路桥，成为日后的焦点，随后发生了一系列建桥、炸桥、修桥、护桥等惊心动魄的事件，使青阳港牵人眼球，引人瞩目。现聚焦铁路桥走过的风雨历程，感慨这座大铁桥所经历的百年沧桑。

建　桥

清末，时兴变革，倡导洋务。为沟通上海与南京两大都市的紧密联系，清政府采用借款的办法，准备修建一条与时俱进的沪宁铁路。经勘察，苏南地势平坦，线路可以畅通无阻，只是宽阔的青阳港是一道绕不过去的“鸿沟”，必须花巨资造桥，才能贯通全线。担任设计任务的英国工程师很想另找一个既省钱又省力的绕道方案。经比较，终于寻找到了一条可以绕过青阳港的新线路——铁路出了上海后偏北西行，然后紧贴太仓塘南岸，从昆山拱辰门前的玉峰山前经过，再向苏州方向延伸。

如果只从经济利益考虑，这条线路无疑可以省去因建造青阳港铁路桥而需投入的大笔费用，但却要付出昆山城从此不得安宁的代价。这个出于洋人之手的设计方案可谓居心不良，他们除了省去建桥资金外，还想把车站设在风景秀美的玉峰脚下，并在山麓建起花园洋房，将这里变为洋人的乐园，尽享山青树绿的人间美色。

这个筑路的如意算盘刚刚打出，就被昆山人获悉，引起了邑人的一片非议。虽然昆山人也向往现代文明，对于火车在昆设站早已望眼欲穿，但如要将喧闹的汽笛鸣叫声、铁轨撞击声引进城里，岂不使山前嘈杂不堪？而且玉峰山还有被蚕食、瓜分的危险，沿途还有许多名胜古迹将遭破坏，所以昆山的文化人一致反对这个设计方案，认为必须立即派人去沪抗议，取消这个别有用心的“坏点子”。

当时城里有位热心公益、主持公道的先生，名方还（1867—1932）。他知道实情后拍案而起，认为洋人的设计方案只图眼前，不顾长远，一旦阴谋得逞，将贻害无穷，必须立即出面交涉，否决这个不切实际的方案。他串联了昆山的一些同人奔赴沪上，当面质疑英国工程师，通过据理力争，设计者终于妥协，只得采用原来的方案——以建造青阳港铁路桥为前提。今车站路的南端就是原火车站位置，但不知何故，后将昆山火车站又移西了一里多地，虽造成了现今车站路没有火车站的事实，但最终将昆山火车站造到了昆山城外，终于保全了昆山城和亭林园的一方宁静。

由于方还先生全力促成了这个铁路改道方案，功德无量，故增加了他的威信，留下了口碑。数年后昆山光复时，方还被民国政府推荐担任了昆山行政长（相当于县长）的要职。方还不负众望，竭尽全力地参政议政，挑起为官一任、造福一方的重担。后辗转南北，在政界、教坛留下了骄人的业绩。

经过紧锣密鼓的筹备，沪宁铁路于1905年开始动工，全路实施分段包工，同时推进。苏沪之间的路段要算青阳港铁路桥的工程最为艰难，由于江宽流急，限于当时并不发达的科技条件，这个史无前例的架桥任务很难完成。民间擅长建造的石桥，根本不能承载火车的重量，只有采用水泥桥墩、钢铁桥梁的新工艺，才能让沉重的火车穿桥而过。幸运的是，青阳港的宽度（125米）还在当时架桥技术的承受范围之内。中国筑路工人在英国工程师的指挥下，经过三年努力，终于完成了筑路造桥任务，1908年沪宁铁路全线通车，昆山从此靠路腾达。

青阳港上架起了巍峨的大铁桥后，成为苏沪城里人争相观摩的建筑胜景。只见桥墩厚实，桥梁坚固，火车呼啸而过，大桥岿然不动，让观光者激动不已。全国各地的造桥专家纷纷前来参观。中国的桥梁专家茅以升先生也曾亲临青阳港大桥取经学习，数年后，他自行设计并组织建造了更高更长的钱塘江铁路大桥。

再看青阳港铁路桥附近的风光——河水清澈，江面开阔，帆船点点，风景如画。每逢佳节，苏沪游客结伴乘车，在附近的车站下车后，再顺着铁路走到青阳港边，浏览宽江大桥的新景，心旷神怡，美不胜收。

机灵的沪上商人看到了大规模开发青阳港的商机。从20世纪的20年代起，在沪洋行率先在青阳港开展赛船活动。每当丹桂飘香的金秋季节，主办方就在铁路大桥边的青阳港上摆开赛场，举办一年一度的划船比赛。为了取得比赛的胜利，平常也吸引附近大城市众多的划船爱好者前来青阳港进行划船训练。就这样，青阳港的人气越来越旺，上海铁路局为了方便广大旅游者和玩乐者出行，干脆在青阳港铁路桥边设立了青阳港车站，每天有数列火车停靠，因此青阳港的铁路桥周围地区更加热闹。

20世纪30年代，南京有个名叫蒋东昌的资本家看中了比邻铁路桥北面的青阳港西岸土地，建造起一幢两层西式楼房和周围十多间辅助用房的建筑。还种植奇花异草，开辟池塘假山，建造水塔喷泉，搭建楼台亭阁，打造成一座具有西洋风格的花园别墅。因为主人姓蒋，昆山人就称之为“蒋家花园”。蒋先生由于难得在这里下榻度假，洋房的利用价值不高，就有意出租。上海铁路局看到前来青阳港划船的爱好者越来越多，就租下了这幢蒋家别墅，改建成铁路花园饭店。租主利用原有建筑进行改造，还加建了一些娱乐设施，辟为高级旅馆。一时间铁路花园饭店顾客盈门，甚至吸引一些著名大学的师生前来这

20世纪20年代的青阳港铁路桥（刘军提供）

摄于抗战前，青阳港铁路桥远景（刘军提供）

里举办夏令营。青阳港地区从此成为交通方便、设施齐全的玩乐胜地。

为了吸引更多的游客，花园饭店还不定期地举办如赛船、打球、垂钓、赏菊、游园、尝鲜等活动，不但有文人雅士参与，而且还有平民百姓观摩，甚至一些民国要人也经常光临指导，如时任国民政府主席的林森也曾莅临一游。

那时的青阳港由于建造了新颖的铁路桥，为昆山的繁华做出了重大贡献，可以说一桥跨江，功德无量。但好景不长，抗战爆发后，青阳港铁路桥成为日寇争夺的对象，炮弹经常光顾，从此洋人没有雅兴来划船了，旅游者也没有胆量逗留了。不久，花园饭店偃旗息鼓，青阳港火车站由于客流稀少被撤销。只有青阳港铁路桥还默默挺立，不时承受着各种虎视眈眈的眼神。

炸　桥

沪宁线通车后，百姓出行更方便了，但也因常被战事一方视为“眼中钉”，而带来了威胁。因为都明白，只要控制了铁路，就有较大胜算。民国政府建立后，局势一直不稳，南北军阀常在沪宁线一带燃起战火，因此常有破坏铁路的事件发生，不是烧毁车站，就是炸毁桥梁，所以沪宁线经常告急，频发停车事故。由于毁坏程度不是很严重，经突击修复后又继续通车。

但是，1937年抗战全面爆发后的那次炸桥事件，顿使沪宁线瘫痪了三个月。那是卢沟桥事变发生后的八月，当驻上海的日本兵借口强行冲击虹桥机场时，被国民党军队战士击毙。事后，日军无理要求国民党军队撤离上海，国民党军队当然不会屈服而奋起反抗，这就爆发了历史上影响深远的“八一三”保卫战，也称淞沪会战。这一仗打得血肉横飞，艰苦卓绝。在双方都损失惨重的紧急情况下，国民党军队总部下达了全国抗日的总动员令，并准备调兵遣将，增援上海前线的抗日将士。集结的部队已在沪宁线各车站待命，眼看坚守在上海的国民党军队就要解围了。这时，日本侵略者丧心病狂地做出了炸桥的决定，准备彻底切断增援路径，妄想将前方抗日的国民党军队置于死地。

经日军司令部周密部署，选定了沪宁线上昆山青阳港大铁桥作为轰炸目标，由于该桥跨度大、牢度高，一旦炸毁，短时间内难以修复，国民党军队的大部队就难以增援，可谓用心险恶。那时的日军拥有空中优势，国民党军队虽已获敌军炸桥的情报，但无可奈何。那是1937年8月16日的早晨，六架日机轰然出动，瞄准了青阳港铁路桥的中段，投下了罪恶的炸弹，顿时火光冲天，铁桥“粉身碎骨”。有一架敌机还俯冲下来拍摄了炸毁现场，以便去向他们的主子报功请赏。

炸桥后，处在危急中的前方国民党军队难以得到增援，坚持了三个月后，被迫撤退。战役结束后，上海宣告沦陷。在以后的日军统治时期，为了继续发挥沪宁线的运输优势，又修复了青阳港大铁桥，日军扮演了一个炸桥后又修桥的尴尬角色。

青阳港大桥在随后的抗日战争和解放战争中，有惊无险地又度过了十多年光景，但到了中华人民共和国成立前夕，青阳港大桥又遭到了一次灭顶之灾。国共两党联手抗日，经过多年苦斗，终于让日本侵略者在投降书上签字。但随后国共谈判破裂，解放战争爆发。经过三大战役的较量，人民解放军势如破竹，一路南下，所向披靡。此时，在昆山担任县长的沈霞飞（1907—1981）坐立不安，因他还在军中担

图为炸毁青阳港铁路桥的实录（郭志昌提供）

职，此时的他兼任淞沪卫戍沪西纵队司令，除了应付地方上的一些非常事件外，还必须听命于军中调遣。因解放军的炮火已逼近上海，国民党部队垂死挣扎，妄想通过上海码头，把大批残兵败将和金银财宝偷运到台湾，这就必须立即切断人民解放军通过火车运兵的铁路线，所以国民党高层酝酿出了一个罪恶的炸毁青阳港大铁桥的计划，密告昆山的沈霞飞县长，命令他设法完成炸桥任务。

听到这个炸桥任务后，沈霞飞心惊肉跳，他在昆山当了几年县长，应该说为民国昆山政权的巩固而积极效力，在治安上、教育上、文化上做了不少得民心的实事，为抗日的国民党军队歌功颂德的忠烈祠碑就是他亲自撰文的。战火四起后，看到命运多舛的昆山已不堪一击，再要他下毒手搞破坏，真有点于心不忍。他想：国民党军队兵败如山倒，不日，昆山将解放，自己已成为民国政府的走狗，如果留下来一定是凶多吉少，现在趁机溜之大吉还来得及。如果完成炸桥任务，还能因立功而在国民党那里得到提拔。但他想到，如果现在一走了之，昆山将群龙无首，会愧对昆山的父老乡亲，所以他把自己的亲信，时任昆山县警察局长汤鹤龄叫来，说是上海总部要他速去受命，这里请他临时看守。汤鹤龄以为得到了县长信任，便一口应允下来。

沈霞飞带着一队随从，当夜沿着铁路往上海方向逃窜，当他走过青阳港铁路桥时，又接到要他立即炸桥的命令。此时，他已听到苏州方向的枪炮声近在咫尺，如不完成任务，将按违抗军令被处决，他为了明哲保身，只得炸桥，留下了伤天害理的罪行。一声巨响，已经伤痕累累的青阳港大铁桥立刻在狼烟四起的炮火中消失了。沈霞飞只感到自己已成千古罪人，拖着沉重的步伐，去上海兵部报到。

再说，“代朝”的汤鹤龄还未坐热县衙的凳子，就得悉早已集中在昆山外围的接管部队已向昆山县城出发了，那是从山东解放区调集来的一批海阳县的干部，到昆山帮助接管政权来了。汤鹤龄自知任职期间横行霸道，民愤极大，如果留下来，将是死路一条，所以趁天亮之前，带上一个绰号叫“小太监”（曾是清宫太监，废帝后，在昆山警察局工作）的部下，也沿铁路往上海方向逃窜。殊不知铁路桥已在数小时前被炸毁，横在眼前的是一条河宽流急的青阳港，此时，身后的昆山已经枪声密集，逃过江去是唯一的出路，幸运的是“小太监”熟识水性，只能硬着头皮驮他的上司汤鹤龄过江。谁知到了江心，“小太监”已筋疲力尽，无力托举那个重如胖猪的汤鹤龄，为了保命，只得“丢车保卒”，汤鹤龄一命呜呼，“小太监”死里逃生。这段生死经历，后在肃反时，“小太监”向政府坦白交代了。

负罪在身的沈霞飞不久随蒋介石逃往了台湾，由于曾经炸毁了青阳港铁路桥而心情郁闷，终生自责。为了洗心革面，他在台湾加入了昆山同乡联谊会，还在会刊《娄声》上发表了《娄颂》：“我昆古称‘娄县’，马鞍山孤峰独秀，极目四望，百里无所蔽。山产石似玉不经雕琢，天然玲珑。邑境士奋于学，民勤耕织。稽诸史籍，宋明两代，鼎甲之盛，冠于全国。而盖藏之家则百无一二，更无门第之风。其读书崇实，政绩治行，皆有独特风节。观乎先哲元代之顾仲英，清初顾炎武、朱柏庐诸先生，不仕异族，隐居著述，文章渊薮，其言行又非寻常所能及，足为山川生色，亦足以励我后世之镜也。”可见他对第二故乡昆山的风土人情了如指掌，爱意四溢。在文章中，他唯独没提青阳港的清澈和铁路桥的伟岸，想来这是他此生放不下的犯罪孽债，所以避而不谈。

修　桥

中华人民共和国成立初，沈霞飞的部下遵命炸毁了青阳港铁路桥后，国民党军队暂时有了逃亡的喘息机会。此时，已听到人民解放军势如破竹挥师南下的军号声，炸毁的青阳港大桥成了乘胜追敌的“拦路虎”。但是修复这座钢筋混凝土大铁桥不是一挥而就的工程，不仅需要技术，还需要时间，但眼下人民解放军急等通过青阳港，去解放大上海，如何来破解这道进军受阻的难题？

就在这紧要关头，昆山城里正好有一位建筑大师在家养病，一听前方告急，立即挺身而出。他叫俞楚白（1889—1955），于民国三年（1914）毕业于南洋公学（今上海交通大学前身）的土木工程系，算得上是一位科班出身的建筑专家。由于他毕业于名牌大学，又主修建筑工程，还曾在沪宁铁路工程处工作，由他来领衔修复大桥无疑是最佳人选。还有，他曾为昆山设计了多处引以为豪的建筑，昆山新政府对他的技术和为人深信不疑。如：

昆山光复后，教育事业跌入谷底，昆山文化人心急如焚，必须创办一所新式中学，才能跟上当时全国各地都在兴办新学的形势。1924年4月，经县教育局董事会商量决定，选择小西门东大桥北堍的文庙武场地基创建一所新式初中，这就是今市一中的前身。为了迅速开学，就利用原庙宇旧房改建为临时教室。随着招生规模的不断扩大，必须建造新校舍才能满足时代需求。那时，在昆山首任行政长官方还先生的发起下，拆除了已经破败不堪的城墙，一部分城砖用于建校，一部分城砖用于出售，筹集到足够资金后，于1925年在文庙原址准备建造一所新校舍，一致推荐已在上海扬名的昆山籍建筑工程师俞楚白先生来负责设计。俞先生立即应允回乡效力，参观了沪宁线一带的新式学校后，俞先生在短期内拿出了一套集校门、教室、宿舍、饭厅、图书室、操场等为一体的设计图纸，董事会一见钟情，立即拍板通过，经紧张施工，民国十五年（1926）1月，新校舍第一期工程终于完工，北楼为宿舍，南楼为教室。校舍之美观、宽敞、实用，在周围县立学校中可算头挑。特别是教室，设计成灰瓦白墙，窗明几净，更是深受师生喜欢，邑人有口皆碑，成为俞楚白先生留给昆山的第一座标志性建筑。后来参观人蜂拥，都跷起大拇指，称赞俞楚白这一与时俱进的新颖设计。

20世纪初，沪宁铁路在昆山设站，大大方便了昆山人的出行。但宽阔的娄江挡住了城里人直行火车站的步伐。乘火车先要走过娄江上的小木桥，然后走过三里长的田间路才能到达车站。苏沪公路通车后，汽车难以通过娄江上木桥，所以必须建造一座可以通过汽车的水泥桥，城里人才能乘上汽车直达火车站，或驶上昆沪公路直达上海。由于娄江水文地质复杂，这个设计重任又落到了昆山籍建筑工程师俞楚白先生的肩上。在俞先生的努力下，一座双向二车道的水泥拱桥终于横空出世，成为娄江走向现代化的一道亮丽风景。为了记取俞先生的设计功劳，大桥落成后还勒石刻字纪念。

昆山也有中山堂，这在全国县级城区中绝无仅有。当孙中山不幸病逝后，举国悲痛，在有识之士的带领下，发动捐款，筹集资金，准备建造一座豪华的中山堂。这个设计重任又特邀昆山籍建筑专家俞楚白先生来完成。经勘察，决定选在曾经作为新阳县衙旧址的风水宝地上建造。经俞先生精心设计，还公开招标，这座宏大建筑终于在1936年的11月竣工落成。中山堂仿照外地先期建成的宫殿式造型，石阶基座，气势宏伟；雕梁画栋，具有典型的民国风格。建筑主体坐落在高台上，居高临下，拾级而上，气势不凡。内有一千多平方米的大厅，还有讲台、舞台，是当时昆山城里唯一的大会堂，不但经常在那里举行各种重要会议，而且还经常在那里举办各种文艺演出。

中华人民共和国成立前夕，俞楚白决定在昆山建宅定居，安度晚年。亭林路上（现艺体馆旁）有一座民国风格的小洋房，显得特别珍贵。房主就是俞楚白先生。20世纪40年代，年富力强的他亲自设计并投资建造了这座玲珑、新颖的小洋房。俞楚白及其家人基本没有享用多少时间就又漂泊在外了，后把洋房转让给了昆山县政府。

时间到了1949年5月13日昆山解放的前夕，解放军已越过长江天堑向大上海进发了，俞楚白获悉青阳港铁路桥已被敌方丧心病狂地炸毁，妄想阻断人民解放军乘胜追击的步伐。此时的俞楚白正在昆山家中养病，出于爱国情怀，自告奋勇地组织当地的500多名群众奔赴青阳港边，发挥他善架简桥的技术优势，在青阳港上用油桶和竹排搭建成浮桥，保障了东进部队的顺利过江，粉碎了国民党反动派垂死挣扎的阴谋。他的爱国表现受到当地老百姓的爱戴和人民解放军的嘉奖。

中华人民共和国成立后，俞楚白带病主持修复了这座命运多舛的青阳港大铁桥。在当时材料短缺和技工紧缺的不利情况下，发挥他经验丰富的优势，终使这条交通大动脉畅通无阻，为他一生的建筑功勋又添上了浓墨重彩的一笔。

20世纪60年代，青阳港铁路桥附近造起了两个高大的烟囱，那是昆山化肥厂和昆山耐火材料厂的标志性建筑，青阳港铁路桥附近又繁华了好长一段时间。

护　桥

在和平建设的年代里，青阳港大铁桥一直安然无恙，得益于桥边常年站岗放哨的守桥部队，凭借他们平日里的火眼金睛，警惕着大桥上可能出现的一切破坏阴谋，从而保障大桥的安全。守桥部队即使日夜严阵以待，仍有不测事故发生。

在“文革”期间，从青阳港大桥边传出了解放军战士娄平源英勇救人的事迹，人称“活着的蔡永祥”——那是1966年岁末的一天，北风呼号，天寒地冻，守桥战士娄平源像往常一样，站立在青阳港铁桥上。那时，大批红卫兵沿着铁路作步行“串联”，两个红卫兵经过青阳港铁桥时，站在铁路上向娄平源问话，这时背后突然响起了汽笛声。娄平源转脸一看，发现有一列货车正飞奔而来。但那两个红卫兵由于头上戴着拉风帽还毫无察觉，全然不知火车已经逼近，眼看就要发生人亡桥毁的恶性事件。在这千钧一发之际，娄平源的脑子里闪过不久前钱塘江大桥上蔡永祥舍己救人的光辉形象。现在同样的险情发生在眼前，必须立即采取行动化险为夷。说时迟那时快，娄平源一个箭步跃上轨道，竭尽全力把一个红卫兵推出了路基。这时火车已经冲过来了，再推第二个红卫兵已经来不及了，只得猛扑过去，两人一齐摔在桥边的轨道旁。这时，列车呼啸而过。两个“革命小将”脱险了，而娄平源伤势严重……在场的红卫兵和铁路工人都被娄平源的英勇行为感动得热泪盈眶。随后，娄平源救人护桥的事迹不胫而走，成为当时广泛传颂的英雄，并且受到了中央军委的表彰。

昆山县政府认为出了一个英雄是一个地方的光荣，当然应该大力宣扬，并立即决定由当时的昆山县锡剧团创编一台大型锡剧《娄平源》，后公开演出，在群众中弘扬娄平源英勇救人的先进事迹。经过编剧、导演、主演深入采访和创作，很快地完成了排练任务。首演是在昆山人民剧场进行的，各单位都派人前往观摩。娄平源作为特邀嘉宾，受到了鲜花的簇拥。

那场演出的舞台背景就是一座宏伟的青阳港铁路桥，由近及远，一溜延伸。剧情不但铺陈了娄平源乐于助人的精神风貌，而且再现了他飞身扑救红卫兵的惊险场面，情节曲折，演出生动，感动了在场的每一位观众。

后来，中央禁止了“大串联”，《娄平源》演了几场就不演了。不久，前线话剧团和江苏省话剧团排演了同名话剧在军民中巡演，使娄平源的英雄事迹更加深入人心。因此，青阳港大铁桥吸引了大批崇拜英雄的参观者，有的不远万里来到大桥部队驻地，一睹救人的现场和英雄的风采。当时，笔者参与的昆山中学宣传小分队曾去青阳港桥堍的守桥部队慰问演出，不但拜访了娄平源，还为他演唱了歌曲《见了你们格外亲》。

“文革”后，社会秩序安稳了，守桥部队撤销了，从此，失去了英雄娄平源的音讯，只有青阳港大铁桥始终巍然挺立着。而且，随着现代交通越来越发达，青阳港上已经架起了更多、更美的大桥，成为魅力昆山的一大景观。

改革开放后，青阳港上的老铁桥不能适应铁路运输飞速发展的需要，铁路部门于1991年在老桥的北侧修建了一座新桥。新建的铁路桥是沪宁线上跨度最大的桥梁，桥高11米，桥长108米，最大桥孔跨度为64米，高大巍峨，蔚为壮观。后来增开复线，再后来铺设轻轨和高铁，都与之匹配地建起了多座新桥。现今的青阳港上，已有4座铁路桥在江面上“并驾齐驱”。加上还有多座公路桥，青阳港上已是多桥飞架，气势恢宏。每当伫立在青阳港边，极目远眺大桥雄姿，只有那座“爷爷辈”的老铁桥总会让人多看几眼，因为它见证了青阳江畔的百年沧桑，当之无愧地成了沪宁线上的一处

20世纪70年代修复青阳港铁路桥时的留影（杨瑞庆提供）

今日青阳港铁路桥远眺（杨瑞庆提供）

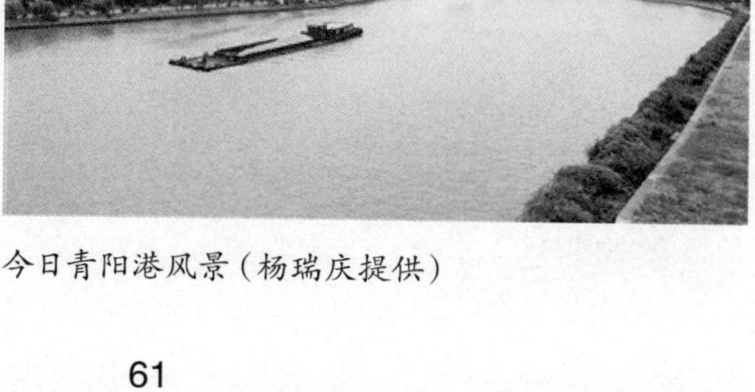

今日青阳港风景（杨瑞庆提供）

老资格历史建筑，应该被继续加以呵护。

如今，青阳港畔崛起了不少近水楼盘，昔日的“蒋家花园”现已成了大型停车场。昆山市政府曾举办过一次开发青阳港的论证会，将利用好得天独厚的青阳港水资源，利用好四通八达的青阳港交通网，将青阳港流域打造成美丽富庶的“在水一方”。

评说鉴藏大家张丑

葛　欣

明代张丑是研究“历代画家笔下的昆山”这个话题绕不开的人物，诸多佳作在他所著的《清河书画舫》中都有记载。他收藏的书画引人瞩目，有晋代陆机的《平复帖》、王羲之的《平安帖》，唐代吴道子的《送子天王图》、尉迟乙僧的《天王》、王维的《圆光二水》，宋代苏轼的《三马图赞》，元代赵孟頫的《正书重修玄妙观三清殿记》，明代唐寅的《王鏊出山图》等古代书画名作。为了了解张丑在收藏方面的丰功伟绩，笔者研读了张丑的著录《清河书画舫》、《朱砂鱼谱》、《瓶花谱》等，还参考了纪学艳的专著《张丑书画收藏与著录研究》等著作，终于对张丑有了全面了解。

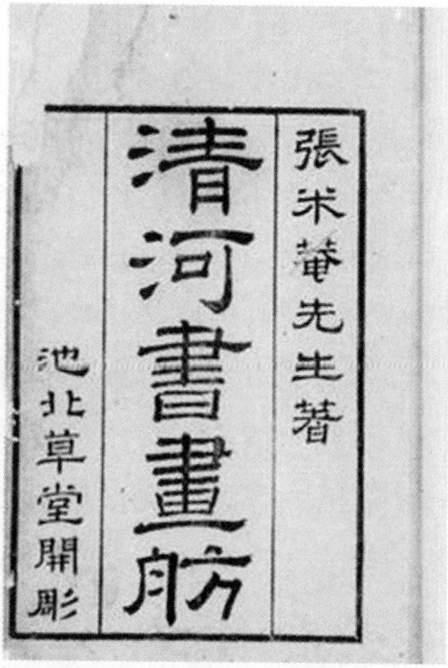

清代吴长元刊刻池北草堂本《清河书画舫》（葛欣提供）

张丑（1577—1643），原名张谦德，也称张广德，昆山人，后随父迁居苏州，明代书画收藏、鉴藏大家，中国书画鉴藏史上的重量级人物，家藏从三国时期的钟繇到明代仇英的书画作品164件，著录《清河书画舫》、《真迹日录》、《南阳法书表》、《南阳名画表》、《清河秘箧书画表》、《鉴古百一诗》六部书画著作，其中《清河书画舫》是一部考查和鉴别古代书画的重要参考书。现主要评说张丑的所取得的艺术成就。

一生致力丁书画鉴藏

收藏深度

张丑在《清河书画舫》中自述："吾家自高曾以来，世有画痴，又曾伯祖维庆、曾祖子和，往来启南先生之门，祖约之、叔祖诚之，出入衡山先生之户，先子茂实，与寿辰、休承称莫逆交，故评定国朝名公书画，万不失一……"

张丑家族中世有画痴，从张丑的始祖、高祖、曾祖和曾伯祖、祖父和叔祖、父亲，到张丑和他的兄长，再到他的侄子，共计七代，都从事书画收藏。

第一代是张丑的始祖真关处士，韬光养晦，修道入山，旁及名迹，收藏宋代黄庭坚的《阴长生诗三章》、刘松年的《老子出关图》。

第二代是张丑的先高祖张元素，迁居上海、昆山，与明代书法家沈度、沈粲交友，情意相投，沈度赠送张元素楷书《相鹤经》，还收藏了宋代周文矩的《苏蕙织锦图》。

第三代是张丑的曾祖张子和、曾伯祖张维庆，子和的收藏有宋代范宽的《袁安卧雪图》，元代赵孟頫的《胆巴帝师碑》，明代马愈的《兰香堂图》、沈恒吉的《胜感八景图》；沈周为张子和作《春草堂图》卷轴相赠，长约二丈，青绿山水，逸趣悠然，画法主要以董源画法为主，并捎带赵孟頫的意味，张丑评价："真尤物也。"张维庆的收藏有张旭的《兰草帖》、赵伯驹的《浣花醉归图》、陈深的《自书宁极斋稿》等。沈周为张维庆作《玉山别业图》立轴四幅，并赋诗一首："风和杨柳初偷眼，雨怯桃花未放心。拟载一壶江上酌，绿波春水共沉沉。"张丑早年看过此图，后来仅存一幅，如今皆失传。沈周还为他作小立幅

清代王学浩《少峰图》(葛欣提供)

《赠维庆府君山水》，在张丑长兄处，遭到家中变故失去，不可复得。

第四代是张丑的祖父张情，字约之，嘉靖十七年(1538)进士，著有《括苍案牍》、《浔阳案牍》及《少峰文集》。文徵明曾为其作《少峰图》，广仅一尺多，张丑评价："极幽深蓊郁之趣，足称清逸品也。"张情撰述诗文《少峰记》和《少峰歌》。仇英为张情绘制《楼居图》，后跋文嘉的七言律一首《不负碧山楼》："人境旷无车马迹，楼居只在半山桥。卷帘岚气昏鼍日，绕户松声杂晚潮。惠化黎氓颂清净，高怀琴鹤伴逍遥。羡君解组归来早，天际真人定可招。"上面提到半山桥，位于今昆山市亭林路上，如今是新桥，沿用旧名。题跋还有梁辰鱼所书《集杜长句奉题张宪副不负碧山楼》："楼阁卷帘图画里，玉山高并两峰寒。傍人错比杨雄宅，百遍相过意未阑。"张情也撰文《不负碧山巢记》和《奥旷巢记》，由文楠题写。文徵明也曾为张丑叔祖张意作《栎全轩图》，归有光撰文《栎全轩记》，由文彭题写。

第五代是张丑的父亲张应文，字茂实，书画家、藏书家，张应文旁及星象、阴阳，潜心烹炼，每日读道家书，既而学佛，释注《药师经》，著有《清秘藏》、《老圃一得》等。其中《清秘藏》分别论：玉、古铜器、法书、名画、石刻、窑器、晋汉印章、异石、砚、珠宝、琴剑、名香、墨、纸等，属古玩书。书斋悬挂唐伯虎的小幅画，与文彭、文嘉交谊深厚，是亲家和连襟，“朝夕过从，无间寒暑，寻源溯流，订今考古”。张应文博综古今，与王世贞相善，不仅为张晴撰墓表，还曾为张应文夫人王氏撰墓志铭。后自昆山徙居苏州，张丑也随他而去，搜讨古今法书名画，著有《张氏藏书》、《清秘藏》等。所蓄法书有宋高宗、苏轼和赵孟頫行书各一卷，所蓄名画有唐周昉的《戏婴图》、宋人《罗汉》八幅，《画苑杂迹》一册、元倪云林《小景》一幅等。

第六代是张丑和他的兄长张厚德、张重德，皆热衷于书画收藏。

第七代是张丑之侄子诞嘉参与鉴藏，外甥文楠书画也是当时一绝。

张氏家族七代酷爱收藏古书画，包括收藏文物，家学丰厚，非一代之功。张丑在书画鉴藏的氛围中成长，耳濡目染，受到常人所难以企及的滋养。

收藏广度

从事书画鉴藏需要具备多方面的条件和素养。张丑在雅玩、历史、戏曲、诗词方面都有涉猎，友人评价他不仅仅是书画鉴藏家，还是文学家、书法家、戏曲家。

《四库总目·杂家类》存目十一，有《张氏藏书》四卷，凡十种，《箪瓢乐》、《老圃一得》、《兰谱》、《菊书》、《选天换骨新谱》、《焚香略》、《清秘藏》、《山房四友谱》、《茶经》、《瓶花谱》。其中《茶经》、《瓶花谱》、《焚香略》由张丑撰写。《清秘藏》是张应文著，由张丑整理。

张丑喜欢雅玩，成为杂家，受其父张应文影响。张丑少为诸生，屡次乡试不中，放弃仕途之路，乃学其父鉴别古器、书画自娱。14岁开始撰写多卷本的《名山藏》，实际是记载民间逸闻趣事的书籍。18岁撰写《瓶花谱》，该书分为品瓶、品花、折枝、插贮、滋养、事宜、花忌、护瓶等。在“折枝”中，讲到何时采摘什么样的花枝才最香、存活最久等。19岁作《朱砂鱼谱》与《茶经》。《茶经》是一部关于中国茶文化的著述。后来还撰写了《焚香略》、《论墨》,《野服考》叙述了日常所穿的各种便服。可见,年轻的张丑喜好雅玩,爱好广泛,向往野逸的生活。

张丑的“玩”,真正玩出了名堂,玩出了艺术。张丑在《朱砂鱼谱》自序中写道:“余性冲澹,无他嗜好,独喜汲清泉养朱砂鱼。时时观其出没之趣,每至会心处,竟日忘倦。惠施得庄周非鱼不知鱼之乐,岂知言哉。乃余久而闻见浸多饵饲益,谙暇日,叙其容质与夫爱养之,理辄条数事。作朱砂鱼谱与同志者共之。”《朱砂鱼谱》是中国最早的一本论述金鱼生态习性和饲养方法的专著,说明他兴趣广泛,连饲养、观赏金鱼都有心得。

张丑对昆曲也有贡献,在《昆新两县续补合志》卷中称张丑为戏曲家。他校订《西厢记》、《琵琶记》、《幽闺记》、《荆钗记》、《白兔记》、《李四娘》等。据传,张丑《真迹日录》中有关于昆曲的记载:“惟昆山为正声,乃唐玄宗时黄幡绰所传。元朝有顾坚者,虽离昆山三十里,居千墩。精于南辞,善作古赋。扩廓铁木儿闻其善歌,屡招不屈……”但是,即使把《真迹日录》看了两遍,还是没有看到这一段文字,不知何故。

收藏高度

张丑早年心思不在书画鉴定上,因科场失意,乃转志于书画、菊兰,喜欢雅玩,后来受到家事变故,而投身书画鉴藏,经历了一个大的变化过程。

张应文临终前,对儿子张丑说:“吾病已在死法中,即不起,汝毋徒事孺慕,计可不死吾者,则有吾《清秘藏》在,汝为吾勉勒成之。”大意是:我将死去,可以让我长存的,就是我的这本书,你要为我完成。这件事对张丑影响很大,张应文刚过世,张丑就穿着孝服,开始编辑整理父亲的书。“父命之谓,何敢不卒成其志耶?先子之所图以不死者赖《清秘藏》，不肖所图以不覆瓿其《清秘藏》者”。怎敢不完成父亲的遗愿呢？这是张丑投身书画收藏的重要原因。

当父亲将十之八九的藏品传给他的长兄时，另外十之二有典者、赠人者、寻米家故事以贸易者。他无法再欣赏，感到困惑惆怅，心里不平衡，“入宝山而空回，每一遐想，令人太息”。“伯兄以绳尤为好事，所收谬书恶画卷轴，不下数千，其真者百不得一”。再加上长兄鉴定眼力不行，收购了大量假书画。后来，不幸遭仇家纵火报复，多数作品荡然无存。张丑的侄子诞嘉也很有书画收藏的天赋，重新收藏了许多好作品，可称书画中兴。但不到十年，家事旁落，就变卖书画。张丑再次感到悲哀，呜呼哀哉，如果不记录下来，四方之士、后世之人，谁人知道我们家曾经有过这么多的收藏。

张丑如果只是局限于一家之收藏就难以成就其博大，与大家来往才能成就其大家。家庭传承重要，跟什么人来往也很重要，张丑与当时的文人王稺登、董其昌、文从简、赵宧光，收藏家韩世能父子、项元汴父子、周敏仲、王越石等，来往密切，有的还是亲戚关系，张丑交游也是以观书画鉴藏为主，彼此切磋交流。张丑得到米芾《宝章待访录》，文从简为张丑作《米庵图》，董其昌为张丑题“米庵”大字及款识。

张丑还相当勤奋。“百计清观而后已”，想尽一切办法，观赏、研究、对比原作，每次观赏、鉴定、交流书画都做细致的记录，还通过诸多古代文献来考证，做到丝毫不差，并对有异议的作品，提出个人独特的见解和凭据。张丑50多年的矢志不渝，成就了他的艺术高度。

顾工在《张丑与明末书画收藏、赏鉴、著录之风》一文中提到：“在明代后期书画收藏、鉴赏、著录的风气之中，论历史影响，收藏家首推项元汴，鉴赏家首推董其昌，但要是综合地看，能够在收藏、鉴赏、著录各方面同时堪称大家的，似乎唯有张丑一人。而且，张丑既没有严嵩、韩世能、董其昌的权势，也没有项元汴的雄厚财力，他纯粹是以一个书香世家子弟的身份介入收藏，他的成功，就不能看作偶然的孤立的现象，从而具有普遍性的启示。”

收藏、鉴赏与著录的成就

收藏成就

在《清河秘箧书画表》中记录其家累世收藏的历代名迹有书法49件、绘画115件，按照年代如下。

晋代：陆机的《平复帖》，王羲之的《二谢帖》、《此事帖》，顾恺之的《净名天女》。

南北朝：梁武帝的《异趣贴》、智永的《五字不损兰亭序》。

唐代：王维的《圆光二水》、张旭的《宛陵帖》、吴道子的《送子天王图》、李思训的《御苑采莲图》、尉迟乙僧的《天王》等。

宋代：李公麟的《九歌图》、黄庭坚的《伏波神祠诗》、米芾的《小楷宝章待访录》等。

元代：高克恭的《巢云图》、赵子昂的《胆巴碑》、黄公望的《溪山雨意图》、吴镇的《草亭诗意图》、王振鹏的《龙舟夺标图》等。

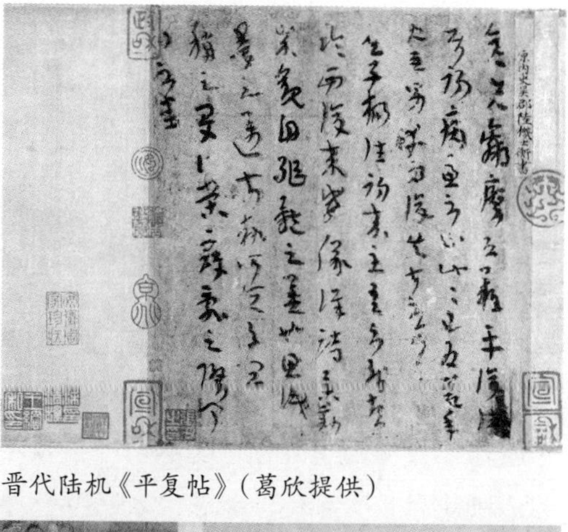

晋代陆机《平复帖》（葛欣提供）

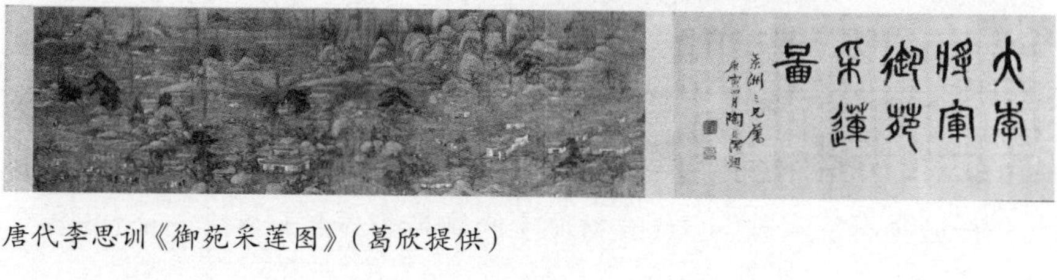

唐代李思训《御苑采莲图》（葛欣提供）

明代唐寅《王鏊出山图》(葛欣提供)

明代：文徵明的《精楷温州府君诗集》、沈周的《天会楼图》、祝允明的《楷书离骚经》、文嘉的《孝友徐庆堂图》等。

张丑的书画来源有三种：继承家传，购买或交换，朋友相赠。前不久，看到苏州博物馆中有一幅唐寅的《王鏊出山图》，应该就是《清河书画舫》中记载的《王公拜相图》，张丑曾经购藏。当时张丑几乎收录了卷中所有题跋，如祝允明、徐祯卿、张灵、吴奕、朱存理、张凤翼等人的题跋。张丑也题了跋："乙巳初月之望，购得《王公拜相图》，捧阅再三，卷尾恭题八字云：'清辞入彀，妙画通神。'张丑笔记。"

他曾用三幅元人绘画换取宋代画家的作品。他曾云："近为易李伯时《九歌图》，割去赵子昂《小竹石图》、高彦敬《巢云图》、黄子久《筲箕泉图》凡三卷，一时元人画迹如扫，亦可叹也夫。"

鉴赏成就

张丑书画鉴定主要得益于他的父亲张应文，由张丑整理编辑父亲的遗作《清秘藏》开始。这本书中涉及不少有关书画鉴赏的内容，张应文论观书法："当澄心定虑，勿以粗心浮气乘之。"后来这句话被董其昌引用到书论上，就是观书法要使心情清静，没有任何杂念，才能感受到的。张应文论赏画："一言以蔽之，曰观其神。"赏画就是观神韵风采。"画学不以时代为限，各自成佛作祖，书法则不然，六朝不及晋魏，宋元愈不及六朝与唐，故蓄画上自顾陆张吴，下及伯虎征仲，皆为伟观。而蓄书必远求上古可也。”绘画，各时代有各时代的风貌，从晋代顾恺之到明代唐伯虎，他们的作品都是壮伟的作品。书法却是越古越好，收藏必远求上古晋魏。可以看出，张应文是一位了不起的书画鉴赏大家，眼光不凡，鉴定一针见血，明心见性。张丑称鉴定书画：“须具金刚眼力，鞠盗心思。”要有特别的眼力——慧眼，用虚云法师的一句话：“好眼睛就是金刚正眼，凡见一切事物，能分是非，辨邪正，识好歹，别圣凡。”要有捉贼式辨伪方法，才会万不失一。

宋代大书画家米芾对张丑书画鉴定的影响也很大。张丑花了十年时间才收藏到米芾之作《宝章待访录》，自号“米庵”，为其斋取名“宝米轩”，他的书画著录《清河书画舫》的命名也与米芾的“米家书画船”有关。张丑继承了米芾书画鉴赏的观念，一是根据绘画风格，二是根据前代书画著录等文献资料，三是根据画中人物冠服制度，四是根据避讳来鉴定真伪，五是通过纸、绢、装裱、印章、题跋、识尾等来鉴定书画真伪。

他说：“赏鉴二义，本自不同。赏以定其高下，鉴以辨其真伪，有分属也。当局者苟能于真笔中力排草率，独取神奇，此为真赏者也。又须

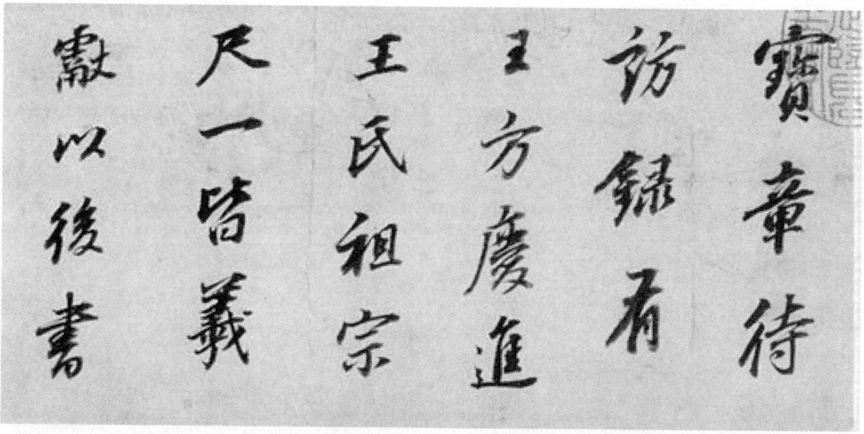

米芾《宝章待访录》书后的董其昌行书题跋（葛欣提供）

于风尘内屏斥临模，游扬名迹，此为真鉴者也，是在当局者顾名思义焉，斯可矣。”这里的“赏”，是指能从真迹中区分出是草率之作还是精品奇迹，品定高下；这里的“鉴”，是指能从一堆伪作中选出真迹名品，辨别出假中的真，这都需要非凡的眼力。

张丑常用综合的方法去鉴赏，提出了鉴赏书画的四个秘诀：“赏鉴书画要诀，古今不传之秘，大都有四，特为拈来。书法以筋骨为神，不当但求形似；画品以理趣为主，奚（为何）可徒尚气色？此其一。夷考宣和、绍兴、明昌之睿晋、欧波、清闷之品题，举一例百，在今尤昔，此其二。只有千年纸，曾无千岁绢，收藏家轻重攸分，易求古净纸，难见旧素绢，展玩时真伪当辨，此其三。名流韵士，竞以仿效见奇，取重通人，端在于此。俗子鄙夫，专以临摹藏拙，遗讥有识，岂不由兹？此其四。是故善鉴者毋为重名所骇，毋为秘藏所惑，毋为古纸所欺，毋为拓本所误，则于此道称庶几矣。”

他的鉴定秘诀：一是书法以字体的骨架和格局为神，绘画观义理情趣，不可以徒尚气色；二是从历代鉴赏书中去考证，比照；三是通过纸绢来判断；四是通过作品的雅俗气质来辨别。不要为名气响而害怕，不要为皇帝或大家曾经收藏过而迷惑，也不要为古代的纸和拓本所误导，达到这个程度，距离悟道就不远了。

张丑在书画鉴定上最大特点就是善于考证。书画鉴藏家万君超评价：“张丑之所以能够成为一代鉴赏名家，是其在文献考证上超逾常人的功力。”举两个例子，来看张丑的鉴定水平和特点。

他说：“韩君博示余褚河南倪宽赞，是宋世临本，后有赵子固等七跋却真。按登善仿效伯施，而本身字体全出欧阳信本，是一证也。中间版筑饭牛之朋，朋字误为明字，是二证也；又纸质松而白，系宋代精褚，唐无此物，是三证也。近吴原博题为夏宪副藏本，见之家藏集中，不应遗此一跋，是四证也。”他通过四个证据，鉴定韩君博收藏的褚遂良《倪宽赞》是宋代临本，不是唐代原作，后面的题跋却是真的。

宋代张择端《清明上河图》部分（葛欣提供）

张择端《清明上河图》，旧藏宜兴徐文靖公家，后归西涯李氏，李归陈湖陆氏，陆氏子负官缗，质于昆山顾氏，有人以一千二百缗购送严分宜。然所画皆舟车城郭桥梁市廛之景，亦宋之寻常品，无高古气也。相传张择端《清明上河图》卷，原系白描之笔，至世宗时命画院能手始设色焉。恐好奇之谈，非确语也。

上文是张丑讲述的张择端《清明上河图》与昆山有关的流传过程：明代收藏家陆完死后，其儿子急等钱用，便将《清明上河图》卖至昆山顾鼎臣家，后被严嵩父子强行索去。后严嵩落败，家产被籍没，《清明上河图》再入宫廷。他认为这幅画属于宋代的普通作品，没有高古气。传说此画原是白描，宋世宗命画师设色，张丑认为那是无稽之谈。

著录成就

随着鉴赏水平的提升，他陆续写下了《清河书画舫》十二卷、《真迹日录》、《南阳法书表》、《南阳名画表》、《清河秘箧书画表》、《书画见闻录》六部书画著录。纪学艳在专著《张丑书画收藏与著录研究》中，评价道：“张丑在中国书画鉴藏史的最大贡献，在于他留下了丰富的书画著录。”

《清河书画舫》　此书并非一般的书画著录与题跋之书可比，它是一部考察和鉴别古代书画的重要参考书。其以人物为纲，以时代为次，共收录了155件书画作品，最早的为三国时期的钟繇，最晚为明代的仇英。多数为张丑亲眼所见。作品或是载明其来源、流传过程，著录鉴定家印记；或是记载当时所藏之地、藏家姓名，并将书画上的题跋收录书中。绝大部分画家都给予了详细的介绍，或是他对书画家及其作品的评价，或是从书籍中引用别人对书画家及其作品的评论。每卷末尾或有补遗。凡是采录于他书的都注明出处，或者附以评论。而他怀疑的内容，大多加以考据。

他在自序中写道：“古迹当以书画卷轴为无上佳品，而琴、研、铜、玉、窑器等项不与焉。何也？盖书画卷轴乃名流心画所寄，非如琴、研、铜、玉、窑器等项仅为良工长技而已。今世好古成风。真鉴益少，其于琴、研、铜、玉、窑器等项，识者百或二三；至于书画卷轴之事，解者亿不得一耳。丑受性庸陋，生平绝无琴、研、铜、玉、窑器等项之癖，第于书画卷轴，粗能上窥前贤心画之秘，每至契合处，恍然神游金题玉躞间，愿终身作老蠹鱼而不害，只今闻见浸多，惧久忘佚，稍为区分随笔笺记，造《清河书画舫》传诸雅士，不令海岳庵书画史独行也。”意思是：书画是古迹中的无上佳品，是名流心画所寄，琴、研、铜、玉、窑器等不可比，能读懂的人，一亿人中都难有一人。张丑还说他痴迷书画，愿终身做死啃古代书画的人，所作《清河书画舫》是为了传给诸位雅士和后人，不让米芾的“书画船”独行。

《清河书画舫》有多处提到了昆山，记录了仇英壮年时期为昆山周六观作《子虚上林图》，祝允明为昆山魏诚甫作《临黄庭经》，唐寅的《晓行图》在玉峰顾氏处。书中在评论倪瓒时写道：“云林手写《顾仲瑛小像》，白描，师李伯时，左方有云林题识，仲瑛亦自题其上。此帧向藏秀水项氏，今在钱牧斋家。”记录了倪瓒曾为昆山顾阿瑛作《顾仲瑛小像》。书中还记录了倪瓒的另一幅与昆山有关的作品：“越中舟中瞻对著色《傲居城东图》，是云林绝品，为之喜而不寐……时高进道寓玉山之真义，与顾阿瑛为邻，写图奉赠云。丑本玉山人，浮居娄水，读诗感叹，故有此结。”《傲居城东图》就是中国国家博物馆收藏的《水竹居图》。此幅图是倪瓒为好友高进道所画，倪瓒根据好友所讲正仪附近的水竹之胜，想象而画成。

《鉴古百一诗》　该诗集是伴随张丑鉴赏书画的过程，有感而发，逐渐创作完成的，共收录张丑创作的101首诗。华东师范大学教授谢巍说：“读毕《清河书画舫》，再诵此百一诗，诸名家之笔墨特征，可记忆清爽，有助于鉴定矣。是书虽为题赞类题咏之属，但非一般题画或赞咏之诗，而为简括画家作品特色之纪实诗，有裨益于鉴赏。”

《真迹日录》　自序：“《书画舫》成，鉴家谓其粗可观览，多以名品卷轴见示就正，因信手笔其一二，命曰《真迹日录》。随见随书，不复差次时代，如欲附丽前编，俟后日更详定云。米庵主人张丑志。”从内容上看，《真迹日录》是对《清河书画舫》的补充，同时也是张丑对自己所见书画记载的补充。以收藏家为纲，记载藏家的书画藏品，系张丑对其他藏家收藏书画所做的鉴定笔记。收录书画上的题跋，有的记述了作品的流传过程。

著名书画鉴藏家薛永年说：“张丑书画著录颇丰，不仅写自己的书画收藏，还写别人的书画收藏，似乎有意通过撰写书画著录为自己和家族塑造书画鉴藏重镇的形象。”《清河秘箧书画表》是对张丑家族六世所收藏的书画，分七格逐一记载。《书画见闻表》是张丑遍观历代书画绪论，以表的形式对书画进行著录，实属张丑的独创。《南阳法书表》与《南阳名画表》是张丑专门记载苏州韩世能所藏的书画作品，是整个中国书画著录中重要的一笔。韩世能也是当时书画收藏大家，张氏家族收藏的名迹有不少来源于韩氏。

明代书法家赵宧光题诗，对张丑做了全面、客观的评价：“草庵如笠拟藏身，向往襄阳宝晋人。箧秘墨皇平复古，壁悬华盖乙僧神。浣花旧句勤雠定，典午遗文恣讨论。五十潜修心自歃，千秋业就岂长贫！”

张丑的书画藏品流传至今的，有陆机的《平复帖》、李公麟《九歌图》、沈周的《吴中山水》、唐寅的《王公拜相图》等，《清河书画舫》成了书画鉴赏的必读著作，将流芳百世。

历史上的江西籍“新昆山人”

景　军

改革开放以来，大批“新昆山人”来到昆山，为昆山飞速发展成为中国县域经济的排头兵做出了巨大贡献。事实上，历史上就有许多“新昆山人”不远万里来到昆山，有的为官一任，有的客居数月，有的老死昆山，其中，江西籍的“新昆山人”尤为突出。

陶岘：我辈自是水中仙

千灯有个叫陶家桥的地方，那里曾经是江西籍“新昆山人”陶岘的居处。关于陶岘的生平事迹，唐末传奇小说家袁郊所著的《甘泽谣》中有详尽的记载：陶岘，生卒年不详，东晋著名田园诗人陶渊明的第九世孙，唐朝开元年间迁居昆山千灯。

陶岘生平有两大爱好：一是搞音乐研究。陶岘生而具有很高的音乐天赋，据说从小就对音乐特别敏感，命泥瓦匠制成一种陶甓，在一年中不同的节气时间，敲击发出不同的声音。他又曾经撰写过《乐录》八章，以订正八音得失，后来成为江南丝竹的创始人。江南丝竹由丝弦乐器和竹管乐器构成，主要乐器包括了二胡、琵琶、扬琴、笛、笙、箫、鼓、板等。演奏时经常加花变奏，风格轻灵细巧、温柔优雅。江南丝竹深受百姓喜爱，在过去的节庆娱乐场合都少不了丝竹乐队的身影。

二是游山玩水搞探险活动。陶岘是名人之后，又才华横溢，家里

花桥江南丝竹在演奏（王懿提供）

广有田产，不愁吃穿。因此，他把家业都交付给家里厚道笃实的族人经营，自己则泛艚江湖，遍游烟水，往往数岁不归。据说，他偶尔回家见其子孙成人，刚开始都互相不认识，要经家人介绍。陶岘身怀经国济世之才，声动朝廷，名闻天下，国家多次征他做官；在游览途中，所过州县，也有官员延揽，请他做幕僚。然而，他自称是山野粗人，都予以婉拒。

为了到处旅游探险，陶岘曾经自己制作了三条船，既精巧又坚固。一条他自己乘坐，另一条让宾客乘坐，还有一条专门运载饮食器乐之类。他有三个知己好友，分别是前进士孟彦深、进士孟云卿和平头百姓焦遂，四个人带着他们的童仆姬妾们一起游玩，遇到景色优美的自然风光都要深入探究一番，兴尽而返。他还组建了一支女子乐队，擅长演奏清商之曲；又以我国山水诗的首创者谢灵运为偶像，笑称自己这一辈子定当效仿谢康乐，死于好山好水之间。因而，吴越一带的文人雅士们都笑称陶岘为“水仙”。

陶岘的为人处世有些古怪，如有官员热情邀请，他躲之不及；别人不主动示好，他却要主动前去叨扰。他听说远古时期，舜曾在广东登韶山石，奏《韶》乐，于是，慕名前往拜石。恰好他有一个朋友在南海做太守，便顺道前去探访。郡守知道他远道不请自来，喜不自胜，因而送钱百万作为资用，另赠二尺长古剑一把、直径四寸玉环一块，还有一个摩诃昆仑奴。这个昆仑奴是从海外贩卖而来的，善于潜水，而且勇猛异常。陶岘把太守所赠之物，悉数运载到船上，踏上归途。他称古剑、玉环和昆仑奴为“吾家之三宝”，非常珍爱、自豪。

以后的旅行过程中，陶岘都把三宝带在身边，下长江、入湘江，每次看到优美的湖光山色，就把古剑和玉环扔到水中，命令摩诃潜水取回，以此娱乐宾客。几年之后的某天，船行至巢湖之上，陶岘像往常一样投环剑于水，令摩诃取回。摩诃跳入水中，不一会儿就拿着剑和玉环踏浪而回，痛苦地说：“被水中一条毒蛇咬了一口。”立即用刀割去被咬的指头，才保住了一条性命。好友焦遂忧心忡忡地劝阻他说：“摩诃恐怕是被水下神怪所伤，它们不愿意有人窥探水府，以后还是不要再让摩诃入水取物了。”陶岘立即命令移舟离开，最后一站他想去趟襄阳，了却心愿，然后回昆山终老。

船行至黄石西塞山下，泊舟歇息在吉祥佛舍，看到江水呈黑色，而且水波不兴，陶岘说：“水下肯定有怪物。”于是将剑与玉环投到水中，命摩诃下水取。过了一会，摩诃气喘吁吁地上来说：“玉环和古剑都拿不回来了。因为水里有一条巨龙，环和剑就在面前，刚伸手要取，龙就怒目而视。”陶岘说：“玉环、古剑和你，是我的三宝。现在玉环和古剑都没有了，我还要你干吗？必须给我拿回来！”摩诃不得已，再次下水去取，过了好久，水面上浮出摩诃的段段尸体，现场惨不忍睹。陶岘见状，失声痛哭，后悔不已。无心继续向西，命令船只掉头回家乡，从此不再提起云游江湖的事了。

相传，陶岘曾在离自己家不远的一座桥上盖了一座凉亭，以方便行人歇息和避雨，后来当地人就把附近村落命名为陶家桥。陶岘不愧是陶渊明后裔，有田园为家的基因，老年的他安居千灯，常常流连于菊园梅林，偶尔即兴赋诗，随意唱和，留下了许多优美的诗句。陶岘的后人在昆山这片沃土繁衍生息，直至今日，代有名人出现。

刘过：终老昆山一词人

刘过（1154—1206），字改之，号龙洲道人，吉州太和（今江西泰和）人，长于庐陵（今江西吉安市）。多次应举，都是名落孙山，终身未中。胸怀大志，力主抗金，屡次上书痛陈恢复大计，言辞恳切，虽然被许多王公大臣赏识，但终究不为偏安一隅的南宋朝廷所重用。一生流落江湖之间，终身布衣。晚年，旧友潘友文任昆山知县，请他到昆山定居，并且为他娶妻置家，两年后贫困而终。死后没有子嗣，贫困得不能入葬。当时潘友文已经被调离昆山，仍关心老友身后之事，与县主簿赵希懋共同资助，买下马鞍山东一块坟地，刘过才得以埋葬。

刘过尚气节，喜饮酒，为人轻财重义，能诗善词，才气纵横，与辛弃疾、陆游、陈亮等人为至交好友。刘过所作诗歌近四百首，词作约八十多首，著作留有《龙洲集》，多愤世嫉俗之作，风格豪放，往往直陈时弊，

今日刘过墓（景军提供）

近于“辛派”。因此，元代文学家杨维桢称之为“诗侠”。

刘过狂放不羁，才华横溢。他生来一贫如洗，“家徒壁立，无担石储”，却偏要“横用黄金，雄吞酒海”。他虽是一介布衣，却心系国家兴亡大事。有诗为凭：“尔自贪痴不肯闲，江南多少好青山。老夫为不爱官职，买得狂名满世间。”

刘过墓在玉峰东麓。玉峰又称马鞍山，据南宋《淳祐玉峰志》卷上载：“马鞍山在县西北三里，高七十丈。山上下皆择胜为僧舍。云窗雾阁，间见层出，不可形容绘画。吴人谓真山似假山，最得其实。”刘过是江西吉州人，流落江湖间，殁于昆山。800多年来，刘过墓几经兴废，一直受到后人的瞻拜。中华人民共和国成立后被列为省级文物保护单位。墓旁竖有两块字迹斑驳的石碑：一块为元代《宋龙洲先生刘公墓表》（以下简称《墓表》）；另一块则是明代陈继儒改《刘氏家传》和龙洲先生遗像。《墓表》撰文者为元代文豪杨维桢，书者为隶书名家褚奂，刻手为早期文人篆刻的代表人物朱珪，可谓三绝。

《淳祐玉峰志》云：“东斋在马鞍山东，僧道川驻锡之地。道川即诵《金刚经》者。斋门有龙洲刘改之祠。”《咸淳玉峰续志》云：“死葬于马鞍山东斋之西岗，陈止安志其墓。其后诗人即东斋为祠。每暮春，县官率士友酬祠下，二卿汤□□□□□中尝作文遣祭。及骚人墨客吊咏甚多，俱留祠壁。”南宋嘉熙二年（1238），邑人吕大中为立石《宋诗人刘君墓碑》。可见这位潦倒不得志、贫无葬所的龙洲先生，身后却一直受到景仰和礼拜，建墓建祠，祭扫凭吊不绝。

到了元代，刘过祠、墓皆废。至正十三年（1353），昆山州名流顾瑛、秦约、卢熊等向官方提议恢复刘过墓，并得到批准，重立墓碑。至正十六年（1356），张士诚军队攻占苏州、杭州大片地区，昆山州治由东仓搬回马鞍山下，而富户顾瑛削发为僧，避祸嘉兴。寺僧乘政局动乱，擅将刘过墓改为僧侣墓地。至正二十一年（1361），知州费复初令寺僧迁骼，重建刘过墓，立碑表树，并特意邀请寓居松江的文学泰斗杨维桢撰文。杨维桢得知墓复，欣然命笔，详细记载复建始末，并强调刘过不仅是著名词人，还是爱国义士，名垂千古。

黄子澄：青山秀峰埋忠骨

昆山亭林园马鞍山脚下有一座低矮的小石碑，在草木掩映之下若隐若现，近前细看，上刻着“明黄节悫公子澄墓”，石碑历经数百年风吹日晒，字迹已经有些模糊不清，这位节悫公便是明朝第二位皇帝建文帝朱允炆的老师，后来主持削藩无果的江西人黄子澄。黄子澄不是昆山人，其墓怎么会流落到昆山呢？

黄子澄（1350—1402），本名黄湜，字子澄，号秀溪先生，明朝分宜澧源（今分宜大岗山乡大坑村）人。黄子澄从小勤学苦读，并把自己的书房取名为“勤斋”。明洪武十七年（1384），黄子澄考中乡试第二名，第二年参加会试、殿试，考中进士第一名。明太祖问他的年龄，他说34岁，再问他是哪年出生的，他一时紧张得答不上来。于是，明太祖把他从第一名换成第三名，就这样，煮熟的鸭子竟然飞了，到手的状元变成了探花。殿试后，黄子澄被授予翰林院编修，后升职为掌修国史的翰林院史官修撰。作为皇太孙朱允炆的老师和侍从官，黄子澄伴读于东宫，后官至太常寺卿。

建文元年（1399）七月，燕王朱棣起兵，以声讨齐泰、黄子澄为名，矛头直指建文帝的皇位。建文四年（1402），当朱棣的军队逼近南京、建文朝大势已去时，黄子澄当时不在主战场南京，而是在苏州募兵。他没有逃跑，没有投降，决心与建文朝共存亡，还将妻子许氏与四个儿子从老家分宜接到苏州，将他们拉入了血腥的战场。不久，南京陷落，朱棣当上了皇帝，黄子澄在嘉兴被人告发，押到了南京。

朱棣亲自审问这位“削藩”政策的主要制定者，欲重用黄子澄，只要其写下认罪书，即可享受荣华富贵，但黄子澄宁死不屈。朱棣大怒，下令砍去他的双手、双脚后，又对其处以“五马分尸”的酷刑，并诛其九族。幸运的是，虽然朱棣对黄子澄家族实行凶残的“瓜蔓抄”，布下了天罗地网，但仍未能将黄子澄家族斩尽杀绝。南京城破之前，黄子澄的妻子许氏与儿子黄圭、黄玉、黄润、黄泽从老家来到苏州府，决心与黄子澄共赴国难。苏州知府姚善见局势难以挽回，有意要为忠臣义士留下血脉，就改变了他们的姓名、户籍与身份，以便能逃脱即将到来的大屠杀。黄圭改名为田立微，户籍改在苏州府昆山县，身份是道士；二儿子黄玉改名为田彦修，身份是昆山县一农村的里正；三儿子黄润改名为田彦温；四儿子黄泽还是少年，也改名换姓。四人均学会了昆山方言，终于逃脱了朱棣的大屠杀。

黄子澄遇难后，二子黄玉极为悲痛，知道父亲在南京被杀，横尸街头，决定冒险前去南京收尸。苏州知府姚善心生一计，利用朱棣政府允许收尸的政策，组织昆山县衙役前往南京收尸，让黄玉乔装打扮，装成昆山衙役前往南京。黄玉冒险将父亲尸体收敛后，将父亲葬于江苏昆山县的马鞍山。他的坟墓虽已无从寻找，但从墓碑中及其他实物可以证实，黄子澄嫡传后裔生活在昆山，繁衍子孙。

黄子澄后代修建的高板桥（景军提供）

朱棣死后，明仁宗朱高炽是位仁厚之君，对黄子澄后人较为宽容，被发配边疆的仅有一人，其余可回原籍。结果，被发配之人后来没有回到分宜原籍，而是回到了昆山。到明正德年间（1506—1521），明武宗为黄子澄平反昭雪，称其为忠臣，后人立祠公开纪念。到清代，乾隆下诏改黄子澄的谥号为“忠悫公”，黄子澄终于成为可公开祭拜的忠臣了。

根据《康熙昆山县志稿》记载，昆山高板桥原名为富春桥，建于明洪武三十年（1397），是昆山市重要的历史文物。传说此桥为黄子澄后人所建，是其后人感谢昆山收留了黄子澄的灵魂，让他入土为安。黄子澄得到真正的平反时间是明正德十五年（1520），当时的皇帝是明武宗朱厚照，离朱棣时代已过去100年。在这100年间，黄子澄的后代不敢大张旗鼓地纪念先祖，他们将富春桥改名为高板桥，因为昆山方言中的“高板”与“搞藩”是谐音，当时黄子澄的后代用“高板”二字意指黄子澄的削藩功绩，以此纪念这位先人。

魏良辅：昆曲曲圣留英名

魏良辅，生卒年不详，别号尚泉，豫章陶竹（今江西南昌莲塘）人，为嘉靖年间杰出的戏曲音乐家、戏曲革新家，昆曲始祖。对昆山腔的艺术发展有突出贡献，被后人奉为“曲圣”。

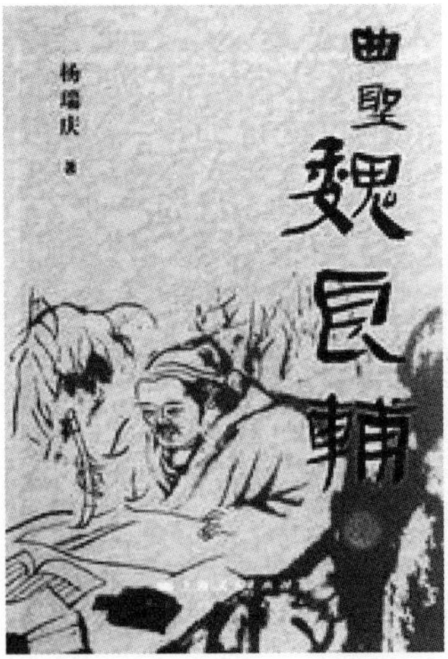

《曲圣魏良辅》书影（杨瑞庆提供）

魏良辅熟悉音律，初习北曲，因不及北人王友山，乃钻研南曲。他的家乡盛行弋阳腔，而他却厌鄙弋阳，为改变所处的艺术环境，于嘉靖年间（1522—1566）来到了当时昆山腔十分活跃的昆山。曾居住在太仓南码头，在当地驻军中，有很多人通晓音律，魏良辅常与他们切磋技艺、商讨乐理。这时，他结识了驻地的一位南曲专家——太仓卫百户过云适，常向他请教，每次度曲都要等到过云适满意了方肯罢休。

他还请教从安徽寿州（今寿县）发配至太仓的善北曲的张野塘。当时张正在军中服役，对魏的求教欣然应允，两人结为挚友。魏良辅有一个女儿，貌美如花，又擅长唱曲，为许多豪门公子所青睐，但她以为豪门易入、知音难求，因而对上门求亲者一一拒绝。后来魏良辅将自己的女儿许配给张野塘，二人琴瑟和谐，白首到老，传为佳话。

魏良辅为研究南曲闭门不出十年，他那种锲而不舍的精神，成就了一番大业。魏良辅之所以后来被称为曲圣，主要是对昆曲做出了三大贡献：

首先，魏良辅对唱曲进行革新。昆曲的改革顺应了人们审美情趣的发展，这种审美标准主要是以文人的爱好为标准。魏良辅以改变南曲的粗陋为切入点，改变演唱方式，实现成为文人戏曲艺术的跨越。唱法改革解决了两个问题，一是北曲南唱，二是以腔应字。魏良辅在不改变北曲已有的相对独立的风格体系，保持完整的曲牌套路的基础上，把北曲的唱法精髓引进南曲，使南北混合，整合为一套唱法。但其中出现了北曲曲牌并不能兼容南曲唱法的问题，所以魏良辅著《南词引正》，主张“两不杂”的原则，即“南曲不可杂北腔，北曲不可杂南字”。魏良辅实行了“依字行腔”的演唱方法，而且根据所唱之曲对原有乐器进行改良，以解决“北曲南奏”中出现的不能融合的问题。

魏良辅“依字行腔”的演唱方法又分为“清曲”和“剧曲”两个大类，曲家以品味“独音”之妙为知音，所谓“丝不如竹，竹不如肉”，而肉音既是“独音”，取胜并非易事。清曲似乎回到了原始的演奏方式上，没有奏乐，演出者只靠节拍来清唱，魏良辅使清曲步入“依字行腔”的高雅演出中去，使之“皆别有唱法”。

其次，对伴奏乐器的改革。魏良辅为满足唱曲唱法的需求，对演奏者的伴奏乐器也进行了改革。南北曲调各有各的伴奏乐器，且风格不同，独特而立。例如弋阳腔，“其节以鼓、其调喧”，不使用管乐和弦索，有的腔调则以锣、鼓、板为打击乐器进行演奏。而昆山腔主要以清唱的方式演出，乐器以竹板为主。北曲则使用弦乐伴奏，“弦索”变成北曲的代名词。通过魏良辅等人的精心改革，昆山腔以“新声”的姿态绽放在舞台上，耀眼而明媚，在当时引起巨大轰动，热爱戏曲和清曲的文人雅士为之惊愕，赞叹不已。余怀在《寄畅园闻歌记》中说道：“南曲率平直无意致，良辅转喉押调度为新声。疾徐高下清浊之数，一依本宫，取字齿唇间，跌换巧掇，恒以深邈助其凄唳。吴中老曲师如袁髯，尤驼者，皆瞠乎自以为不及也。”魏良辅对于昆曲的改进，无论从演唱方式还是演奏乐器来说，无疑都是成功的。他创造了流传百年的昆曲文化，使之熠熠生辉，逐步走向艺术体系的正轨。

第三，著作《南词引正》。魏良辅不仅为昆曲的改革做出了重大贡献，展现了其非凡的才能，也为后世留下了珍贵的唱曲理论著作。他的经典之作成为昆曲艺术美学的源头，被后人引证发挥，不断完善。魏良辅所谓“引正”，是在“惟昆山为正声”的观念基础上对昆腔艺术的理论给予阐发和规范。《南词引正》叙述了初学须知、学曲要领、昆曲唱法、四声要求、曲名理趣、长腔唱法、过腔接字等内容。魏良辅改革的“新声腔”被称为昆曲，使昆曲逐步走向艺术化体系的道路。在这些理论的指导下，昆曲走向艺术的高峰，逐步发展成为一颗璀璨的珍珠。

汤显祖：拂石轩中牡丹香

昆山南街，旧名片玉坊，曾经是明代的文化高地，这里有盲人文学家张大复的梅花草堂，也曾是昆剧始祖梁辰渔的居处，还有太史徐应聘的家宅——拂石轩。徐应聘出身官宦家族，他的曾祖父徐申官至刑部主事，父亲徐汝龙曾当过翰林院检讨，负责修治国史。徐应聘祖宅本在昆山城南的溢渎村，万历十一年（1583），徐应聘考中进士，成为庶吉士，到翰林院任职，当时官场阿谀奉承盛行，而他为人刚正不阿，在京城中被人诬陷,他受不了流言蜚语的攻击,一怒之下,主动隐退,回乡林居住,选中了片玉坊,建造了拂石轩。

数年之后,徐应聘在他的拂石轩中迎来了他的一个知交好友,他便是同样官场失意的江西籍戏曲家汤显祖。徐应聘和汤显祖是万历癸未科的同年进士,同列三甲,而且名次前后相邻,本来关系就比较亲密。从两人离职的过程,也可以看到两人性格上的相似性。徐应聘是不愿忍受朝廷飞短流长而离去,汤显祖呢?他先是目睹当时官僚腐败愤而上《论辅臣科臣疏》,触怒了皇帝而被贬,后被调任浙江遂昌县知县,一任五年,政绩斐然,却因压制豪强、触怒权贵而招致上司的非议和地方势力的反对,终于愤而弃官。在拂石轩,性格相近的两人找到了他们共同的爱好,那就是对戏曲的讨论研究。

徐应聘的曾祖父徐申曾在溢渎新居亲手种植牡丹数株,花开得非常茂盛的时候,因故遭到摧残而枯萎。到徐应聘出生时,已经多年不曾生长的牡丹忽然恢复生气,新花烂漫,绚丽多姿。徐申惊喜之下,作《瑞花记》以纪念牡丹死而复生的神奇之事。大概徐应聘把这个故事告诉了他的好友汤显祖吧,汤显祖在这个关于牡丹的故事中获得灵感,再用他的千古才思和生花妙笔加以修饰,便有了中国戏曲史上的千古绝唱——《牡丹亭》。《牡丹亭》中的女主角杜丽娘也如徐家的牡丹花一样死而复生,演绎了一场“因为爱情”的凄美而圆满的感人故事。

《牡丹亭·游园》剧照(毛宇龙提供)

据说,当年《牡丹亭》的剧本刚刚完成,就被昆山近邻的太仓梨园子弟拿去试演。万历首辅王锡爵,雅好昆曲。此时,他正好致仕在太仓老家,听到汤显祖完成了《牡丹亭》，马上派人暗中结识汤显祖的随从，偷偷抄写了剧本，交给王家的乐班演出。

在《梅花草堂笔谈》中，张大复还记载了昆山十七岁才女俞三娘抱病苦读《牡丹亭》的事迹。俞三娘是娄江沿岸的一个奇女子，年方二八，已经才名远扬，她读了《牡丹亭》后，深感自己不如意的命运与杜丽娘有几分相似，终日郁郁寡欢，最后伤心断肠而死。在临终前手中松开滑落的《牡丹亭》剧本上面，满满的都是她亲手用蝇头小楷做的批注。

《昆山县志》附录了清人张潜之的一首七言绝句："梦影双描倩女魂，撒将红豆种情根。争传玉茗填词地，幻出三生拂石轩。"以确定无疑的口吻道出了《牡丹亭》的创作地点就在徐应聘的太史第拂石轩的史实。

无名氏：老人峰下觅宝人

今日亭林园老人峰（吴鼎桐提供）

传说，很早以前，昆山半山桥堍有一对老夫妻，摆个豆腐摊过日子。一副牵豆浆的磨子，还是几十年前的，老头子从马鞍山搬回来一块又圆又白的昆石，请石匠师傅凿成。一天，有个江西来的觅宝人，看到这副磨子，肯出一千两银子来买。这样一讲，老夫妻俩就请江西人喝酒，喝着喝着大家开起玩笑来。江西人一本正经地说："昆山人全晓得马鞍山里藏着一对活的玉马，可就是不晓得怎样去开山取宝。这磨子的上半爿，就是打开山门的钥匙。”老头子点点头说：“勿稀奇，勿稀奇，这个大家都知道。”可是老太婆问江西人：“有了钥匙，那怎么开法？”江西人说：“每日午时三刻，将上半爿磨子对准西山嘴角一块大石头的瘪槽槽里撞三记……”江西人作刁，讲了一半不讲了。老头子不耐烦地说：“别来瞎讲白说的，我俚不相信，你走开吧！”

可是江西人还是不肯走开，不断地恳求，愿意再加五百两银子买下这副磨子。可是老夫妻俩打起了小算盘。无论江西人怎样提价，就是不卖，江西人只好走了。

老夫妻俩欢天喜地合计开来，要是真能得到这一对玉马，哎嗨！老两口一下可以成为昆山城里的大富翁了。于是决定马上去取宝，双双来到马鞍山西山嘴那块巨石旁，守到午时三刻，抬起上半爿磨子，朝巨石的瘪槽里撞了三记。石门顿时裂开了一道豁口，露出一个又深又宽的山洞来。老夫妻俩又惊又喜，慌忙丢下磨子朝山洞张望。只听得马蹄声从远到近传了过来，眼睛一眨，两匹水晶一样透明雪白的玉马，飞一般地往外奔来，逼近老两口面前，老夫妻俩慌得手忙脚乱，不知怎样下手。

两匹玉马遇见了生人，蹦跳着一声长鸣，猛一回头，把洞口的磨盘踢得滚进了石门内。老太婆赶紧跟进去抢磨盘，老头子刚想跟进去，只听“轰”的一声巨响，石门重新关上。老夫妻俩就这样活活被隔开。老头子想要搭救老太婆，用头颅、肩膀没命地顶撞石门，撞得头昏眼花，可是再也没办法打开石门了。

过了几天，江西人又到昆山来，老头子一边哭一边讲出经过。江西人顿顿脚，叹着气说：“完了，完了。那上半爿磨子是钥匙，下半爿磨子是顶门柱。打开石门不顶住，石门是会很快自动关上的。钥匙掉进山洞里，这扇门就永远没有办法打开了。”

从此以后，两匹玉马再也没有出现过。可怜的孤老头，天天站立在西山嘴角上，望着天空，日思夜想着关闭在山洞里的老太婆。老头子忘了吃饭，忘了睡觉，竟在山头变成了石头。人们叫这个山头为老人峰。

陆家乡贤钱氏父子

郑涌泉

提起昆山菉葭浜（后来改为“陆家浜”，就是现在的陆家镇），老一辈人便会想到一个行当——“吹鼓手”，不要说昆山人大都晓得，在江南一带那也算是名气“呱辣辣”（响当当）。沪剧《芦荡火种》（这部戏后来改编为现代京剧《沙家浜》）里，“忠义救国军”司令胡传魁要结婚了，阿庆嫂前往祝贺并帮忙操办婚事，她有个唱段这样唱道：“陆家浜鼓手称第一，我与他们江湖往来有交情，司令啊！我别样礼物送不起，送你一班江南丝竹小堂名。”相传，当年韩世忠大败金兀术，追击金兵来到菉葭浜，老百姓扶老携幼前来迎接。当地一班民间吹鼓手聚集在一起，连夜在桥旁搭了一个高台，待大军一到，数十名穿红着绿的吹鼓手便一齐吹奏敲打起了“走马锣鼓”、“大游锣鼓”、“急急风锣鼓”、“花鼓”、“威风锣鼓”等，乐声洪亮激越，引人亢奋。韩世忠和夫人非常高兴，对老百姓们说：“菉葭浜吹鼓手真是天下第一啊！”从此，菉葭浜鼓手出了名。江南各地，方圆数百里人家凡有喜庆之事，总要请来陆家浜的吹鼓手闹猛一番。据说当时连十几里地之外的昆山城里的人们都被吸引了，纷纷停下了手里的事情，面对着陆家浜的方向着迷地倾听起来，于是我们昆山也多了一条俗话俚语，将那些工作时不认真不专心致志的人讥笑为“眼睛望到陆家浜，耳朵装勒粪桶浪”。

陆家浜不但鼓手名气响，历史上还出了不少著名人物。昆山第三位状元——明代的毛澄就出生于陆家浜毛竹巷，还有明代的周伦是弘治十二年（1499）进士，历官至南京刑部尚书。清代的诸世器于乾隆年间编纂《菉溪志》，在地方上有一定影响。清末民初还出了钱氏父子俩，在昆山也是很有名气的。

其父钱邦彦

钱邦彦，字彬伯，又字子美，号俊甫，又号畯夫、晋孚，昆山菉葭浜（今陆家镇）西顾村（亦称“西古”，今属北张行政村）人。据1992年12月出版的《陆家镇志》第二十篇第一章之“人物传”所载，钱邦彦生于清咸丰元年（1851），死于民国九年前后，大约是1920年，而马一平在《民国昆山两硕儒》一文中则说钱邦彦生于道光二十八年（1848），死于民国三年（1914）。按民国《昆新两县续补合志》所载，钱邦彦去世那年是六十七虚岁，以此推断，马一平所写应该比较接近于事实。

钱邦彦的家庭世代从事农业生产，在他之前好像没出过文化人。钱邦彦一出娘胎右臂就是弯曲的，无法伸直，属于先天性残疾。但钱邦彦自幼聪明好学，小时候就喜欢读先贤格言，喜欢听忠孝故事，并牢记在心，以此为榜样。昆山名儒龚文熙一看见他就很喜欢，就收他为弟子。在龚文熙孜孜不倦的教导之下，清同治七年（1868），钱邦彦考中了秀才，后来成为昆山县的“优行廪膳生”。啥叫“廪膳生”？就是在明、清两代由府、州、县的衙门按时发给银钱或粮食的生员，有点像今天的享受助学金或政府津贴。

《校补顾亭林先生年谱》书影（郑涌泉提供）

清光绪十一年（1885），钱邦彦参加了“乙酉科江苏省选拔考试”，以第一名的成绩荣膺“拔贡”。按照惯例，生员（秀才）长久不能中举，便逐步由“附生”升“增生”，由“增生”升“廪生”，由“廪生”选“贡生”。什么叫作“贡生”呢？就是在科举时代，挑选府、州、县生员中成绩或资格优异者，升入京师的国子监读书，这些读书人统称为“贡生”，意为贡献给皇帝的人才。

明、清两代对贡生有不同的称呼：明代有岁贡、选贡、恩贡和纳贡；清代有恩贡、拔贡、副贡、岁贡、优贡和例贡等，每年或两三年由地方选送年资长久的廪生入国子监（中国古代教育体系中的最高学府，又称“国子学”或“国子寺”），称之为“岁贡”；逢国家庆典如皇帝登基或其他重要事项朝廷颁布“恩诏”之年，除“岁贡”外再加选一次，称为“恩贡”，由此录取到国子监读书的人就是“恩贡生”，而每三年各省学政就本省生员经考试合格择优保送中央参加朝考的称为“拔贡”。顾名思义，贡生就是“贡举”到国子监成为太学生。实际上，贡生并不真的进入国子监读书，不过是取得了“太学生”的资格，一方面可以直接参加乡试，一方面可以通过“诠选”出任官职，主要是担任地方学校的教官。钱邦彦荣膺入选“拔贡”后有家刻《贡卷》一册传世，其中有家世履历、批语、正文三部分内容。当时的钦命兵部左侍郎、提督江苏学政黄漱兰为钱邦彦批了十六个大字“颖慧好学，博通经籍，文有精华，学有根底”，对他的评价很高。钱邦彦荣膺“拔贡”后因守母孝未能去参加朝考，三年后守孝期满（古称“服阙”，除去丧服之意）后前往补考，因成绩优异，被任命为“八旗官学”（清代学校名。顺治元年设置，隶属于国子监，专收亲贵以外的八旗子弟，清末改为八旗学堂）汉籍教习。然而种种原因，钱邦彦未曾中过举。于是他开始深入研究“宋五子”即北宋理学家、哲学家周敦颐、程颢、程颐、邵雍、张载等人的著作，深刻领悟“为天地立心，为生民立命，为往圣继绝学，为万世开太平”的名言。他感叹道：“古人之学求在我者也。”于是绝意科举，转而精研儒学，以古圣贤的思想鼓励自己，规范自己的言行。他曾工工整整书写朱柏庐先生的《愧讷集》悬挂于客厅之中朝暮诵读揣摩，并且节衣缩食刻印刊行，馈送给莘莘学子以发扬光大。他还为顾亭林先生的皇皇巨著《天下郡国利病书》认真撰写了《附录》。

钱邦彦不仅是一个饱学之士，他为人也非常方正，行事一板一眼，从不苟且含糊。父母过世后，他三年里不吃一口肉，不喝一滴酒，以尽最后的孝道。他跟兄弟、亲友、邻里相处十分友善，即便产生矛盾也会妥善处理。他用先贤的格言认真教育自己的孩子，让他们从小就懂得如何做人并有报国之心。他关心地方公益事业，急公好义，敢于仗义执言，受到乡里的一致好评。如被后人赞为“昆山三贤”之一的朱柏庐先生的父亲朱集横在沙葛村的墓地被人侵占毁坏，是他个人出资予以修复；有佃农家里死了人办丧事造成经济困难，他就主动免除其租金；有人因为生活拮据借了他的钱10年都还不上，甚至连利息都付不起，他干脆把借条都还给那个人，就此一了百了，再也不提起这件事情。

钱邦彦对于自己的生活则非常简朴。他对先贤柏庐先生《治家格言》中“一粥一饭当思来之不易，半丝半缕恒念物力维艰”、“自奉必须俭约”以及“勿营华屋，勿谋良田”的教诲身体力行，自己的生活就像一个方外的老和尚，衣服鞋子穿坏了也不换（“如枯禅老衲，敝袍穿履终身安之”）。清光绪十五年（1889）秋，江南暴雨成灾，昆山也深受水灾之害，农民损失惨重。钱邦彦对田间惨象如是描述道：光绪己丑九月，大雨连续下了十多天，已经成熟的水稻全都浸没于水中，仅露出稻穗，农民们只好将小船放到田里，收割时水都快浸没到小肚子了。又这样描述道：低田全部被大水吞没，深的有四五尺，浅的也有二三尺，只有少量稻穗露出水面，用镰刀割取时，倒在田里随水东西，或沉或浮，看上去就像水中的水鸟，农民们只能用竹子编成“稻签”放在水面上拿来存放稻子，让其慢慢变干后再运回去。当时的昆山尚处于昆山、新阳两县同城分治期间（清雍正三年朝廷从昆山县划出一个新阳县，民国成立后重新合并），新阳县令还能如实上报灾情以求减免百姓赋税，而昆山县令龚世潼则出于个人仕途利益的考虑，竟将灾情真相隐匿不报，上面也未经调查就予以轻信，不向灾民发放赈灾钱粮，昆山百姓遭受天灾又遇人祸，雪上加霜，苦不堪言。此时钱邦彦挺身而出，仗义执言，直接越级向上书面报告真实情况，呼吁赈灾，他的凛然大义深得民众敬仰、爱戴。

作为饱学之士，钱邦彦先生为地方文化做出的贡献很多，其中影响最大的应该是《校补顾亭林年谱》。啥叫“年谱”呢？年谱是一种人物传记文体，开创于宋代，所谓“叙一人之道德、学问、事业，纤悉无遗而系以年月者，谓之年谱”。一代大儒顾炎武先生过世以后，不断有学者为他编纂年谱。清代为亭林先生编写过年谱的有以下这些人：

顾衍生，亭林先生养子。他为先生所编年谱学界称为《原谱》或《元谱》，乃是先生年谱中之最早者，可惜在流传过程中失散太多而所剩只有几页。吴映奎（字止狷，昆山人，生平不详）对《原谱》做了增辑，邑人潘道根为之校阅，称之为《吴谱》。之后，车持谦（字秋舲，又号“捧花生”，南京人。史料上说他“善昆曲，撰《秦淮画舫录》，其中记昆山陈圆圆事甚详”）又依据《吴谱》增辑而成《车谱》。还有周中孚（1768—1831，字信之，别字郑堂，乌程即今湖州人）、胡虔（字雒君，号枫原，安徽桐城人，乾隆十八年生）、徐松（1781—1848，字星伯，乾隆四十六年生于浙江绍兴，后随父移居顺天大兴即今北京大兴县，是清代中叶西北史地学的开拓者，在史地学界和新疆地区颇为知名）等学者都曾为亭林先生编写过年谱，可惜都未能流传于世。道光末，张穆（1805—1849，字石舟，又字石州，山西平定人，近代爱国主义思想家、地理学家、诗人和书法家及编辑家）根据《吴谱》、《车谱》及徐松稿本编成一谱，称之为《张谱》。1998年出版的新编《顾炎武年谱》的作者周可真教授认为，《张谱》与《吴谱》、《车谱》相比较，叙事更为翔实。

钱邦彦的《校补顾亭林年谱》附于商务印书馆印行之《四部丛刊》“三编顾氏巨著《天下郡国利病书》”之后问世，在学界影响很大。光绪三十四年（1908），钱邦彦在《校补顾亭林先生年谱序》中这样写道，顾亭林是我们昆山的先贤，与归震川、朱柏庐一同被尊称为“昆山三先生”。为亭林先生编写过《年谱》的有吴止狷、车持谦等人，而最早的则是亭林先生的养子顾衍生。同治年间，席吉人拿着衍生所编的《亭林年谱》希望钱邦彦来详校，时间忽忽已过了四十年。后来钱邦彦拿吴、车两人所编之年谱做对照，发现缺失和差错不少，拜读后觉得很遗憾，就做了详细的补充（“邦彦读之憾焉，因详加校订吴、车之均未详者”）。由此可见他治学之严谨，真是后人学习的榜样，非常之值得称道。

事情的经过是这样的，清同治己巳年（1869），22岁的钱邦彦受席吉人所托，校写顾衍生所编《亭林年谱》。钱邦彦相信《原谱》应该是亭林先生口述，由顾衍生编写的，内容应该是翔实的，只可惜早已残缺不全，确应认真校补，种种原因耽搁下来，一直没有完成。后来在《原谱》的基础上出了《吴谱》，又在《吴谱》的基础上出了《车谱》并相继流行于世。光绪三十三年（1907），钱邦彦从朋友马光楣那里借得一部《车谱》，与自己所藏的《吴谱》相对照比较，发现“互有参差”，“两家混合不辨”，《吴谱》中应有之条目反而注为引自《车谱》，前后颠倒难识正误之处甚多，这可能是在传抄或刻印过程中造成的差错，钱邦彦读后感觉非常之疑惑和遗憾，便着手对此两本年谱进行详细的校订，以免贻误后学。这件事情堪称是一项重大工程，而且无疑是十分枯燥、烦琐的。众所周知，年谱只有两个内容，一是忠实记录谱主的经

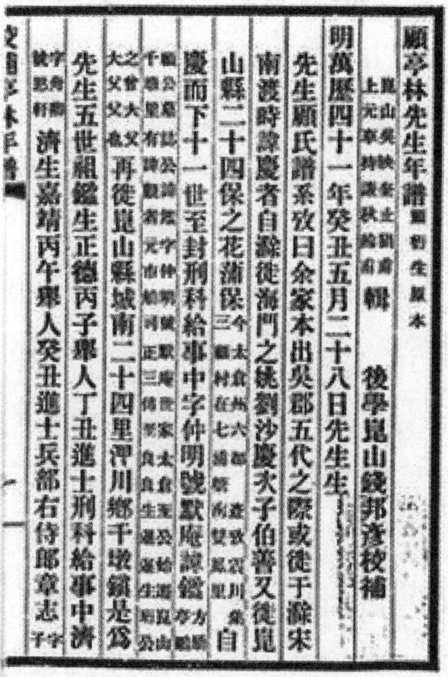
顧亭林先生年譜
後學崑山錢邦彥校補
明萬曆四十一年癸丑五月二十八日先生生
先生顧氏譜系攷曰余家本出吳郡五代之際或徙于滁宋
南渡時諱慶者自滁徙海門之姚劉沙慶次子伯善又徙崑
山縣二十四保之花蒲保
慶而下十一世至封刑科給事中字仲明號默庵諱鑑
再徙崑山縣城南二十四里泗川鄉千墩鎮是爲
先生五世祖鑑生正德丙子舉人丁丑進士刑科給事中濟
濟生嘉靖丙午舉人癸丑進士兵部右侍郎章志

《校补顾亭林先生年谱》内页（郑涌泉提供）

历行踪及所作所为，第二便是“注”和“释”，编者需慎之又慎，如临深渊、如履薄冰。校补过程中，钱邦彦查阅了大量资料，去伪存真，避虚就实，尽量使校补后的年谱还原《原谱》的面貌。大量需要注释的地方对现存资料特别认真比对然后落笔，比如关于“十三陵”就直接采用亭林先生本人所著《昌平山水记》中的描述，关于“宋六陵”（位于浙江绍兴市皋埠镇攒宫山，有宋高宗永思陵、宋孝宗永阜陵、宋光宗永崇陵、宋宁宗永茂陵、宋理宗永穆陵、宋度宗永绍陵六位南宋皇帝的陵寝，故称“宋六陵”）的详细资料则采用毕沅（字秋帆，太仓人，清代著名才子，状元，历任陕西、山东巡抚，湖广总督。在政治、军事、文学和考证方面都很有成就）所撰《续通鉴》和陶宗仪（字九成，号南村，是元末明初有名的史学家、文学家和科学家）所撰《南村辍耕录》，其中记载宋元时的典章、文物、风俗、掌故颇多。对于亭林先生所作《井中心史歌》（这是一首赞颂宋朝遗臣郑思肖的诗）之寓意则采用《苏州府志》和郑思肖本人所撰《郑所南集》（郑思肖，字忆翁，号所南，宋末诗人、画家，福建连江人。元军南侵时，曾向朝廷献抵御之策，未被采纳。宋亡后，隐居苏州。擅画墨兰，花叶萧疏而不画根土，意寓宋朝土地已被外族掠夺）所述。钱邦彦对于亭林先生诗的注释尤为重视，因为这涉及先生的思想和感情，绝对不能以己之腹去度先生之心，于是他先是反复认真研读，然后将注释抄写成稿，遍求当时以道德文章著称于世的学者校正，方敢定论。

尤其值得称道的是，光绪三十三年（1907）九月三日这天，钱邦彦校补至亭林先生60岁时“议抚吴江族子衍生为子”一段，突然对亭林先生附子“衍生”这个名字产生了疑问，便立即搁笔，雇了一条小船从菉葭浜赶赴千墩（今千灯）去查对顾氏族谱（见《校记》）。从这件事情上我们可以看到邦彦先生治学之严谨，真是一丝不苟。经过一年的废寝忘食、呕心沥血，《校补顾亭林先生年谱》终于得以完成，并一直完璧流传至今。经昆山图书馆第一任馆长、邑先贤王颂文先生推荐，

《校补顾亭林先生年谱》被收入上海商务印书馆1936年版《四部丛刊三编·史部》中亭林先生巨著《天下郡国利病书》的后面。

辛亥革命后，钱邦彦“闭门谢客，长斋奉佛，了然于生死之故”。有人开玩笑问他怎么居然信起佛来了，他说：我不是真的信佛，我不过是将精神寄托于“禅”而已。民国九年（1920）前后，钱邦彦曾任教于江苏省立第一师范，告老回乡后不久便病故于菉葭西古村（见《陆家镇志》）。他去世那天，“远近会吊者甚众”（民国《昆新两县续补合志》），可见他的为人是得到乡亲好友们的认可和敬重的。

钱邦彦对家乡一带的水利建设亦有自己独特的见解。他认真拜读了邑先贤归有光（震川先生）所撰的《三吴水利录》，并结合自己所处这个年代的实际情况，撰写了《三吴水利今说》。文中写道：关于吴中水利，自宋代到明代有不下数十家的言论，最得要领的是归震川。为何得此结论？那是因为归震川出生于昆山，侨居于安亭，对吴淞江的古道最熟悉不过了，所以他的论述在当时是最为准确的。而那个时候吴淞江水系中的清洋江（按：今名青阳港）、夏驾浦（按：今名夏驾河）以及瓦浦等都能引导吴淞江之水入娄江并东流入海。现在的情况出现了变化，自从洋人在吴淞江开设了码头，吴淞江就变得难以治理了，现在只有疏浚娄江这唯一的办法了。娄江出海口南北相距不过三十里，而水流快慢不同，治理起来相对容易些，“此开浚娄江所以为治吴水之上册也”（民国《昆新两县合志·卷十八·集文》），这乃是真知灼见。

钱邦彦生前撰有《拙庵诗文集》、《懒农文稿》等著作，文学上的水准也是很高的。因其德高望重，民国《昆新两县续补合志·人物·隐逸》及中华人民共和国成立后的《陆家镇志》都记录了他的事迹。但不知何故，1990年出版的《昆山县志》并未专门在《人物》一栏中为钱邦彦单独设立条目，只是在其子钱鸣球的名下顺带简单说了一句“其父钱邦彦，清光绪十一年（1885）参加乙酉科江苏选拔考试，以第一名膺选为拔贡”，这应该是一种缺憾。

其子钱鸣球

钱鸣球，字景虞，生于清同治五年（1866），卒于民国二十五年（1936），中华人民共和国成立后编纂出版的《昆山县志》及《陆家镇志》均作此记载，而马一平所撰《昆山历代医家录》则说钱鸣球生于同治九年（1870），卒于民国十九年（1930）。因为是菉葭西古人氏，故人称“西古先生”。

钱鸣球自幼接受良好的家庭教育，跟他父亲一样，好学能文，博通经史，因乡试不举，就去做私塾先生设帐授徒。清宣统二年（1910）由廪生而选举为岁贡生，被任命为直隶州州判。未久，辛亥革命爆发，钱鸣球便收拾行囊回到故乡继续做他的塾师，设帐授徒。业余时间认真研习岐黄之术，熟读《内经》、《难经》及各种方书，“灵枢素问之奥，越人仲景之秘无所不窥，五脏九窍之微，四气六淫之变无所不察”，乡亲们有病上门求医，往往药到病除。之后因上门求医者络绎不绝、应接不暇，钱鸣球便转而将医疗作为自己的专业，正式悬壶济世、治病救人。因为学有所成，在穷究医理的同时能悉心实践，所以他诊病准确，开方精当，疗效显著，声名大噪，成为昆山一位著名的儒医。钱鸣球医术高超既不故步自封也不“秘不授人”，他孜孜不倦治病救人之余还广收门徒以期济世，造福桑梓。他的门人有青浦凌秉衡、玉山顾兆奎、蓬阆张启文、夏驾桥陆效山、花桥徐冠伦、菉葭吴心完、千灯郑传霖等十多位。钱鸣球不愧为名师，循循善诱，诲人不倦，既传授医术又传授国文，高徒张启文、吴心完、徐冠伦等出师后悬壶开诊，成为昆东地区很有名望的医师。钱鸣球一共生了五个儿子，长子钱汉尹、次子钱菡舫、幼子钱季裘以及长孙钱杏奎都继承了他的医业且甚有医名，为一方百姓治病救人。

钱鸣球还是一位地方文献方面的专家。民国初年积极参与编纂

《昆新两县续补合志》的工作，任菉葭浜区采访之职，当时被聘为各乡镇区采访之职者如邱樾、王颂文、胡石予、蔡璜等全都是当地德高望重的饱学博采之士。《昆新两县续补合志》民国十二年（1923）刻本国家图书馆有存，钱鸣球著《半农存稿》，苏州图书馆有存。

作为一代儒医，钱鸣球对他父亲所撰的《校补顾亭林年谱》得以传世功不可没。王颂文在《跋》中如是写道：邦彦孜孜不倦三年终于完成了《校补顾亭林年谱》，他的哲嗣景虞茂才（即钱鸣球）将原稿珍藏了起来。昆山图书馆寻访乡邦文献，景虞出示了这部手稿，于是图书馆抄录了一份作为馆藏。馆里原本珍藏有亭林先生《天下郡国利病书》手稿，商务印书馆愿意影印使之广为流传，我们就将钱氏《校补顾亭林年谱》原稿附在后面一起印行，使得喜爱亭林著作的读者更加明了亭林先生的毕生志行。

钱鸣球还十分热衷于地方公益事业。当时，乡里有位德高望重的老人郁鸿如在过七十二岁生日时收到了一笔贺金，他不仅全部捐出来，还自己贴了不少钱，重建了益寿桥，方便了乡亲们的出行。钱鸣球对此举大加赞赏，遂写了一篇《重建益寿桥记》，全文如下：

益寿桥，原名从愿桥，以桥跨横泾港，乡人呼为横泾桥。桥圮已久，乡人每厉揭也。丁巳仲春之吉，郁丈鸿如七二揽揆之辰，亲族故旧执贽为先生寿，先生领受之得一百二十余金，即席而告曰：天寿不贰修身，以俟之诸君，何容为余寿，请以寿余者寿桥可乎？凡有不足，愿为之解囊也。众皆抵掌称善。于是鸠工采石，躬亲督率，两阅月而工竣，计费金三百余。乡人称便也。先是，先生曾重建南北两永安桥，计费竟达三千余金。是桥费虽省，而能以一人应享之利益，与数千万人共享之，其仁慈悱恻，苍苍者当锡公纯假矣然。先生不过中人产耳，少失怙，乱离之后屋宇荡然，仅仅薄田数十亩，得以澶粥中岁糊口，四方耐劳勤朴不浪费一文钱。卒得复故居置田产，其操持之坚固、立志之远大望而知，为非常人。晚年好老庄学，悟彻四大皆空之旨，不复有求田问舍之念，横亘于胸臆间，凡有蓄储，倾心慈善而于桥梁，尤不遗余力。每建一桥，辄以观空子署名已，飘飘然有目空一世之概。嘻！先生岂逃名耶，吾知其实事求是而已，吉嗣文复好青乌术，衣钵淀东畸士，名噪一时，凡有益于桑梓者，必踊跃为之倡，古云为善最乐，余之记其颠末，并将先生之行事，连类及之后之览者，其有所观感云。

钱鸣球与地方名宿蔡璜、胡国梁、余天遂等过从甚密。余天遂曾为其刻过私章，蔡璜曾写过“足当名山，吾昆片玉。不为良相，大地同春”四句诗相赠（自古有“不为良相则为良医”之说），盛赞其是位妙手回春、有割股之心的杏林圣手。钱鸣球过世后，当时在上海的胡国梁作挽联云：“庚辰丧钱起，临风西顾；丁丑哭孙登，逝水东流。”上联前半句中“钱起”是唐代诗人，“大历十才子”之一，在此暗喻钱鸣球；后半句中“西顾”一词双关，既说是从上海往西看昆山，又寓意钱鸣球所居之西顾村。下联上半句中之“孙登”，字公和，号苏门先生，魏晋时高士，妙真道大宗师。由此可见，挚友们对钱鸣球的评价是很高的。

麻将起源于昆山叶子戏

张银龙

2014年，苏州大学体育学院罗时铭教授组织了一个团队，开始了“关于麻将起源”的课题研究。经过一年多时间的调研，查阅了许多古籍资料，考察了宁波麻将馆、太仓博物馆等，最后得出了如下结论：风靡全球的麻将产生于明代万历末年的苏州，创始人为著名的民间文学家冯梦龙。冯梦龙著有《牌经十三篇》，对麻将的规则做了比较细致而全面的陈述，他还写过一首《纸牌》的民谣：“纸牌儿，你有万贯的钱和钞。我舍着十字门，百子辈，与你一路相交。”这位明清言情小说大师对麻将研究非常投入。现把麻将的“发明专利”安到他的头上，是有一定说服力的。

罗时铭团队还有意外发现：麻将（古称“马吊”）是从“昆山叶子戏”演变而来的。当今昆山人，对“昆山叶子戏”知之甚少，不少人甚至完全没有听说过“昆山叶子戏”。

“昆山叶子戏”是一种民间游戏，使用的是一种叫“叶子”的纸牌，简称“昆山牌”，或者“叶子戏”。因为纸牌上有水浒英雄好汉的图像，所以又称“水浒牌”。“昆山叶子戏”是600年前发生在昆山的文化现象，曾受到全国各地的追捧。

众说纷纭的麻将发明人

叶子戏与麻将牌属于承前启后的关系，在介绍叶子戏之前，我们不妨先来了解一下相对熟悉的麻将牌。

由于麻将牌复杂多变，刺激有趣，因此自诞生后，很快就成了整个中国最为盛行的博戏形式。无论是至高无上的皇帝、大权在握的重臣，还是一般的布衣平民、村夫俗子，都喜欢搓麻将。这一事实反映了封建时代的人们追求刺激，嗜好赌博，打麻将已成时尚，同时也反映了麻将这种游戏活动有丰富的情趣。

麻将起源于中国，原属皇家和王公贵族的游戏，其历史可追溯到三四千年以前。在长期的历史演变过程中，麻将逐步从宫廷流传到民间，到清朝中叶基本定型。

围绕麻将的发明人，一直争论不休，至今为止，至少有以下几种说法——

第一种，说是万饼条发明的。相传，明朝有一个名为万饼条（又名“万秉章”）的人，在“叶子戏”的基础上创造了麻将。他以自己的名字——“万、饼、条”设计了三种基础花色。后来，尽管麻将牌千变万化，花色不断增加，但是“万（萬子）、饼（筒子）、条（束子）”一直是最基本的花色，始终不变。

民国时期的麻将牌（杨瑞庆提供）

第二种，说是太仓护粮官发明的。麻将牌本是江苏太仓的“护粮牌”，捕雀护粮是当年这个国家大粮仓的重要职责之一，“打麻雀”是人人参与的保粮工作。因为太仓方言的“麻雀”就叫“麻将”，因此“打麻雀”自然叫成了“打麻将”。

据载，江苏太仓曾有皇家的大粮仓，常年囤积稻谷，以供“南粮北调”。粮多自然雀多，每年因雀患而损失了不少粮食。管理粮仓的官吏为了奖励捕雀护粮者，便以竹制的筹牌记取捕雀数目，凭此发放酬金，这就是太仓的“护粮牌”。这种筹牌上刻有各种符号和数字，既可观赏，又可游戏，也可作兑取奖金的凭证。这种护粮牌的玩法、符号和称谓无不与捕雀有关。例如，“筒”的图案就是火药枪的横截面，“筒”即枪筒，不同筒数则表示不同火药枪数；“索”即“束”，是用细束绳串起雀鸟，所以“一索”的图案以鸟代表，几索就是几只鸟的脚爪。“万”即赏钱的单位，奖金是按打到鸟的多少计算的，从一万到九万的赏钱数目多少，表示捕雀业绩的大小。此外，“东、南、西、北”为风向，故称“风”，火药枪射鸟应考虑风向，才能取得预期效应。“中”即射中之意，故为红色；“白”即白板，放空炮；“发”即发放赏金，领取报酬。玩麻将的术语也与捕雀护粮有关。如，“碰”即“彭”的枪声。又如，成牌叫“和”（音“胡”），“和”与“鹘”谐音，“鹘”是一种捕雀的鹰，是麻雀的天敌。除此，还有“吃”、“杠”等术语也与“打麻雀”有关。

第三种，说是航海家郑和发明的。明朝郑和下西洋，路途遥远。出海一次，往往需要数月时间，甚至更长。为了打发枯燥而乏味的漫长日子，船上的将士只能以投掷骰子赌博作为消遣。但是，时间一长，大家对这种单调的投掷骰子赌博游戏产生了厌倦，经常有将士因为想家而开小差，甚至试图谋反。尽管郑和采取了强硬手段，有时不惜使用武力大开杀戒，但是，还是难以降服众人。为了稳定军心，郑和发明了这种娱乐工具——麻将牌。

他以纸牌、牙牌、牌九等为基础，以100多块小木片为牌子，以舰队的编号，分别刻了1—9“条”，以船上装淡水桶的数量，分别刻了1—9“桶”（筒）。根据大海上的风流，刻了“东、西、南、北”四个风向。以吸引人的金钱，刻了1—9“万”。以“大中华耀兵异域”的口号，刻了红色的“中”，根据一年四季刻了四个花牌，最后有一块牌不知道刻什么好，就不刻任何东西，这个牌就是“白板”。据说，最初玩的时候，郑和、副帅、大将军、郑和的夫人四个人一起玩牌，在试玩的过程中，逐渐形成了输赢条例，最后确定了游戏规则，并向全体船员推广，于是整个船队都开始玩此游戏。船上有一个姓麻的将军，他玩这个游戏最是得心应手，于是郑和给这个游戏命名“麻大将军牌”，后人简称之为“麻将牌”。

第四种，说是山东人发明的。山东人为纪念梁山好汉而设计了这种游戏牌。麻将基本张数为108张，代表着水浒里的108位好汉（人称“一百零八将”），“东、南、西、北”则代表这些好汉来自四面八方；“中、发、白”是说这些人有的是中产阶级，有的是发家贵族，有的则是白丁出身。山东人把摸牌读作“麻牌”，所以，就把这种游戏牌叫作“麻将”。

此外，还有宁波人陈鱼门发明的说法。不管麻将牌是谁发明的，其发展轨迹基本得到确认：骨制麻将牌是由明末盛行的马吊（纸牌）发展演变而来的；马吊是从“昆山叶子戏”发展演变而来的。它们是一脉相承的“血缘”关系。

扑朔迷离的唐代叶子戏

“叶子戏”一词，最初见于唐代苏鹗的《同昌公主传》：“韦氏诸宗，好为叶子戏。夜则公主以红琉璃盘盛夜光珠，令僧祁立堂中，而光明如昼焉。”说是这个韦姓贵族家族里的人都爱玩叶子戏，公主更是喜欢，玩到夜里还用金贵的“夜光珠”盛放在“红琉璃盘”里照明，照得如同白

叶子戏纸牌（杨瑞庆提供）

天一样。如此夜以继日玩叶子戏，可见其玩兴极高。

据宋代文学家欧阳修所述，唐代的“叶子戏”其实就是“骰子格”，是一类用骰子玩耍，类似后世“升官图”的图版游戏。欧阳修在《归田录》一书中这样解释“叶子”：唐代以前，书籍呈卷轴样式，每当查阅，颇感麻烦。有人就用“叶子”书录下作者、称谓、提要等有关内容，折叠在卷轴的边沿，以方便读者检索，这与现在的书签功能相似。

宋代程大昌的《演繁露》说：“……至唐始为叶子。”他同样认为叶子是从唐朝开始的。有人受之启发，把书籍制作成为折叠形式的“叶子”或“策子”（册子），而玩“骰子格”的“赏例”也印在“叶子”上，以供查阅，称之为“叶子格”，这应该是“叶子戏”的雏形。

清代高士奇在《天禄识余》一文介绍：南唐李煜这个“文艺青年”，不关心朝政，只喜欢吹拉弹唱、吟诗填词，他宠幸的周妃子非常喜欢“叶子”，自己也玩得精通，因此，编写成推介此项游戏规则的《金叶子格》。

“叶子戏”在宋元时期逐渐沉寂，后来几近消亡，有关的文字记载也相当有限。直到明代，经过改良并最终定型的“叶子戏”在昆山再度流行，成为当年与昆曲交相辉映的另一种文化现象，最终在全国广泛流行，并被称为“昆山牌”。

古代贵妇玩叶子戏的场面（张银龙提供）

脱颖而出的明代马吊牌

当今专家们对“马吊”的研究富有成果，相对而言，关于“叶子戏”的资料则十分稀少。明代陆容《菽园杂记》和潘之恒《叶子谱》，反映的都是昆山“叶子戏”传承变异的情况，两书前后相差一百多年，反映出“叶子戏”与“马吊”既有联系，又有差异。

陆容身历正统、景泰、天顺、成化、弘治五朝，前后为官26年，担任过吏、兵两个重要部门的职位和地方行政机构的外任，且多次奉使四方，对明初以来的朝野政治及社会风情十分熟稔。其笔记《菽园杂记》所载内容，可与正史互相印证，又可拾遗补阙，所以，其著作内容经常为后学者所引用，是研究明代文化很有参考价值的资料。潘之恒是安徽歙县人，明代戏曲评论家、诗人。侨居金陵，嘉靖间官至中书舍人。因为两试太学未中，从此喜好古文、诗歌，游览山水，所过必录。《叶子谱》所作就是他对“叶子戏”的感受。

明代黎遂球在《运掌经》中写道：“斗叶子之戏，古盖有之……迩鹿城陆文量先生，会记其博斗之事，谓以警世。”黎遂球是明天启七年（1627）举人，早年攻读经书，擅长填词作诗。因其即席咏牡丹诗力压群芳，被誉为“牡丹状元”。南明时与顾炎武一样，被任命为兵部职方司主事，与清军巷战，身中三箭而殉节。他的这段文字中所提到的“鹿城陆文量先生”，就指陆容。他的这段文字肯定了陆容所记的真实性不容置疑。

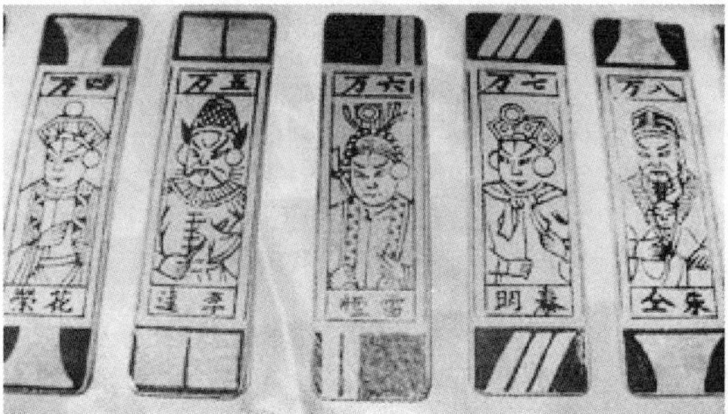
马吊戏竹牌（杨瑞庆提供）

“叶子戏”变异成“马吊”，经历了比较长

的时间。这两种游戏在交替过程中曾并行于世。现在的麻将牌还保留着许多“叶子戏”的印记。为此，我们不妨借“马吊牌”对比昆山“叶子戏”，以揭开昆山“叶子戏”的神秘面纱。

游戏的名称

“叶子戏”既是这一种纸牌游戏的特称，又是这一类纸牌游戏的统称。“马吊”有时也被叫作“叶子戏”，但“叶子戏”不可以称为“马吊”。

“叶子戏”之所以被称为“昆山牌”，是因为改良后的“叶子戏”首先是在昆山盛行，并由昆山向周边乃至全国辐射扩散，产生了较大的影响。

纸牌的图案

潘之恒《叶子谱》中有两句话：“叶子始于昆山，初用《水浒传》中名色为角抵戏耳……”和“分门品，仿于昆山，今驷马桥尤盛行”。这里不但交代了叶子戏用水浒中的人物作为牌色，还交代了叶子戏来源于昆山的史实，并且指出了流行的具体地点在昆山驷马桥。

陆容《菽园杂记》第十四卷这样介绍：“近得阅其形制……自万贯以上皆图人形，万万贯呼保义宋江，千万贯行者武松，百万贯阮小五……”由此可见，“叶子戏”俗称“水浒牌”，是因为该纸牌上绘有水浒人物图像。明代徐复祚也对这一问题有过陈述：“今昆山纸牌，必一一缀以宋江诸人名……”（《三家村老委谈》）

当年梁山好汉的传奇故事可谓家喻户晓，“叶子戏”以宋江等水浒人物为图案，一方面是借“水浒（牌）”的广告效应扩大其影响；另一方面用梁山好汉的遭遇“警世”，不要妄想非法暴富。

牌具的样式

根据陆容《菽园杂记》的记载，三十八叶的昆山“叶子戏”比四十叶的“马吊”少两叶，即一钱至九钱各一叶，一百至九百各一叶，一万贯至九万贯各一叶，二十万贯至百万贯各一叶，加上千万贯、万万贯两叶；合起来就是三十八叶子。叶子戏“大可一寸，高倍出之，厚仅盈指，纸轻小，便易挟以偕游”（黎遂球《运掌经》），“一寸”宽，高是宽的一倍，估摸一下，其大小样式应该与当今的名片差不多，如此小巧，可能是为了携带方便。“厚仅盈指”，这里的“指”假如是手指，那有点让人费解；如果是指甲的意思，那就说得通了。其图案“皆才力绝伦之人”，即水浒人物。与“马吊”四十叶纸牌全部绘制水浒人物图案所不同的是，三十八叶的“叶子戏”纸牌中只有一万贯至九万贯九叶加上二十万贯至百万贯九叶以及千万贯、万万贯两叶，一共二十叶纸牌绘有水浒人物图像。

陆容《菽园杂记》第十四卷详细地列出了这二十叶具体图像：“万万贯呼保义宋江，千万贯行者武松，百万贯阮小五，九十万贯活阎罗阮小七，八十万贯混江龙李进，七十万贯病尉迟孙立，六十万贯铁鞭呼延绰，五十万贯花和尚鲁智深，四十万贯赛关索王雄，三十万贯青面兽杨志，二十万贯一丈青张横，九万贯插翅虎雷横，八万贯急先锋索超，七万贯霹雳火秦明，六万贯混江龙李海，五万贯黑旋风李逵，四万贯小旋风柴进，三万贯大刀关胜，二万贯小李广花荣，一万贯浪子燕青。”

对照《叶子谱》，“马吊”与“叶子戏”一脉相承，两种牌具所绘制

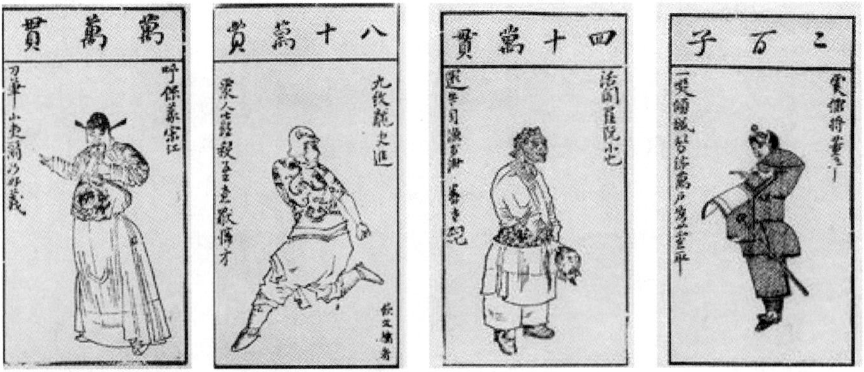

水浒人物图案的叶子戏纸牌（张银龙提供）

的水浒人物其人名、诨名、名次等大多保持一致，但也稍有不同："马吊"有"天罡"、"地煞"星名；叶子戏则没有"天罡"、"地煞"星名。

大众娱乐的玩牌游戏法

"叶子戏"是一种大众性文化娱乐活动，具有广泛的群众性。最初的参与者大多为谦谦君子。当年的昆山，有着良好的社会风气，"人有恒产，不奢不俭"（嘉靖年间《昆山县志》）。他们玩"叶子戏"完全以娱乐为目的，不但不赌，相反还警示不要学梁山"盗寇"。游戏时的氛围很和谐，入局者气静声和，"动手不动口"，场面很安静，所以叫"无声落叶"，又称"闭口叶子"、"默和牌"。符合中国人崇尚的"温良恭俭让"的传统品性，赢得了士大夫的喜爱，并被认为"最为韵事"。

相对于固定4人博弈的"马吊"和"麻将牌"，参与"叶子戏"活动的人数有着很大的随意性。2人以上就可以开局"斗叶儿"，陆续出现的围观者随时可以参与，4人、5人、6人乃至7人、8人……既没有"三缺一"的遗憾，也不会出现有人突然离去而留下尴尬局面。

"叶子戏"的规则相对简单明了，两张牌花色一样就是"对子"；三张牌花色一致那是"豹子"；三张牌成1、2、3或3、4、5或者5、6、7……顺序排列，就叫"顺子"；假如这三张牌是同色的，那就是"同花顺"，等等。"斗叶儿"开始，先是"发张"（发牌），以大小较胜负，牌未出时都反扣着，不让他人看见，出叶儿后，一律仰放，斗者以所仰之叶测未出之叶，以施斡运，与当今流行的桥牌的打法相差无几。

从"叶子戏"到"马吊"的游戏规则，有一个渐变过程，到后来出现了"质"的变化。最初时，都是"贱一"、"尊九"，以大制小。不论是哪一门牌，"一"总是最小，"九"始终最大。稍后在文钱门出现了根本的变化，大小彻底颠倒——"钱数贱九而贵空殊，倒置有味"

（潘之恒《叶子谱》），这一方面增加了趣味，另一方面正是当时“无钱当老爷，有钱做小鬼”的社会风气的反映。再后来“叶子戏”发展成为“马吊”，其性质有了根本的改变——牌无大小、只要凑巧。从此，由斗勇转化为斗智，游戏性极强的“叶子戏”被以博弈性为目的的“马吊”取代。

天时地利的昆山叶子戏

“叶子戏”是一种文化娱乐活动，它具有大众性的特点。明代的昆山，吐故纳新，开风气之先，诞生了一大批具有广泛影响的思想家、文学家、艺术家，出现了引人瞩目的“昆山文化”现象，为叶子戏的产生、发展、兴盛，创造了一定的人文基础和物质条件。

明朝初期的稳定发展，社会上积累了一定的财富，为叶子戏打下了坚实的经济基础。[至正]《昆山郡志·第六卷·土产》载：“按隋志，川泽沃衍，有海陆之饶。故今高下悉田稻色，多种食物。所出水陆毕备，而海错鱼鲜为尤盛也。”那时的昆山，地大物博，兼有陆地稻麦的充盈，又有水乡鱼鲜的丰饶，自然会带来意识形态的变化。

由于昆山近邻太仓的南粮北调，漕运发达，经济富裕，人气旺盛，为昆山叶子戏的普及提供了极好的机遇。当年刘家港成了“六国码头”，设立太仓卫、太仓州，为昆山带来了繁荣条件，催生了像沈万山、顾阿瑛这样的巨富。沈万三所在的周庄、顾阿瑛所在的正仪，都与刘家港很近，与昆山有连的娄江、湖川塘、澜漕（杨林）、七浦塘等，都是通往长江口的出海黄金航道。昆山无疑成了经济重镇，商人穿梭其间，玩叶子戏的人自然数不胜数。

明末清初的昆山人陈瑚，在《顽潭诗话》中对最初的叶子戏做过介绍，认为它是做生意人最欢喜消遣的娱乐游戏：“以愚揣之，古有筹算法，今牌载百千万贯皆钱数，又以九为限，合于算指意。商贾者流，舟车旅舍所用以会计多寡者乎？”商业发达，给叶子戏的普及带来了机遇；生意结算，为叶子戏的游戏规则制定促发了灵感；舟车旅舍，为叶子戏提供了娱乐活动的空间和时间。纸牌设置的大小与名片相仿，更为生意人的携带提供了方便。

叶子戏“宜于舟中……宜围炉……宜诗客文士，宜深沉好书之侠”（《运掌经》），不分男女老幼，不计场合利害，叶子戏的随意性，非常符合昆山人随和的本性。［嘉靖］《昆山县志·风俗卷》记述：“人有恒产，不奢不俭……士以及讼庭、登酒垆为耻……士者重名检，薄荣利。民务耕、织、渔、贾，鲜游手游食之习……”叶子戏与昆山人注重传统、看重名声、安于本分的生活习性十分合拍。

以冯梦龙为代表的古代白话小说的繁荣，为叶子戏积淀了深厚的文化基础。叶子戏以水浒人物为图案，融合了吴文化的精神内涵，显示了通俗小说的艺术魅力。潘之恒《叶子谱》：“叶子始于昆山，初用《水浒传》中名色为角抵戏耳……”“分门品，仿于昆山，今驷马桥尤盛行之……”“图像品，模昆山制……”“刻画品，测昆山制……”“斗虎，取昆山牌……”有记载说，当时叶子戏纸牌以苏州桃花坞、昆山驷马桥和太仓卫所制作的最受欢迎。驷马桥这个地名现在还保存着，地处昆山丽泽门外。由于昆山刻板印刷业的兴盛，当年昆山驷马桥制作的叶子戏纸牌富有口碑。叶子戏还被称为“蜡牌”，可见当年昆山的蜡封技术已经相当成熟。

从陆容《菽园杂记》和潘之恒《叶子谱》两书的成书时间看，可以大致推算出昆山叶子戏的发明时间。陆容《菽园杂记》第十四卷说：“斗叶子之戏，吾昆城上自士夫，下至僮竖皆能这。予游昆庠八年，独不解此。人以拙嗤之……”当时的人如果不会玩叶子戏，居然还会遭人哂笑见识褊陋狭小，可见其普及程度之高。上文中“予游昆庠八年”一句，就是解开昆山盛行叶子戏具体时间的关键。陆容生于明正统元年（1436），据明代程敏政《参政陆公传》记载：“（陆容）九岁赋诗有奇语，十六为县学生。”据此推断，其游学昆山的时间当在1452年至1460年。《菽园杂记》第二卷：“景泰间，昆学教谕严先生敏妻病，予时为学生，遣迎巨源治之。”这段文字佐证了陆容游学昆山在“景泰间”。“景泰”为明代宗朱祁钰的年号，前后为时8年，即1450—1457年，从而印证了前文的说法。由此可以得出结论：叶子戏盛行昆山的大致时间，当在明代景泰年间。

有些史书上都把陆容当作太仓人，其实，陆容生活的年代，太仓州还没有建立。陆容生于正统元年（1436），卒于弘治九年（1496）。划昆山、常熟、嘉定三县中的六乡建立太仓州，是弘治十年（1497）的事。当年的惠安乡辖有四保，其中的第27、28、29三保划归太仓州，就是后来的城厢镇，剩下第30保还保留在昆山县惠安乡，就是后来的周市。所以，严谨一点说，陆容属于昆山惠安乡人。他在自己的文章中也常言“吾昆”、“吾昆城”，以自己是昆山人为荣。

由盛至衰的马吊牌

叶子戏盛行时，天下风靡。有艺人竟将猴子训练成为“斗叶猢狲”，为观众表演。在饮食中，也有了“斗叶”食品，作为“消夜果儿”。说明“叶子戏”当时十分普及，已影响到社会的其他领域。为了满足日益迫切的社会需求，明代问世了较多有关“叶子戏”玩法的著述，比较著名的著作有潘之恒的《叶子谱》、《续叶子谱》、《六博谱》，汪道昆的《数钱叶谱》，黎遂球的《运掌经》，王良枢的《诗牌谱》等。

在正统思想较强的士人看来，经世致用的学问，才是君子所应该追求的，叶子戏与昆曲均为顾炎武、陈瑚这样的学问家所不屑。尤其到了16世纪后期，叶子戏演变为马吊、酒牌、游湖等，从斗勇变为斗智，从娱乐变为赌博。“士大夫好之，穷日累夜，若痴若狂”。（清

各种形式的麻将纸牌（张银龙提供）

王崇简《冬夜笺记》）有故事说，当官的退朝回家，官服还未脱下，就已经关照仆人把纸牌准备好。更有甚者，甲申之乱，有人要报告皇上自缢的消息，却被主人打断："先让我把这局牌打完再说。"后来，"马吊"在更多的意义上，陷入了赌博的漩涡，正像钱泳《履园丛话》指出的："上自公卿大夫，下至百姓徒隶，以及绣房闺阁之人，莫不好赌。许多人为打马吊而倾家荡产。"有人因此把它视作"妖器"。吴伟业《绥冠纪略》断言："万历末年，民间好叶子戏，图赵宋时山东群盗姓名于牌而斗之，至崇祯时大盛。……明之亡，亡于马吊。"这是"叶子戏"最初发明者始料不及的。

昆山碑文背后的故事

吴鼎桐

我国自古以来就有刻石立碑的传统，无论是官府还是私人，都可以将值得记载的人物事迹和官府禁令之类镌刻在石碑上，传至后世。

刘过碑万世流芳

在马鞍山东麓有一座刘过墓，墓旁现存碑刻四通，一为《刘过墓阙》(年份与作者待考)；二为《刘过墓表》，元至正二十一年(1361)十月五日由奉训大夫、江西等处儒学提举杨维桢撰，将仕郎杭州路海宁州判官褚奂书；三为《刘氏家传》，明末著名文学家、书画家、隐士陈继儒撰，原碑未刊刻年代，约在明崇祯后期完成；四为《刘过遗像记》，明崇祯十四年(1641)九月礼部左侍郎顾锡畴记。

《刘过墓表》、《刘氏家传》、《刘过遗像记》三碑记载了刘过的生平事迹，具有极高的历史价值；都由名人撰文刻字，又具有极高的艺术价值。

刘过(1154—1206)，字改之，号龙洲道人，南宋著名诗人、词人。吉州太和(今江西泰和县)人，长于庐陵(今江西吉安)。少怀志节，读书论兵。四次应举不中，布衣终身，不入仕途。为人崇尚气节，善饮酒赋诗。他一生为国事奔走呼号，献计献策，力倡抗金，收复平原，为陆游、辛弃疾所赏。

《刘过墓表》载："宋南渡后，以诗侠名湖海间，陈亮、陆游、辛弃疾，世称人豪，皆折气岸与之交。宰相周必大闻其人，欲客之门下，不就。"可知他身世坎坷，年过半百，仍四处流亡。开禧初年在昆山知县潘友文的热情邀请下，他最后到昆山定居。于是，刘过流寓昆山，娶妻置家，依靠邑地大户周济度日。

刘过词风与辛弃疾相近，抒发抗金抱负，与刘克庄、刘辰翁有"辛派三刘"之誉，又与刘仙伦合称"庐陵二布衣"。

南宋开禧二年（1206），刘过在昆山逝世，因家境贫寒，无钱安葬，直到六年后的嘉定五年（1212），昆山主簿赵希懋用知县潘友文赠送的赙金三十万缗买下马鞍山东麓的一块墓地，才得以安葬。陈振（止安）撰墓志，并立龙洲先生祠于东斋内。后墓地累遭侵占，南宋嘉熙二年（1238）五月，邑人吕大中特立墓碑和石表墓。每年暮春，县官率士民致祭。后墓与祠俱废。元至正十三年（1353），州人顾阿瑛、秦约、卢熊等，将刘过墓被毁一事上报官府，经官府查明原墓图籍与墓址，在墓址上立"宋龙洲先生刘过之墓"碑石。六年后，寺僧擅自将刘过墓改为僧侣墓。至正二十一年（1361），时任昆山州知州费复初知道后，下令复建刘过墓，并通过昆山名士殷奎请寓居松江的文豪杨维桢撰写了《宋龙洲先生刘公墓表》，当年十月五日由褚奂用隶书写就，因知州费复初于次年春去职，未及时刻石。继任知州偰傒斯上任后瞻拜刘过墓，乃请著名篆刻、碑刻家朱珪将墓表刻碑，于至正二十二年五月十一日（1362年6月3日）立于墓侧，这块珍贵的元碑历经650余年的

刘过墓表（吴鼎桐提供）

风风雨雨,至今仍屹立于墓旁,成为研究元代文学史、书法史和昆山史不可多得的宝贵资料。

此后,偰傒斯又重建祀祠,更名刘过祠,后屡经毁废与修复。明弘治三年(1490),昆山知县杨子器对墓地重加封表,并作词《满芳庭》一阙刻于壁,词曰:“世路崎峣,功名蹭蹬,天涯踪迹无聊。贫寒彻骨,犹幸有绨袍在。叵奈老苍情薄,风尘里困杀英豪。惆怅旅魂飞散,更楚些难招。悠悠千载,下有知己者,想象风骚,漫摩挲断碣,重新无复香火事,付与吾曹。从今后,大家照管,风雨莫飘飘。”一时士大夫争相作诗歌其事。历代文人以及刘的生前好友前往凭吊不绝,留下许多题咏诗词。据[康熙]《昆山县志稿》记载,自元以来,有二十多位诗人赋诗赞颂刘过。明代著名诗人张銮在诗中曰:“乾坤同涕泪,聊寄白云生。世事消黄土,风流傍古人。野声双涧雨,远火四山磷。寂寞残碑下,开花细草卷。”

戒石碑正面(吴鼎榈提供)

戒石碑背面(吴鼎榈提供)

刘墓于1957年3月被列为江苏省第二批文物保护单位。1991年被公布为昆山市第一批文物保护单位。

公生明戒石警世

《公生明》戒石碑在昆山亭林园顾鼎臣祠堂外东侧。清康熙九年(1670)六月，董正位出任昆山知县，他在县衙东廊后发现了这块石碑，翌年，在修缮县衙时，董捐俸建亭一座，将此碑置于亭内，称“戒石亭”，立于县衙大堂前甬道中央，凡县衙内官吏出入甬道时均能见到这块戒石碑，以告诫官吏们要清正廉洁，不可贪腐。

《公生明》碑阴刻有十六个字：“尔俸尔禄，民膏民脂，下民易虐，上无难欺。”这十六个字出于孟昶的《戒喻辞》，文字通俗流畅，言简意赅，含义深刻。北宋太祖赵匡胤对孟昶的《戒喻辞》特别欣赏，除册封孟昶为秦国公外，特从《戒喻辞》内选出这十六个字作为铭言，令各郡各县立石堂前，相代沿袭。昆山知县董正位将《公生明》戒石碑立于县衙甬道，以示警世。

2000年7月1日，昆山市纪检委、监察局全体共产党员，在《公生明》石碑右侧竖《廉生威》石碑一块。“公生明”、“廉生威”这六个字的出处，来自中国历史上著名的“官箴”。2004年4月5日，原中共中央政治局常委、国务院总理朱镕基偕夫人来到昆山亭林园观光游览。当他们来到《公生明》、《廉生威》石碑前时，朱镕基等同志驻足留步，观察碑文，朱镕基对碑文的典故颇为熟悉，他脱口而出背诵了“官箴”的全文：“吏不畏吾严而畏吾廉，民不服吾能而服吾公。公则民不敢慢，廉则吏不敢欺。公生明，廉生威。”这36个字的“官箴”为明永乐年间理学大师曹端（1376—1434）和天顺年间清官年富两人所作，前后逾半个世纪，经接力修订，最后才流传后世。

“官箴”从确定下来到现在，已有540多年历史，然而“公生明”三字的由来更为久远。早在两千多年前的战国时期，荀子（前313—前238），在《不苟篇》中写道：“公生明，偏生暗，端悫生通，诈伪生塞，诚信生神，夸诞生惑。此六生者，君子慎之，而禹、桀所以分也。”到了北宋英宗治平四年（1067），河南襄邑（今睢县）人许世安，以“公不偏党，明则生矣”为韵作《公生明赋》而高中进士第一名。其文章最后两句是：“唯夫以公正为心，明则生矣。”它距今也已有940多年了。

贞节碑受人敬仰

在亭林园“步玉峰”石牌坊东侧，有一块《三贞碑》，立于明嘉靖十一年（1532），向东的为《三贞祠铭》，楷体，由经筵讲官、中顺大夫、邑人方鹏制；向南的为《三贞祠颂》，行楷体，由资政大夫、南京刑部尚书、邑人周伦作并书；向西的为《三贞赞》，篆体，由通议大夫、应天府尹、邑人柴奇造，太原王理之书。

碑文中对节妇李氏、烈妇薛氏、孝妇黄氏的事迹均给予了高度评价。

《三贞祠铭》一开头就写：“吾昆多贞妇，然李之节、薛之烈、黄之孝尤显，显者且无后，故有司特祠祀之，郡守胡侯题其曰：‘三贞’。”

柴奇的《三贞赞》，文字简洁，共24句，96个字，概括了三位妇女的事迹：

三贞赞碑文（吴鼎桐提供）

“十九而嫔，再期而孀。脱死于室，摧肝裂肠。危难靡贰，祀义是防。圣祖有诏，百世其光。

累夫者法，累身者容。夫命叵测，孰污于凶。长练高经，以死自从。百炼之刚，孰犯其锋。

姑病阽危，妇身莫救。肉糜潜进，既起而仆。孝诚格天，方已梦售。九掖而起，弗苦弗疚。”

下面我来具体地介绍这三位贞妇的故事。

节妇李氏，名惠，水德的妻子。她性情贞静，不妄言笑。19岁时与水德结为夫妻，婚后两年，水德病故，她发誓不再嫁人，有人劝她说："你年轻无子，老来靠谁？"李氏回答说："丈夫是天，天有第二吗？夫亡无子，这是天命安排。"并愤怒地说："不要玷污我的耳朵。"说罢便径自离去。李氏回家后欲自缢轻生，幸被其姐姐发觉而得救。明洪武十年（1377），其兄犯法被捕入狱，牵连李氏被逮至京，经办官员威胁李氏说："你若嫁人，可以免罪。"李氏听后怒斥说："我不以兄遭难而不顾礼义，虽万死不辞。"这位官员深受感动，奏请上司免其罪，护送回乡。此时，她家中的财产已全被没收，只得依附亲戚、租屋寄居、纺纱缝衣来维持生计。她还收养了她的姐、兄的孤女三人。洪武三十年（1397），官府闻李氏事迹后，诏旌表，学禄陈潜夫为李氏写了传记。

烈妇薛氏，昆山一个银匠的女儿，嫁给县衙内的一名小官邵某。明洪武初，邵某触法犯罪，送京师处理。薛氏时年二十余岁。负责押送的刑卒见薛氏貌美，顿生邪念，对邵某说："你如想平安到京城，需将妻子嫁给我，否则，马上叫你死。"邵某怕死而答应。密对妻薛氏说明实情，薛氏佯装答应，设宴为夫送行。晚间，薛氏乘人不备而自缢身亡，四邻将其殓葬。其墓在西盆渎村彭氏菜园内。进士郑文康为薛氏立传，叶盛、陆钱均撰文表扬。

孝妇黄氏，名宁，举人黄铎的女儿。19岁嫁给周瑄为妻，婚后两年，周瑄病故，黄宁矢志不嫁二夫。婆婆瘘疾十多年不能行动，她千方百计为婆婆求医治病，但总不见好。一位老妪告诉她："观音大士很灵应，诚心供奉，必得感应。"于是，黄宁肖大士像供奉，早晚百拜，连续五年不断。一日，忽梦见大士告诉她说："你每九日扶婆婆起坐，七次为度，瘘疾就会痊愈。"当时婆婆病重，不能动弹，黄宁很是为难，不得已，仍如法扶婆婆起坐，渐感不难，至第七度，扶至大士像前，忽香炉跃起，越屋梁落下，正击婆婆脑袋，有声如雷。从此，婆婆步履如常，众人皆说是黄宁孝心感动观音大士，才使其婆婆病愈。时任知县罗永年知道后，送来20斛大米（斛为量器，一斛等于五斗），以帮助黄宁赡养老人。黄宁死后，太仆少卿李应桢表其墓曰：“节孝。”

三贞祠建于明嘉靖三年（1524），比三贞碑早八年。到嘉靖十四年（1535），烈妇郑氏，节妇朱氏入祠，将三贞祠更名为五贞祠。清道光二十五年（1845），“五贞祠”内立有李、薛、黄、郑、朱五人的塑像。清咸丰兵灾后祠宇毁尽。

由于今天讲述的是“三贞碑”的故事，因此，后进的郑氏、朱氏两人的事迹不再赘述。

对“三贞碑”众人也许有不同的理解，可能有人认为这三位妇女是封建礼教的“牺牲品”；可能也有人认为这是中华民族优良的传统美德。孰是孰非，由世人去辨别评判。

崇功祠树碑立传

在亭林园内，有一座顾文康公崇功祠，这里原是慧聚寺的法华堂，明嘉靖三十八年（1559）改建崇功祠，春秋致祭，至今已有400多年。祠内有一块《顾文康公崇功祠碑》，此碑于明隆庆四年（1570）由掌都察院事知制诰经筵国史总裁官西蜀赵贞吉撰。碑文中较为详细地记载了顾鼎臣的丰功伟绩。

“顾鼎臣，生于明成化九年（1473）。弘治十八年（1505）中进士第一名，授翰林院修撰。正德初任左谕德。正德十二年（1517），北地淫雨，灾情严重，鼎臣作《悯雨》诗，反映北地水患，又请求赈饥弭盗，得旨许可。嘉靖初，任经筵日讲官。嘉靖六年（1527），迁翰林院掌印学士，仍充讲官。嘉靖七年，拜詹事府詹事兼翰林院学士。明世宗（即嘉靖皇帝）好神仙术，殿内设斋醮，鼎臣进《步虚词》七章，帝优诏褒答。东南赋役不均，他屡陈其弊端，得有所改正。嘉靖十七年（1538）八月，以礼部尚书兼文渊阁大学士，入参机务。翌年三月，帝出巡，特命留守京师，赞辅太子监国，即民间所传说的‘代朝三月’。鼎臣官至少保兼太子太傅、武英殿大学士。”（见《昆山县志》1990年12月第一版）

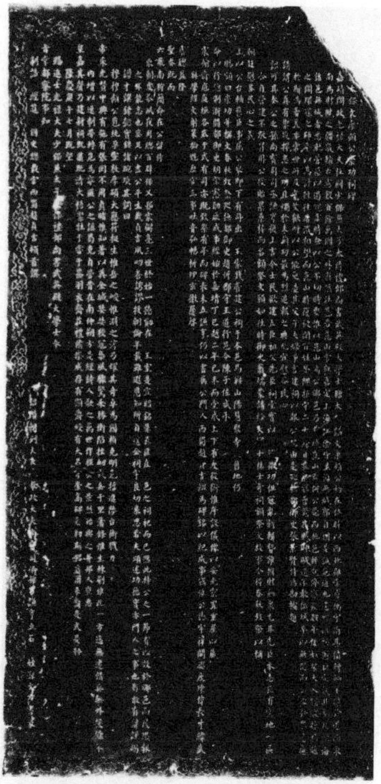

顾文康公崇功祠碑（吴鼎榈提供）

顾鼎臣心中对昆山未筑坚固城墙甚是忧虑。众所周知，古代国库银两大多来自田赋，而昆山属“鱼米之乡”，富庶之地。为东南财赋之疆，却无城郭自固，一旦倭寇入侵，不仅百姓遭难，且影响到朝廷国库收入。因此，他亲自写了一个奏疏《代工部复筑造城垣疏》，疏中有这样一段文字：“臣等看得直隶苏州府所属一州七县，实东南财赋渊薮，每岁供亿糙白粮米、金花银、绢布及课办料解等项，通计三百余万。”说明这一带地方对朝廷贡献极大，切不可失去，因而请求在昆山等地修筑城垣，最后得到朝廷批准。

此后，倭寇果真入侵昆山，碑文中是这样记载的：“后数年，倭奴果大入寇，纵掠吴越之间。环寇之师，往往屠溃相望。而昆山时复被围，百姓登陴拒守二十余日，发梁纵礌，毙其贼帅。贼遂不敢逼，城卒以无恐。”因此昆邑得以保全。顾鼎臣为昆山人民做了一件实实在在的大好事。

碑文中对顾鼎臣的评价甚高，文中有词一首，共200字。笔者从中取开头八句32字：“穆穆顾公，苞纯孕灵。敦厚硕大，应符挺生。惟岳之峻，惟渊之渟。乃耀其奇，卓为国桢……”此32字，足以说明对顾公之赞颂，称其为国家之栋梁也。

禁恶碑官府定规

奉宪永禁恶丐害民碑碑文（吴鼎桐提供）

《奉宪永禁恶丐害民碑记》现藏于昆山市文物管理所。该碑是在原城南公社熊庄大队发现的。据说熊庄附近旧有古庙一座，该碑可能为古庙遗物。

清乾隆年间，恶丐横行之事时有发生，有些乞丐已沦为盗贼，抢劫、盗窃等行为严重扰乱社会治安，碑文中写道："一遇民间婚丧、喜庆、兴造，凶讨强索，或日相脚地，或夜行伙窃，事发摍拔，飞烧良善，扰害居民……"民众苦不堪言，怨声载道。当地官员束手无策，只得上报求助。乾隆二十四年（1759）曾颁发示式规条，收效甚微。遂于乾隆二十八年（1763）三月颁《奉宪永禁恶丐害民碑记》，勒石永禁。同年四月，又颁《乾隆宪令规条》，两个月内连颁两次，也属少见，可见当时问题的严重。

恶丐产生的原因也错综复杂。一是在乾隆年间，多地屡遭洪涝灾害，例如，昆山县在乾隆二十二年（1757）农历八月十七至十九日，雨三昼夜，田水微红，加虫灾，大饥，米石钱三千五百。翌年，大灾之后大疫，饥民病毙于道，入秋始止（见《昆山县志》）。粮田无收，灾民背井离乡，外出乞讨度日。二是随着康熙、雍正年间，"盛世滋生人丁永不加税"和"摊丁入亩"政策的相继施行，我国实行千年之久的人头税被土地税完全取代，抑制人口增殖的一大要素消失。到乾隆中期，我国人口数量迅速增长，在江南一带，人多地少的矛盾尤为突出，大量的失地农民变成游民，外出乞讨，有些乞丐演变成盗贼，干扰了地方正常的社会秩序，居民不堪其扰，上报官府，因而，官府应民众的要求颁布规条，出手整治。

《奉宪永禁恶丐害民碑记》和《乾隆宪令规条》中均设规条八宗，内容基本相同，现摘其一二。

“所管乞丐，遇婚丧、建造、喜庆之事，听人赏给，不得恶丐行强多索，不许泼悍吓取，不许恶言辱骂，不许数人成群登门嘶闹，不许轮流村户派养。如有此等，扭交附近塘汛、兵快、地保，指名报官捉拿责处，罡头不为禁止，一并责处。”

“乞丐无论昼夜、城乡村镇，凡有抢窃为匪、籍命诬赖、生事不法者，罡头报官究处。罡头知情纵容者，审明，将罡头人等一体治罪……”

由于官府采取一系列整治措施，恶丐害民之事才有所收敛，保一方居民安居乐业。

忠烈祠刻碑记功

“昆山县忠烈祠记”碑立于抗战胜利后的民国三十五年(1946)九月，记文由昆山县县长沈霞飞所书。记文开头提及的清康熙年间刑部尚书徐乾学(号健庵)的藏书楼——传是楼遗址，在民国九年(1920)被安徽人王揖唐占为己有，名为“今传是楼”。后侵

昆山县忠烈祠记碑文(吴鼎桐提供)

华日军入侵，王揖唐投敌。民国三十二年（1943）春，伪县长杨玉清与王揖唐一起在传是楼遗址建“三贤祠”，祀昆山先贤归震川、顾亭林、朱柏庐。但是“奸逆之行，自无适而可也”。当时的有识之士认为这两个汉奸没有资格建“三贤祠”。因此，就决定将两个汉奸所建的“三贤祠”改作“忠烈祠”。

记文后半部，记载了在抗日战争中牺牲的三位昆山籍烈士，他们是俞时骧、姚鈐、陈三才。本文主要讲述俞时骧想的事迹。

俞时骧，1918年9月7日出生于昆山县玉山镇百花街（今亭林路）。他共有兄弟姐妹10人，时骧为长子。其父亲俞楚白早年毕业于上海交通大学土木工程系，是一位著名的建筑工程师，在昆山留下了老正阳桥（现已拆除移建）、中山堂等由他设计的优秀建筑。时骧的母亲杨雪瑶，曾任上海城东女校校长，国画家，中华人民共和国成立后被聘为上海市文史馆馆员。

俞时骧少年时就读于上海澄衷中学，1935年考入复旦大学。1937年抗日战争全面爆发后，复旦大学西迁内地，时骧与父亲俞楚白、二弟俞时骥寓居于大后方贵阳。当时国难当头，无数有志青年毅然放弃学业，投笔从戎，保家卫国，上战场勇杀日寇。俞时骧即是其中之一，后经过考试，被录取为中国空军军官学校（即重庆中央航空学校）第十四期学员。1941年以优异的成绩毕业，即被选送到美国亚历山大道格拉斯高级飞行技术学院学习，训练驾驶B-25型轰炸机。在空军军官学校第十二至十六期毕业生中共有七批留美学生，俞时骧在第三批留美名单中。

俞时骧烈士像(吴鼎桐提供)

1943年12月，俞时骧毕业回国，被分配到美国陆军十四航空队中美混合联队（号称“飞虎队”）第一大队第一中队任中尉三级飞行员，驾驶的是B-25轰炸机。当时飞虎队有数个大队，第一大队的主要任务是破坏敌人交通和补给线。

1945年1月，“飞虎队”奉命出击日军侵占地区上空，若干分队轮流执行，在P-40鲨鱼式战斗机的保护下飞临敌占区上空投入战斗，屡获奇胜。3月10日再次出击，低空飞入河南郑州以北轰炸黄河大铁桥及日军阵地时，由于指挥官的疏忽和轻敌，未增派战斗机保护和配合轰炸机执行轰炸任务，以致在河南博爱县以南上空遭日军战斗机群袭击，轰炸机分队猝不及防，队形被冲散，俞时骧偕战友邝荣昌等驾驶的B-25轰炸机（613号）被敌军地面炮弹击中起火坠毁，俞时骧为国殉难，光荣牺牲时英年26岁，后被追授上尉军衔。遗憾的是，俞时骧烈士牺牲时，与日军宣告投降、抗日战争取得胜利之日仅差158天。

抗日战争胜利后的1946年3月，国民政府在南京紫金山麓建抗日航空烈士公墓，并举行公祭。公墓里有俞时骧的衣冠墓，并立墓碑，其事迹被载入《航空英烈册》第一辑第502页。

1947年1月1日，国民党昆山县政府在中山堂隆重举行“抗战英烈入祠大典”，然后在西塘街（今昆山中学）所设的“英烈祠”内立碑公祭。

2009年9月26日开馆的南京抗日航空纪念馆中的《抗日航空烈士纪念碑》上镌刻着1466个中国航空抗日烈士的名字，其中就有俞时骧烈士的英名。2014年9月，国家民政部批准追认俞时骧为抗战烈士。

书香昆山

杨瑞庆

常言道，藏书于家、教书育人是人生的两大乐事，所以昆山历史上都以成为书香门第为荣，上辈靠读书晋升，下辈靠读书继承，为了营造“书为媒”的求学环境，很多文人雅士都以藏书和教书为业，昆山自明清以来诞生过四大书楼和四大书院，为昆山学子的科举胜出建立了丰功伟绩。

四大书楼

昆山历来文风鼎盛，尊师重教，所以在科举领域中取得了骄人的业绩，共有八位文武状元和四百多位进士脱颖而出，举人和秀才更是不计其数。其中一个很重要的原因就是昆山历来重视藏书，为读书人提供了用之不竭的精神食粮，终身受益，造福一方。较有影响的藏书楼计有传是楼、菉竹堂、又满楼、图书馆四座，名闻遐迩，影响深广。

传是楼

清康熙年间，今西塘街昆山中学校园的位置就是当时威名一地的尚书第，主人为清初大学者顾炎武的外甥，昆山“徐氏三鼎甲”的老大徐乾学。他考中了康熙九年（1670）的探花，官至刑部尚书，所以他的私家宅第被称为尚书第。

尚书第占地三十余亩，内有五步一楼十步一阁的建筑，古树名花，应有尽有。东西两侧分别建有气势恢宏的石雕大牌楼，宅第后园是一个风景如画的澹园，附有怡颜堂、看云亭、青林堂等富有文人气息的景致。特别是拥有藏书数万珍籍的传是楼，规模堪称当时吴地第一，甚至可与天下第一藏书楼——宁波的天一阁相媲美。

徐乾学爱书如命，凭借他见识深广、人脉丰富、家境殷实的优势，在他行政期间，特别在他告老还乡后，广揽古籍珍本藏于楼中，把传是楼打造成了一座量丰质高的藏书楼。据载，书楼有七楹，内中排列七十二个书橱，按经、史、子、集分类珍藏，纲举目张，搜寻方便。藏书多为宋元以来的珍贵刻本，价值连城。传是楼贴有对联："教子有遗经，诗书易春秋礼记；传家无别业，解会状榜眼探花。"短短24个字，将建楼之初衷、藏书之丰厚表述得引人入胜，也表达出楼主"藏书育人"之良苦用心。

传是楼经徐乾学苦心经营——除了花费巨资购书外，还长年累月掏书、抄书不止。宁波天一阁中列有徐乾学曾经慕名前来抄写孤本的事迹。他曾经作诗："……发愤购遗书，搜罗探秘笈，从人借抄写……"据载，号称继王羲之《兰亭序》之后又一惊世之作的"天下第二行书"的《祭侄文稿》也藏于楼中，徐乾学还曾作跋点评。传是楼还曾收藏过顾炎武《天下郡国利病书》的手稿，引来了文坛大家的慕名光临。如黄宗羲、钱谦益等一代鸿儒来传是楼一饱眼福后都赞叹不已。特别是清初散文家汪琬（1624—1691）莅临传是楼后，不禁文思涌动，留下了《传是楼记》的经典美文，记述了徐乾学与众不同的家训和独领风骚的遗产。当传是楼落成后，徐乾学把五个儿子召至楼中，语重心长地对他们说："吾徐先世，故以清白起家，吾耳目濡染久矣。盖尝慨夫为人之父祖者，每欲传其土田货财，而子孙未必能世富也；欲传其金玉珍玩、鼎彝尊斝之物，而又未必能世宝也；欲传其园池台榭、舞歌舆马之具，而又未必能世享其娱乐也。吾方以此为鉴。然则吾何以传女曹哉？"然后指书而欣然笑曰："所传者惟是矣！"遂名其楼为"传是"。原来，传是楼的命名出典就在于此。

原传是楼附近的三贤堂（杨瑞庆提供）

传是楼除了吸引各地学者外，首先得益的当然是他自己。徐乾学还乡后，经常手不释卷地博览群书，成为少有的藏书者兼撰书者，一生成果卓著，著作等身。《澹园集》、《读礼通考》、《鉴古辑览》、《古文渊鉴》、《通志堂经解》等是他的代表作。当时著名学者黄宗羲认为，能藏、能读、能写者，世所罕见，而徐乾学即是少有的能藏、能读、能写者之一。对徐乾学给予了高度评价。

其次得益的是他的五个儿子，他们不负父望，都创造了光宗耀祖的业绩。由于长期泡在传是楼中通读四书五经，最后都考中进士，成了科举史上少有的“五子登科”实例。

徐乾学病逝后，其儿都外出做官，由于孙辈没能守护好传是楼，加上随后兵灾不断，传是楼中的藏书或变卖，或失窃，逐渐流入各地的藏家手中。只留下了四卷《传是楼书目》和一卷《传是楼宋元本书目》，记录了传是楼曾经的辉煌。

传是楼建筑在清末被毁弃，20世纪40年代在尚书第中建起了三贤堂（20世纪90年代被拆除），50年代昆山中学搬了进来，那里仍是昆山的文化厚土，继续绵延着考学晋升的文脉。

菉竹堂

叶家是昆山的望族，自明代以来英才辈出。叶盛（1420—1474）就是其中出类拔萃的一位。他早年在石浦求学，受家乡名贤卫泾的影响，从小刻苦攻读，梦想及第。正统十年（1445），终于考中进士，被派往外地当官，但他更热衷于文学创作，一生笔耕不辍，成果丰硕，留下了《菉竹堂稿》、《水东日记》、《文庄奏疏》等影响深广的文著，所以后人将叶盛大名列入“苏州沧浪亭五百名贤”。

叶盛别无嗜好，独爱藏书。任职期间以阅书为乐。不管公出还是私访，总带书童随行。然后看到好书就买，看到珍书就抄，日积月累，数量可观。读书后就潜心著述，所以留下了许多堪称经典的著作。据载：“(叶盛)服官数十年，未尝一日辍书。”当他辞官迁移到昆山城里定居时，行李简单，但随身书箱却不计其数。他藏书的目的和所有藏书家一样，希望自己的子孙也能像他一样爱书、读书，然后建功立业，出人头地。

叶盛生前很想建楼藏书，将他毕生的收藏成果妥然留给子孙后代，但苦于家境拮据，一直未能如愿，叶盛只能带着遗憾离世。儿孙接过这份厚重家产后，也没有条件马上实现先贤的愿望，直到他的四世孙叶恭焕建起茧园后，才美梦成真。

茧园原名春玉圃（现人民医院内），园主叶恭焕是嘉靖丙午（1546）的举人。在他的努力下，终于建起先了先祖叶盛梦寐已久的菉竹堂。“菉竹”同“绿竹”，可能是因藏书堂掩映在绿竹之中而命名，也可能盼望藏书能产生绿竹蓬勃的效应而命名。此时，叶盛的藏书已在叶氏门庭中传承数代，虽然损耗严重，但庆幸的是，余书总算有了“藏身之地”。由于菉竹堂的藏书还有盈盈万卷而引人瞩目。

原半茧园中的小有堂（曹渭清提供）

后来，叶恭焕的孙子叶国华接过“茧园”，进行了新一轮的扩建。据载，茧园内新建了大云堂、据梧轩、樾阁、小有堂、绿天径、梅花馆等胜景。园中曲栏长廊，花木扶疏，池水回绕，亭榭掩映，时为江南名园之一。作为镇园之宝的菉竹堂当属叶家掌上明珠，经修缮充实后，茧园更有吸引力。

叶国华晚年时，将茧园分给他的儿子。其子叶奕苞将分得的一半茧园重新修整，增加了春及轩和揖山亭，并改名为“半茧园”。对菉竹堂仍然倍加呵护。

菉竹堂存留之际，叶盛的子孙在此勤读，考绩惊人，如叶重华、叶方蔼、叶方恒、叶豹文，叶淳、叶弘绥、叶鉴等都先后考中进士，特别是叶方蔼还是顺治乙亥科的一甲探花。他们前赴后继地守护这座来之不易的藏书楼。

菉竹堂前后延续二百余年，从兴盛到衰败，最终在清末被毁弃，甚至剩卷残页也销声匿迹，令人扼腕叹息。

叶盛曾将所有藏书编成6卷《菉竹堂书目》，成为一份厚重“档案”留给后代。叶盛离世后，昆山知县杨子器下令建造“叶祠”，以纪念这位功德无量的“书痴”。又在他的故乡石浦建造了纪念本土名人卫泾、张和、叶盛的三贤祠。

很长一段时间内，半茧园成了昆山城里的一块文化高地。光绪二十七年（1901），昆山第一所新式学堂——樾阁学堂，就设在半茧园的樾阁内。民国初期，这里又被修建成公共园林。1925年，在园内创办了广仁医院。1946年，在半茧园内办起了昆山公立医院，这便是昆山第一人民医院的前身。

如今，半茧园仅存一座小土山和一棵古樟树，其中的揖山亭、荷花池还是新建的，其他建筑早已消失殆尽，一直被传为美谈的寒翠石也不知去向。菉竹堂更是变成鲜为人知的话题，令人遗憾。

又满楼

旧时的昆山，城里人时兴藏书，乡下人也喜好藏书，离昆山城不远的正仪镇上有一座名声在外的藏书楼。

民国中期，昆山正仪镇上出现了一个藏书20000余册的“又满楼”，书籍珍贵、数量庞大，深受江南文人雅士的青睐。主人为赵诒琛（1862—1943），是镇上赵家望族的优秀后生，他能取得如此丰厚的收藏成就与他的先父赵元益（1840—1902）有着密切的关系。

赵元益为光绪年间新阳县的附贡生，由于他擅长英语，故于同治八年（1869）应邀在上海的江南制造局担任翻译馆一职。赵元益还擅长医道，因此于清光绪十五年（1889），曾作为医官出使英、法、比、意四国考察。光绪二十三年（1897）回国后，与人一起创立了上海“译书公会”和“医学善会”，发挥他的特长，放飞他的翻译和行医梦想。

赵元益工作之余喜好藏书，他将每月的微薄收入大多用来购买图书。他避居上海郊区躲难时，发现许多古书珍籍流散于社会，他趁乱掏书，不时发现经典好书，如获至宝。他不惜倾囊收罗，重金购买，数年间藏书大增，竟富足一时，杰出一地，成为近代上海著名的藏书家之一。

宣统年间，他的儿子赵诒琛也考入江南制造总局工作，父亲赵元益有意培养儿子读书、藏书的兴趣，于是父子两人在江南制造总局之西建造了七楹藏书楼，名曰“峭帆楼”，意为树起了“耸立的船帆”，而能引起文化人的瞩目。

现正仪赵氏寄云楼一角（杨瑞庆提供）

民国二年（1913），在讨伐袁世凯的“二次革命”中，战火围攻江南制造总局，激战旬日后，峭帆楼不幸化为灰烬。那时赵元益已离世，其儿赵诒琛欲哭无泪，只得捡拾起残书，移居到苏州避难。面对如此毁灭性的打击，赵诒琛没有萎靡，而是继承父亲的遗志，继续痴迷于藏书。他又开始节衣缩食，掏书、购书，经过了一个阶段的积累，藏书又达到了可观的数量。

民国初年，正仪名门赵家在镇上中心桥石子街建造了一个“古香深处”的藏书室，无偿提供图书给百姓阅读，造福乡里百姓。为丰富赵家的公益藏书室，抗战前夕，赵诒琛将藏于苏州的全部书籍运回家乡正仪，将父子一生心血奉献故乡，并扩建书楼，谓之“赵氏图书馆”，成为我国近代较早出现的私人图书馆，而且藏书数量之多，令人惊叹。图书馆分经、史、子、集四大类陈列，再现昔日上海“峭帆楼”的藏书规模，所以后被命名为“又满楼”，意思是大楼的书库通过前赴后继的努力，终于“又满”了。

抗战爆发后，又满楼毁于战火，珍本大多被烧毁，余书被抢劫一空，从此曾经享誉文坛的“又满楼”藏书消失殆尽。至中华人民共和国成立前夕，又满楼只剩下一些劫后余生的破房子，后由赵家后人捐出，创办了正仪中心小学。

传至今日的琅环里红楼（杨瑞庆提供）

图书馆

现侯北人美术馆旁边的一条小路就是琅环里的位置。路名起得富有诗意，就是因为这个地方似能听到环形玉石敲出的响声，故以此命名。何以见得？要知道其地名的出典，就要追溯到遥远的晋代。

那时，琅环里的原址上有一座始建于晋代的景德教寺，是名闻昆山城的一块佛教圣地，寺庙附近还建有不少书馆，常聚集胸怀大志的莘莘学子，每天在师长的教诲下，书声琅琅，娓娓动听，犹似轻击琅环的响声，周围人就亲切地把这个地方称为“琅环里”。后来寺庙遭毁，但那里还是文人聚首的地方，吸引着学子们去寻师求教。

历史的车轮滚到了民国十八年（1929），琅环里建起了一座具有民国风格的红楼，两层结构，左右为角楼装饰，前有阳台可观光，选用玻璃门窗，采光条件十分优越。这就是由民国昆山县政府拨款建造的公立图书馆，上层供藏书，下层供阅览，一时成为城里设施最先进、外观最漂亮的建筑。由于外墙用本色红砖砌成，故人称“红楼”。周围还有几座红砖红瓦的附属建筑。建馆发起人是时任教育局长王颂文（1865—1942）先生。由于他建馆有功而荣任图书馆首任馆长。

当时的馆藏图书十分丰富。经昆山文人群策群力，收集到一大批由本地先贤撰写的著作，其中不乏孤本、珍本和善本，为此，王颂文主持编印了《昆山图书馆先哲遗书目录》一册存世，展示了整个昆山文坛的历史积淀和那个时代的收藏成果。值得一提的是，当时图书馆藏着名贤顾炎武的《天下郡国利病书》手稿，此书经清末民初颠沛流离后，终于安然无恙地找到了一个藏身之地。

但好景不长。抗战爆发后，昆山沦陷。由于红楼属于城中显眼的标志性建筑，立刻被日军霸占为司令部，顿时楼中藏书坠入险境。有人已经发现很多著作都被当作燃料用于炊事焚烧，《天下郡国利病书》的手稿即刻可能成为灰烬，真是十万火急。此时，周围枪声不断，战火已从上海蔓延到了昆山。最危急时，日军的炸弹丢到了城里，红楼附近的大街已是一片火海。文化人最牵挂的不是自己的生命，而是《天下郡国利病书》手稿的安全。在王颂文的策划下，立即将其运抵远离昆山城区的陈墓，直到抗战胜利后，才将《天下郡国利病书》完好无损地归还昆山图书馆收藏，这才留下了这份屡遇险境的文化遗产。

后在战争动荡中，图书馆中的图书不增反减，由于一批文化热心人私密守护，熬到了昆山解放，红楼重新回到了人民的怀抱。由于当时房源紧缺，红楼移作了他用，先是被当作“省昆中”的校舍，学校搬迁到山前后，那里又成了“昆山卫校”的校舍。幸运的是，这里再现了琅琅读书声，成了名副其实的琅环里，红楼又与昆山百姓亲近起来。

“文革”后，红楼改作中共昆山市委党校的办公楼。2004年，党校搬迁，红楼经修缮和美化后，改作“侯北人纪念馆”。

四大书院

唐宋以来，社会上出现了一种新颖的教育机构，或是私人，或是官府用于聚徒讲授的场所，这就是早期的书院。明清时代，尊师重教尤盛，书院更是遍地开花。书院往往由德高望重的鸿儒领衔主持，研读四书五经，弘扬国学经典。往往扯起学派大旗，或对朝政评头品足，或对学术标新立异，所以书院常受到当局干涉。如，明末江苏无锡有个东林书院，倡导“风声雨声读书声，声声入耳；家事国事天下事，事事关心”的学风，明王室当然对其恨之入骨，曾多次封锁书院，然禁而不绝，书院仍旧顽强地生存了好长一段时间，直至对大明王朝的统治产生了影响。

书院最大的功能还是为追梦登科的学子们传经授道。书院为了吸引人气，常利用当地文化高人的影响来办书院，从而产生慕名而来的追星效应。昆山科举业绩辉煌，这与昆山历史上曾开办众多书院密切相关。影响较大的有崇文书院、震川书院、玉山书院和石湖书院。

崇文书院

昆山正仪有个宅西村，因位于明代大儒魏校的住宅之西而得名。魏校（1483—1543），明代大学者，人称君子，就是品德高尚、人格完美的人。可见魏校在百姓心目中享有崇高的地位。

魏校先祖姓李，原居苏州葑门之庄渠，故自号庄渠，魏校出身于名门，由于从小受到家学影响，因此获弘治十八年（1505）乙丑科二甲第九名进士，官至太常寺少卿。

据说，魏校和顾鼎臣在明弘治年间成为同科进士，在最后一轮殿试中，由于魏校答题时信口开河，而使龙颜不悦。会试成绩第一的魏校，最后却阴差阳错地败给了顾鼎臣。虽然考官对魏校的学术水平深信不疑，但他因实话实说而命运不顺，只委屈地取得了二甲进士的头衔，有点亏了。

魏校确实富有真才实学，能贯通诸儒之说，认为理、气、心三者相互影响，以气为主，气能主宰一切。他认为古人蕴蓄深厚，而今人修养浅薄，所以魏校提倡博览群书，达到修身养性的目的。

魏氏著有《周礼沿革传》、《周礼义疏》等近20种学术著作。由于理念独特，且特别擅长礼学研究，故而在学界产生了重大影响。

魏校退职后，选择了昆山正仪的“在水一方”修建大宅，辟出房舍开设书院，收徒讲学，传授其大儒哲学。书院自题“崇文”匾额，故当地百姓称之为“崇文书院”。很多慕名者前来求学，有的干脆在其大宅之西造房定居。

崇文书院的求学者中就有昆山“三贤”之一的归有光，既然归有光后来成为“明文第一”的大文豪，那么根据“名师出高徒”的规律，魏校的文学功力一定是独领风骚才顺理成章。

魏校天资聪明，又少年老成。《康熙昆山县志稿》说他“生而颖异，读书一目四行。自为儿时，容止俨然若老成人”。归有光因仰慕魏校的才学，而投奔到他的门下。在魏校的悉心教诲下，归有光学识大进，文采飞扬。但在科举场上屡屡失宠，难以面对循循善诱的老师，心中十分抑郁，只能年复一年地坚持跟读。

归有光在求学期间，魏校发现他品行端正，文才出众，就把侄女许配给他。后来师徒朝夕相处，归有光终于学有所成。即使归有光大器晚成，对恩师魏校还是虔诚地尊敬。当归有光六十岁考中进士时，他如释重负，很想在第一时间告诉自己的恩师，遗憾的是魏校已离世。

后来在宅西村的百禄桥上留有一句“马鞍文笔朝真义（今正仪）”的诗文，蕴含了魏校与归有光之间深厚的师生情谊。

为了感恩老师曾经的辛勤教诲，归有光收集了魏校后来没有印行的著作，取名为《庄渠遗书》，出资刻印。由于文章都是魏校晚年的智慧结晶，学术上更加炉火纯青。其中的“卷九”记录了明代正德十六年（1521）魏校在广东当钦差大臣时所写的《谕民文》，其中有“倡优隶卒之家，子弟不许妄送杜学”，“不许造唱淫曲，搬演历代帝王，讪谤古今，违者拿问”等词句。这是广东最早的关于戏剧的文字记录。原来魏校也关注戏剧，不愧出生于盛唱昆曲的昆山正仪。

魏校离世后，由于乏人主持，崇文书院于清道光年间逐渐冷落。清咸丰年间，由于兵乱而遂成废墟。1923年8月，由县拨款，于中心桥西堍石子街原崇文书院所在地建起了新学堂，就是后来的正仪中心校，崇文书院的地基上还是书声琅琅，经久不息。

震川书院

归有光（1506—1571），出生于明正德初年的昆山大户人家。当他入塾就读时，自号震川，以盼有朝一日能产生震动山川的大名声来。谁知他官运不顺，好事多磨，多次应试都以落榜告终。而且在科举路上命运坎坷，先后经历了幼年丧母、青年丧妻、中年丧子的不幸。明嘉靖十二年（1533），归有光的原配夫人魏氏去世，两年后，归有光续娶安亭王氏。由于王氏家境殷实，可以背靠大树，再创新业。归有光不顾有做女婿之嫌，从此把活动重心从昆山向东移了30里地，与安亭结下了不解之缘。

归有光在安亭期间的生活忙碌而充实，他一边继续读书应试，一边在安亭附近的徐公桥开设学馆传道，这就是震川书院的前身。虽然那时归有光还没有功名，但他的文名已家喻户晓，所以四方学士慕名而来，听者众多。

现安亭震川中学内的“震川书院”刻石（杨瑞庆提供）

自从归有光开馆执教以来，昆山及周边地区的科举业绩出众，如要追根寻源，归有光开设的震川学馆功不可没。虽然安亭只是弹丸之地，却因归有光的授业有功而开了三吴文气之先，当清道光八年（1828）江苏巡抚陶澍视察安亭时，就意识到应继续在安亭兴学，利用震川学馆的金字招牌，放大其底蕴深厚的无形资产，把教育基地做强、做大，为一方能人志士提供更加优越的学习条件，争取让这一带考生在科举制度的旗帜下取得更加辉煌的业绩。

经奏报，道光皇帝同意创立震川书院。经上拨下捐，落实钱款后，于当年动工兴建，三年后就落成了。书院结构精巧，环境典雅。首任院长为原常熟县令陈文述，可见书院的行政级别较高。震川书院的设立为当地科举考生的胜出，创造了得天独厚的条件。

新建的震川书院为了借景安亭菩提寺中绿树环绕、翘檐飞悬的风光，而离开了徐公桥原址。菩提寺始于三国东吴，为孙权之母吴国太所建，是上海地区较早的佛寺之一。曾有“先有菩提寺，后有安亭镇”之说，可见该地的文化底蕴之深厚。建造书院时，就看准了这块历史悠久的风水宝地。

震川书院是为弘扬归有光的文才而建，所以门首镌刻了“震川书院”四个篆字。院内设有归公祠，祠中供奉归有光塑像，安放他生前撰写的大量著作。上悬匾额题写“继韩欧阳”四字，意为归有光继承了唐代大文学家韩愈和宋代大文学家欧阳修的传统，成为继往开来的一代大家。每当进祠瞻仰，就会对归公肃然起敬，并给后学者极大的鞭策和鼓舞。

院内还有可供阅览的藏书楼和可供研讨的多文阁。假山后别有洞天，穿越小弄，便有另一借景的因树园。门楼刻有“渐入佳境”字样，引人入胜。园内置有乾隆手迹石刻的御碑亭，还建有仿归有光家世美堂中的畏垒亭，意为不畏惧任何壁垒，以昭示归有光不怕艰难险阻、为圆梦而拼搏的精神。

由于书院巧妙连接菩提寺和因树园，所以人文气息十分浓厚，日后吸引了道光皇帝的驾临。道光皇帝视察后，在御碑亭后建造了“茹古堂”，陈列了他手书的“印心石屋”匾额，意为书院景色已印入心中也。震川书院景色迷人，文化气息浓重，成了书生攻读、憩息的胜地。

道光十四年（1834），江苏巡抚林则徐到震川书院视察，拜谒归公祠，题联“儒术岂虚谈，水利书成，功在三江宜血食；经师偏晚达，专家论定，狂如七子也心降”，对归有光一生功德进行尽情地褒奖。随后，给书院生童出题考试，阅卷后，对出类拔萃的教育质量大加赞赏。

震川书院绵延了七十三年，为苏沪学子教书授业，功德无量，至清光绪二十九年（1903）废除科举制度后，震川书院才无奈停办。中华人民共和国成立后在安亭恢复了震川初级中学，1997年，在昆山也办起了震川高级中学，期盼震川书院的文脉能永久延续。

玉山书院

今培本小学的位置，曾是清初玉山书院的旧址。书院教主是被称为昆山“三贤”之一的朱柏庐先生。朱柏庐（1627—1698），本名用纯，百姓爱称他为柏庐先生。他生活在充满着腥风血雨的明亡清立时。1645年，昆山城在抗清斗争中陷落，其父朱集璜誓与清廷决裂而投河自尽。此时的朱柏庐只有十八岁，痛不欲生、昼夜恸哭，而且用弘扬孝义的典故自号柏庐，还守墓三载，决心继承父志，从此不入官场。日后，朱柏庐化悲痛为力量，一心苦读，一意撰书，盼望在学术界能有一席之地。由于他坚守寒窗，博学勤写，奋笔疾书，因此著述丰硕，计有

《愧纳集》、《毋欺录》等百余册典籍，但名扬天下的却是一篇短小精悍的《治家格言》。

自朱柏庐父亲捐躯后，朱母抚养其他尚未成年的三个儿子，生活相当困难。人说长兄为父，朱柏庐承担了更多的家庭责任。为了在自己擅长的领域做强、做大，让人刮目相看，朱柏庐选择了教书授业，先在潭子里附近设立学馆，由于循循善诱，终于获得了民间教育家的美誉。

为了培养正气的家风，在他人到中年的时候，采用了对仗句式，撰写了以“家庭建设”为内容的告诫短文。为适应儿童，让他们也能流畅朗读并迅速记忆，文章不但篇幅短小，而且文字通达。文句来源有的是根据先贤经文重新编写，有的是根据生活经验精辟总结。文中既有摘编，也有独创，为了不被别人评头论足，所以谦虚地取名为《治家格言》，并书写成条幅贴于厅堂，让家人朝读暮思。也贴于学馆，教人生活准则。自问世以来流传甚广，被历代士大夫尊为“治家之经”。虽然只有五百余字，却字字珠玑，句句经典。

至朱柏庐晚年功成名就时，凭借他教书育人的崇高威信，就在今培本小学的位置上创办了玉山书院，为培养一地学子而呕心沥血，鞠躬尽瘁。通过他多年的辛勤“经营”，玉山书院成为昆山学人的向往之地、昆山文人的雅集之地。朱柏庐发现当时的教育方法大多故弄玄虚，于是他深入浅出地编写了《辍讲语》，曾用精楷手写教材分发学生。他生性谦恭，严于律己，衣食节俭，但捐学十分慷慨，所以他主持的玉山书院总是听者踊跃，门庭若市。一生劝人为善，临终前还嘱咐弟子：“学问在性命，事业在忠孝。”告诫大家，只有用性命作为代价来付出，以忠孝精神支撑，学问才能掌握，事业才能成功。

书院外有两块引人瞩目的古老庭院昆石，一块名为“秋水横波”，一块名为“春云出岫”，充分体现出“皱瘦漏透”的昆石特点，体积硕大，造型生动，所以书院又成了游人赏景的好地方。

朱柏庐逝世后，书院逐渐萧条。清末，书院被改建为“亭林专

昆石“春云出岫”（杨瑞庆提供）

昆石“秋水横波”（杨瑞庆提供）

祠”，用于纪念大学者顾炎武先生，那两块历经沧桑的大昆石，还安然无恙地蹲守在“亭林祠”前，直到中华人民共和国成立前夕才被移置于亭林园内，成了当代玉峰胜景之一。

当昆山光复，兴办新学时，有识之士看中了这块文化底蕴深厚的原玉山书院旧址，创办了培本学校。中华人民共和国成立初改为昆山县玉山镇第二中心小学。1993年2月，为继承朱柏庐率先在此办学的光荣传统，决定恢复“培本”校名。

石湖书院

史称“石湖书院”有两处，一处在苏州市区，一处在昆山，都与南宋大文豪范成大有关。范成大（1126—1193），自号石湖居士，南宋著名诗人，其诗风平易浅显，题材以反映当时的农村生活为主，由于诗情淡雅，别开生面，而取得了独领风骚的成就，因此，他与尤袤、杨万里、陆游合称“南宋四大诗人”。

范成大生于苏州吴县，少年时随父范雩迁居昆山。不幸的是，父母早亡，范成大成了孤儿，幸亏得到了好心僧侣的资助，才有后来在东寺求学十年的经历，并留下了“范公亭”和“范公藤”这两处当时在东寺刻苦攻读的人文景观，见证了范成大在昆山发愤、崛起的那段历史。所以，昆山就把范成大拥入怀抱，视作邑人。范成大三十而立时终于考中进士，后来不断努力，终于成为一代大文豪，东寺因此为学人所敬仰，成为一块梦想成真的福地。

范成大一生除了彰显卓越的文学才华外，还做成了两件轰轰烈烈的大事。一件是范成大在京城当官时，接受了孝宗皇帝的委派，出使金国求和。通过他巧妙周旋，最后缓和了局势，成为弱国外交出奇制胜、赢得尊严的一个成功范例。一件是范成大出使归国后得到了朝廷重用，但由于他刚正不阿，很快被罢官。为了放飞他的文学梦想，他开始四处游学。后来诗兴大发，佳作迭出，成为一位成果卓著的游记作家。

辞官后，范成大就在苏州郊外自建书院，著书立说，笔耕不辍。由于他自号石湖，就将书院命名为“石湖书院”。范成大逝世后，昆山人十分钦佩他穷则思变的求学精神，为了放大名人效应，充分利用东寺曾经留下过这位名人足迹的资源，就在东寺内也建起了“石湖书院”，招生授学，沐浴传统学风，争取在科考中继续获得优胜。

在随后的年代里，昆山的科举业绩确实引人瞩目，不仅进士接踵而来，而且状元连续问鼎，使昆山的科考业绩在全国范围内名列前茅。南宋咸淳年间（1265—1274），东寺外加建了七座小石塔，使昆山的石湖书院更有人文气息，更有虔诚氛围，因此，被苏州府看作是一个“梦想及第，金榜题名”的风水宝地，于是，就将苏州贡院移至昆山的石湖书院。随后，年复一年地届时在东寺开考，前后绵延了有四五百年的时间。

凡苏州各县考生均在昆山应试，然后脱颖而出，再逐级晋升。自从在昆山设置贡院考场后，确实好运连连，苏州的考绩有目共睹，闻名遐迩。对于昆山地区的考生无疑得到了更加有力的促进，所以在明、清两代，昆山就涌现出大量科考优胜者。

苏州贡院何时迁往昆山不得而知，而落幕于清末，志书有记。《康

昆山东寺前的七塔旧影（杨瑞庆提供）

熙昆山县志稿》载："集街市，在县治东北。……试院于荐严左。"说明康熙年间，苏州贡院还在昆山集街的荐严寺左侧。清咸丰十年（1860），设在昆山的苏州贡院毁于太平军和清军的兵火之中，科考被迫中断。同治三年（1864）恢复科考，贡院复回苏州，重建于旧址。光绪六年（1880）编就的《昆新两县续修合志》中写道："试院向在昆城，今则移建苏郡，昔年遗址，鞠为茂草，过其墟者，每感慨系之。"说明到了清末，设在昆山的苏州贡院已成废墟，每当触景生情，都会感到遗憾，因为那里曾经人才辈出，如今却是杂草丛生，令人感慨。

后来，东寺内的大部分建筑被毁弃，虽然东寺外的七塔一度有幸得以保存，但最后也毁于1937年的日军炮火中。至此，东寺彻底消失，那段苏州贡院的历史也逐渐被人淡忘，但那里仍有一些文脉在延续。如20世纪20年代初，当昆山首建初级中学时，曾经一度借用东寺的残屋作为临时校舍。中华人民共和国成立后，在贡院的地基上建起了"集街小学"，也算在那里延续出一点文气。

锦溪学人陈子彝

陆宜泰

陈子彝（1897.8.15—1967.4.23），名华鼎，号眉盦，以字行，昆山陈墓（今锦溪镇）人。曾师从胡石予、金松岑、章太炎等著名学者，为国内著名图书馆学专家。曾加入中国民主促进会，为上海县第二、三届政协委员。以下是子彝挚友王謇（佩诤）先生对他发自肺腑的一段人物写真：“陈子彝（华鼎），昆山陈墓镇人。长于篆刻，善识钟鼎、甲骨文，兼长汉碑、南北朝书，临名碑数十种，均能逼真。能诗文，精鉴别碑刻，版本。三十年来，家园就荒，藏本散尽。以避寇橐笔来沪上，会有不敦气节之浙人与之同姓名者，余每于大庭广众语才士必数君，必称我吴有气革之陈某，从别于夫已氏，闻者为我危，弗顾也。子彝授课云南大学、性好西竺教义，研几唯识极精，盖行将焚笔研而证心禅者也。”

王謇在《续补藏书纪事诗》中这样赞道：“扶桑蓬岛曾经历，洱海苍山亦旧缘。过眼云烟焚笔砚，儒书且弃证心禅。”

家世及早年活动

陈子彝在《六十述怀》诗中自述：其先世“系出松江，分支珠溪，耕读于小平村”，与晚明著名学者陈继儒同宗。清初其先祖陈元瑛始从青浦朱家角迁于昆山陈墓，为当地望族，

青年时代的陈子彝（陆宜泰提供）

祖陈文浩（仲庵）、父陈定勋（竹铭）均为当地乡贤。

陈子彝出生于光绪二十三年（1897），宣统二年（1910）考入苏州公立第一中学（苏州草桥中学前身），与叶圣陶、顾颉刚、王伯祥等人为校友，后因操单杠不慎受伤而肄业回到陈墓。曾先后跟随前清举人陆菊裳、陈志坚研习文史及目录学、考据学达十年之久。民国十一年（1922），陈子彝应陈墓公立两等小学校长俞云陛之邀，出任该校的国文、历史教员。民国十三年（1924），江苏督军齐燮元和浙江督军卢永祥之间爆发了江浙战争，大批难民聚集于陈墓。陈子彝继承乐善好施的家风，与友人陆家鼐（调梅）等七人一起筹办救济团，并借陈墓小学校舍收容难民。战争结束后，救济团的结余款项全部捐入消防机构。

陈氏祖上就有乐善好施的家风，早在清乾隆十二年（1747）世祖陈士爋（字德音）就重修镇上的黄公桥。1922年刻印的《昆新两县续补合志》刊载有其父亲定勋公、祖父文浩公的事迹："陈文浩，字仲庵，陈墓人，工音律，善围棋，尤长绘事，以体质羸弱攻岐黄术，藉以自医体日固强。多干济才，尝经理里中崇善堂，综掩埋、代葬、保婴、恤嫠、义塾、义渡诸事，规划井然，先后添置良田二顷余。推广善举，若施棉衣及代赊等，尤啧啧人间。会浚河督役，工作旦夕不倦，五阅月竣，遂以积劳成疾卒。子定勋，字卓民（一字竹铭），慷慨好施，一如父云。"

当时南社柳亚子、王大觉等人为打倒旧势力、宣传新思想，纷纷创办乡镇报刊，自《新周庄》始，《新黎里》、《新盛泽》、《新震泽》、《新同里》、《新平望》等乡镇报刊先后诞生。在此形势的激荡下，民国十四年（1925），陈子彝和陆调梅也一起在陈墓创办了《陈墓月报》，虽维持未久，但在抨击地方封建势力、开启民智方面也做出了一定的贡献。

图书馆工作经历

陈子彝在民国三十一年（1942）的《五十述怀》诗中，记述了他当年的图书馆工作情况：“乙丑侨吴在沧浪亭省立图书馆十载今藏书无恙。”还留诗一首：“吴越争雄忽构兵，饥躯从此负鸥盟。沧浪十载侨居处，千树梅花拥百城。”

陈子彝一生的大部分时间都在从事图书馆工作，为图书馆事业的发展做出了重要贡献。

民国十六年（1927），前清举人周庄陶惟坻被江苏省教育厅聘请为江苏省立苏州图书馆馆长，到馆后延请陈子彝进馆协助馆务。在该馆工作期间，陈子彝编订了“十进分类法”，出版了一系列图书馆学专著，一跃成为当时国内著名的图书馆学家。据统计，民国时期出版5种以上图书馆学著作的学者共13人，陈子彝以9种位居第五，在全国范围内仅次于杜定友、吕绍虞、桂质伯及钱亚新4人，可见其在当时的影响之大。

省立苏州图书馆成立之初，采取的是传统的“四库分类法”，分经、史、子、集四部，另增丛书部和志书部，后因新增实业类书籍较多，就撤销志书部，另设新部。后来伴随着购置的新学书籍迅速增多，原有的分类法渐渐不适应时代的发展。陶惟坻任命陈子彝为编纂主任采购系主干，对全馆藏书重新分类编目。当时国际上以美国图书馆专家麦尔威·杜威发明的杜威“十进分类法”繁简合宜，最受称许，但此分类法是为西方文献而设，和中国传统典籍不能相配，故当时国内杜定友、洪友丰、沈祖荣等图书馆学家均对其进行修改，以契合中国典籍的分类。陈子彝接受任务后，参考了各家分类学说，借杜威十进分类法之框架，吸收其技术特点，结合本馆藏书的实际情况，将传统四库结合新学重新编排类目，编撰了《中央大学区立苏州图书馆图书分类法》，并于民国十八年（1929）出版。苏州图书馆馆长蒋吟秋称此分类之法“间采各家著述，遵循十进之规范，容纳《四库》之精神，因本馆所宜，清理积存两万八千余册，悉以十类编目，使图书既各守其类，阅者得究其学”。

该分类法把图书分为十类（丛、经、史地、宗教哲学、文学及语言学、教育、社会科学、自然科学、应用科学、艺术），每大类下位再分九目。同时，陈子彝又改进了杜定友《著者号码编制法》中姓氏号码排列机械、检查费时、同类码中中西文书号不一等缺点，编制出适用本馆的《著者号码编制法》。陈子彝编订的“十分法”“无失国学之专长，兼采科学之方式”，颇受好评，如当时的教育厅督学易作霖就称赞其“遵循十进之规范，容纳《四库》之精神，折中新旧，颇见改进”，后来由蒋吟秋修改补正，一直被苏州图书馆沿用至今。

民国十八年（1929）9月12日—12月12日，陈子彝参加了江苏省日本社会教育考察团赴日考察，历时四周，对日本的社会教育事业尤其是图书馆事业有了比较深入而全面的了解，提高了他对图书馆学的认识水平。该年12月，他前往无锡民众教育院做了《日本之图书馆事业》的

陈子彝部分著作的封面（陆宜泰提供）

演讲。次年撰写了《日本社会教育事业考察日记》及《日本图书馆事业一瞥》等著作。此后他加入了中华图书馆协会及中国社会教育协会，并曾代表江苏省立苏州图书馆至北平出席中华图书馆学会年会，至济南参加中国社会教育协会年会。他在《五十述怀》诗中记述东渡日本考察教育：己巳秋东渡考察教育畅揽扶桑之胜。并留诗一首："犹记吴中走鹿麋，一家星散感流离。碧螺遁世无长物，七十二峰欲种芝。"又记：济南参与社会教育年会。并留诗一首："鹊华秋色好流连，纵目济州九点烟。劫后欲寻觞咏处，大明湖上藕花田。"

陈子彝还参与了馆刊、图书目录等书籍的编纂及众多活动的策划、实施。民国二十五年（1936）和民国二十六年（1937），江苏省立苏州图书馆分别举行了梅展和吴中文献展览会，作为当时该馆的总务主任，陈子彝均为重要的策划者和实施者，他还发挥了自己的摄影特长，承担了这些活动的全部图片拍摄任务。

抗战爆发后，为了保护馆藏珍籍，馆长蒋吟秋召开馆务会议，决定将古籍善本及重要文献，装箱移藏至安全地带，并研究了具体安全保护措施。陈子彝会同蒋吟秋、王謇、吴光汉、陈子清等人，先后多次将馆藏精品秘密运送至东山鉴塘小学、西山包山显庆寺及南园阔家头巷圆通寺内秘藏，使其得以免遭日寇的劫掠，为保存这些珍贵典籍做出了重要贡献。子彝先生不顾自家妻儿老小，与同人们冒着生命危险多批护送这些书籍安全到达西山、东山。终因劳累过度，病重于东山，直到年终春节前夕才回到陈墓镇与家人团聚。他在《五十述怀》诗中对当年护书是这样记述的：丁丑之乱，双身避地太湖东山碧螺峰下。并留诗一首："返棹衡门容膝安，郤因避乱得承欢。课儿尚有楹书在，弦诵怡怡意亦宽。"

苏州沦陷，陈子彝曾任教于上海法租界南洋中学，还兼该校的图书馆主任。该校早在民国元年（1912）就设立了图书馆，其中珍藏的古籍图书闻名沪上。上海沦陷后，学校的全部古籍图书在陈子彝的主持下运往上海法藏寺保管，抗战胜利后又完整地运回，无一缺失，再现了在江苏省立苏州图书馆的护书活动。南洋中学复校后，陈子彝对图书馆全部古籍图书进行了分类整理，并且补充了在战火中损失的西文图书，另设了学生阅览室，编撰了《南洋中学图书馆概况》和《南洋中学图书馆图书分类法》。在他的主持下，南洋中学的中西文图书在中华人民共和国成立前已逾10万册。1952年，南洋中学校长王培孙病危，嘱将该校藏书中的76700多册珍籍捐献给上海市文化局。陈子彝负责了全部图书的挑选、编目工作，顺利完成了这次捐赠。这批书籍被拨交于顾廷龙为馆长的合众图书馆保存，后并入上海图书馆。有文为记：丁亥王丈培孙延主龙华书库与慧舟上人同校佛典今藏书赠历史文献图书馆矣。有诗为证："不论盐铁不谭兵，又与兰台续旧盟。天教生公来驻锡，龙华同住善才城。"

还有顾颉刚书话："上海南洋中学校长王培生毕生集书，今春主校者厌其塞屋充栋，欲尽弃之，幸赖陈子彝君通知起潜叔，奔走文化局，请其移赠，乃得保存。险哉，险哉！"

1956年，年已六旬的陈子彝出任上海第一师范学院图书馆副主任（即副馆长），并被评为历史系副教授。1958年担任第一副主任，1961年担任主任。1962年5月，上海市高校图书馆协作组成立，协调指导高校图书馆的业务工作，陈子彝为西南片的负责人，负责上海师院、化工学院及交通大学等图书馆的业务指导工作，直到1967年去世为止。据上海师范大学图书馆研究馆员卢正言先生言：陈子彝1956年上任后，确定了线装书的采购方针，即在四部要籍的基础上，重点采购丛书、方志、诗文集、近代史、年谱、书目及上海文献等。地方志方面，侧重于江浙沪地区。这样的采购方针，兼顾了一般与重点，有利于藏书建设的持续和稳定，保证了该馆古籍藏书的总体质量。他亲自去上海古籍书店选书，还前往扬州、南京、杭州、屯溪、北京等地古籍书店进行书目选购，通过这些努力，该馆古籍收藏迅速增加，据统计，该馆现存古籍达十四万册，其中百分之八十是由陈子彝经手入藏的。另外，无论是馆舍的规划、设计，还是专用设备配置、藏书建设、资料编纂及人员培养等方面，他都毫无保留地贡献出自己的精力和智慧，堪称建设上海师范学院图书馆的第一功臣。

如今的苏州图书馆和上海师范大学图书馆均被国务院命名为“全国古籍重点保护单位”，这和陈子彝的贡献是分不开的。

教书育人的生涯

陈子彝还多次从事教育工作。除前文所述曾在陈墓任小学教员外，在苏州图书馆工作期间，因其子女众多，为了养家糊口，他先后兼任振华女中和苏州美专讲师，讲授书法、美术及金石学课程。民国二十四年（1935）至民国二十五年（1936），他还曾短暂辞去图书馆之职，经章太炎、金松岑的推荐，担任云南大学文法学院中国文学系教授，讲授中国通史、国学概论、文学史、文字学等课，不久即返归苏州图书馆。苏州沦陷后，经馆内同事王謇的推荐，陈子彝赴沪担任东吴大学文学系教授，讲授中国通史、文学概论、各体文选等课程，兼授震旦大学国文。次年担任南洋中学、大中中学及东南中学国文教员。民国三十年（1941），任吴县甫里小学校长。抗战胜利后，任昆山县私立槃亭初级中学校董，协助筹划办学经费，该校正式开学后，被推举为校长，但不久就回到上海南洋中学任教。

1935年仲冬，陈子彝在云南丽江黑龙潭留影（陆宜泰提供）

他在《五十述怀》诗中记载执教振华女中这段经历：“红板桥头绛帐开，扫眉弟子尽多才。瑞云峰畔书堂在，犹认当年旧麝煤。”并自注：“授振华女

陈子彝1952年在沪工作时的留影（陆宜泰提供）

中文艺八载。”当年的振华女中英才辈出，杨绛、何泽慧、彭子冈、沈骊英、王淑贞等在相关领域成就卓著的大家均出自振华女中，这和当时一大批如陈子彝这样优秀教师的悉心教导是分不开的。

陈子彝在上海南洋中学任教时间最长。他当时担任高年级的语文教师，经常运用其渊博的知识对学生循循善诱，并且善于穿插奇闻逸事活跃课堂气氛，深受广大学生欢迎。他善于接受新知识，如中华人民共和国成立初要求教育革新，在高三的语文课本中加入了像《小二黑结婚》之类反映北方解放区生活的课文，有些老师跟不上形势，无法胜任授课任务，但陈子彝却因时制宜，积极学习，并请学生们一起讨论如何上好这样的课，这种谦虚谨慎的精神深受学生的敬重。

抗战胜利后，陈子彝在短暂担任家乡檠亭中学校长期间，主持了该校建设规划、教学内容确定和课程安排等工作。并经常组织学生在课余时间参加一些校内外的义务劳动，以改变旧式教育中学生只知啃书本而“四体不勤、五谷不分”的情况。他经常言传身教，勉励学生在学校时要勤奋学习，刻苦钻研，到社会上工作时要尽心尽力、恪尽职守。另外他还重视校舍建设，曾在拆除旧房的瓦砾堆中建成了一个小型花园，美化学习环境。

文学及学术成就

陈子彝学识渊博，善诗文、书画、篆刻、摄影等，对碑刻及古籍版本鉴别也具有相当造诣，另外他还是当时著名的藏书家和佛学家。

陈子彝早年精研魏碑，晚年兼涉草书，均成就非凡。在其《六十述怀》中有诗云："紫云一握伴隃麋，象管鸾笺座不离。老爱闲情常作草，唐师怀素汉张芝。"并自注"积年嗜书，近始问津草圣"。民国三十年（1941）出版的《南洋文化》第一卷第一期上刊登了沪上名流沈信卿、叶揆初、吴湖帆、王伯元、庞莱臣、王培孙、吴子深、周瘦鹃8人联名为陈子彝订的"陈子彝诗文篆刻书法润例"中介绍说："陈君子彝，鹿城绩学之士，究心文史哲学，长于篆刻及各体书法。曩岁讲学黉府之余，尝以文艺问世，求者踵接，声誉久著。比来侨寓沪滨，拟广墨缘，仆等知之有素，用为重订润例，以资介绍。"可见其当时声誉之高。

陈子彝还擅长篆刻，其运刀果断，用力均匀，收放自如。1955年秋，由张鲁庵发起，马公愚、钱瘦铁等著名篆刻家成立了中国金石篆刻研究社，这是中华人民共和国成立以来上海组建的第一个金石篆刻团体，陈子彝为其中主要社员。次年为纪念鲁迅先生逝世二十周年，中国金石篆刻研究社汇集73位印人，集体创作了《鲁迅笔名印谱》，陈子彝所制的鲁迅笔名"黄棘"印章也入选其中。

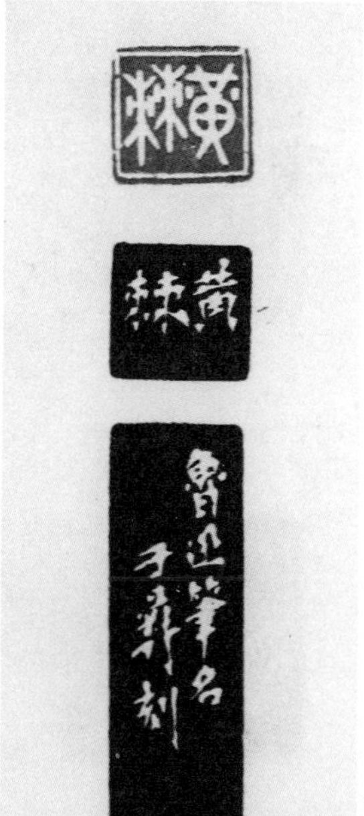

陈子彝刻制的鲁迅笔名"黄棘"印章（陆宜泰提供）

王謇在《续补藏书纪事诗》中咏陈子彝云："扶桑蓬岛曾经历，洱海苍山亦旧缘。过眼云烟焚笔砚，儒书且弃证心禅。"并附小传曰："陈子彝（华鼎），昆山陈墓镇人。长于篆刻，善识钟鼎甲骨文，兼长汉碑、南北朝书，临名碑数十种，均能逼真。能诗文，精鉴别碑刻、版本。三十年来，家园就荒，藏本散尽。以避寇橐笔来沪上，会有不敦气节之浙人与

陈子彝扇面梅花作品（陆宜泰提供）

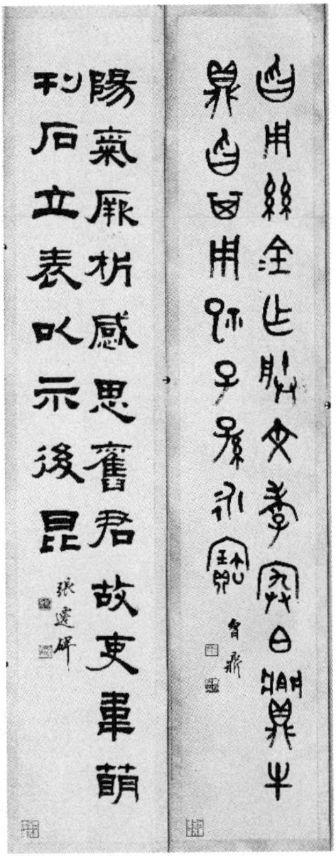

陈子彝篆书、隶书二条屏作品（陆宜泰提供）

之同姓名者，余每于大庭广众语才士必数君，必称我吴有气节之陈某，以别于夫已氏。闻者为我危，弗顾也。子彝授课云南大学，性好西竺教义，研几唯识极精，盖行将焚笔研而证心禅者也。”王謇为陈子彝多年的好友兼同事，对其学术及为人的介绍可以说是全面而客观的。陈子彝平生爱读书，在其《五十述怀》组诗中有“芸窗曾读五车书，每笑生涯似蠹鱼”之句，并自注云：“书生习气，独嗜缥缃。”家中藏书甚富，故王謇把他归入近代藏书家之列。

陈子彝在文史研究领域也有很深的学术造诣。如他在《吴梅村矾清湖诗考》一文中，对明末清初文学家吴伟业所作五言长诗《矾清湖》所涉本事进行了详细考证，认为该诗是咏明末陈墓乡绅陆世钥（兆鱼）毁家纾难、举兵抗清的事迹，解决了一直以来困扰众多吴诗研究者的悬案，弥补了文献记载的缺失。

陈子彝还是当时著名的佛学家，上述王謇为其所作小传已有所涉及。陈子彝自称“壮岁归依谛闲法师，始读梵典”，曾跟随章太炎、陈定祥等人学习印度哲学，并通读了《大藏经》，尤其熟稔贤首宗经典，在其《五十述怀》中云：“心同野鹤骨如松，梦上峨眉第一峰。何日佛光台畔坐，华严法界尽罗胸。”并自注曰：“年来沉酣贤首宗典，颇思西访峨眉，一观普贤大士。”在南洋中学时，他还曾主持龙华寺书库，和慧舟上人一起同校佛典。他也撰写出版过相关著述，至今苏州图书馆尚藏有其所著《心经显诠》的佛学著作。

陈子彝著作宏富，除上述提到的外，重要的还有《眉庵诗存》、《眉庵文存》、《眉庵印存》、《甫里观塑记》、《中国纪元通检》、《中文常用工具书目录》、《历代帝王年号纂编》、《中国分地金石书目》等。

回眸徐公桥乡村改革

陈文虞

1924年，为了教育农民，改变农村的落后面貌，民主革命家黄炎培先生提出了一个划区施教的方法，这就为后来职教社举办农村改进事业定下了基调。职教社认为：我国农村教育由于没有实地试验，一时难以开展活动，目前可先从调查入手。1926年1月，职教社汇同中华教育改进会、中华平民教育促进会、东南大学教育科，共同组织了联合改进农村生活的董事会。大家一致认为，欲解决农村的经济问题，首先要从改进农村的生活入手。随即选定了交通方便、民风淳朴的江苏省昆山县境内的徐公桥作为农村改进区的一个试点。

但不久由于国内政局发生变化，筹集经费发生了困难，于是在1927年停办了。直到1928年4月，职教社实地试验得到了徐公桥人士蔡望之先生的赞助，才使徐公桥乡村改进试验区得到了复办。他们制订了工作计划，以六年为完成期限。为了便于管理，调动会员的积极性，分为七个实验小区。职教社因感到农村服务人才短缺，决定在改进区内创办讲习所，地点设在乔家祠堂，聘请黄齐生先生（王若飞烈士的舅父）兼任该所主任，并负责主讲事宜。职教社领导人黄炎培、江问渔、杨卫玉、姚惠泉等先生也曾亲临讲学，经常往来于沪徐之间。讲习所学员都认真好学，得益匪浅。

黄炎培遗像（陈文虞提供）

丰富的改良目标

徐公桥乡村改进实验事业的改革目标定为：改进农民生活，改良农村组织，实行农民自治，增加农产数量，推广农业教育，改进农民娱乐。根据这一目标，分别由六个部门来开展工作。一为农政部，为农改工作的总枢纽；二为农事部，以改进农村的生产；三为教育部，以提高农民的道德；四为保安部，以维护农民的安宁与健康；五为建设部，从事农村的公共建设；六为娱乐部，以开展农村的公共娱乐。

黄炎培对创办试验区的初衷曾作过这样的说明：“第一，是由于平民教育的思潮，想切切实实把平民作为对象来干实际工作。第二，是办了工商教育，发现不得不到田间去，不得不把整个的社会作为对象，因此需要找个地方来实现此种理想。第三，是想从零零碎碎的实际工作中找出整个政治出路。第四，是要用学者的专门研究和经验，一方面指导政府，一方面鼓励老百姓干些实际的好工作。”总而言之，就是一句话，即想通过自身和职教社同人们脚踏实地的工作，从点滴改良做

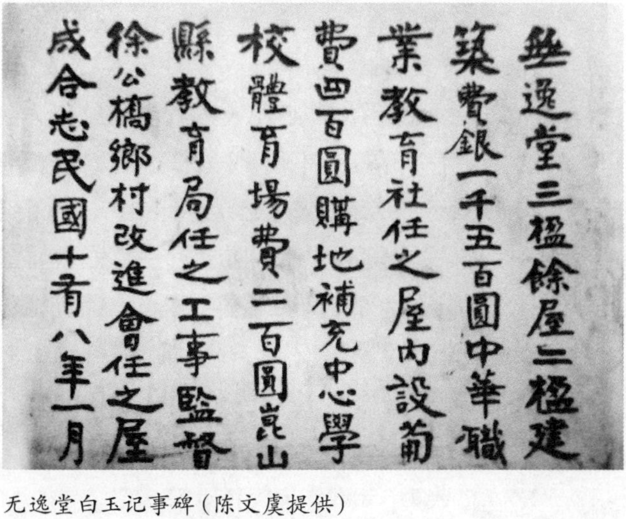

无逸堂白玉记事碑（陈文虞提供）

起，从农村局部做起，摸索经验，逐步推广，以谋整个社会的改进。黄炎培亲自指导创办，并取得了相当成功的效果。

卓著的改良成果

徐公桥镇位于江苏昆山县境内，土地四十方里，初办时住户446户，最后达735户；人口1990人，最后达3597人。周围地势平坦，交通便利，土地肥沃，河流纵横，为江南的富庶之乡。但在实验前，该地区民众受教育程度颇低，全区仅有小学两所，不少学龄儿童无校可入。由于教育事业落后，农民整体文化水平低下，故该区内虽有许多耕地，但因耕作方法陈旧，作物产量不高，农民生活困难。经济方面的落后，带来了社会环境的不良，如集市街上垃圾遍地，吸食鸦片者随处可见，茶馆中终日有人赌博。因此，在徐公桥乡村改进实验的三项二十七款的具体工作中，坚持"以教育为先导"的方针。为了提高区内农民的文化素养和知识水平，他们主要开展了以下三个方面的工作。

积极推行义务教育

职教社同人将解决学龄儿童的入学问题作为乡村改进实验的突破口。在上级教育机构的支持下，通过私人捐款，教育投入逐年增加，由开始的1116元增为4702元8分；学校数量由起初2所小学（公立私立各1所）增添为6所（其中公立4所，私立2所），另设公立流动教室2所。同时，在办学形式上也因地制宜，灵活多样。如将上课方式分为全日、半日、时间自由三组：全日制容纳家境较丰的儿童入学，半日制容纳需协助家长做农活之儿童就读，时间自由制则可以根据儿童的空余时间进行灵活上课。这样，保证了全区大多数儿童都能入学读书。那时，计全区适龄儿童（7—14岁）总数为650名，在校者计535名，入学率超过82%。这在当时中国农村中确属鲜见。

乡村改进会创办的农民教育馆（陈文虞提供）

大力推行成人教育

职教社同人考虑到乡民中不识字者占大部分，整体知识水平低下，难开风气之先，不改变这一现象，改进区的一切事业势必事倍功半，所以在进行实验之初，他们就把在青年中进行识字扫盲作为一项重要的工作来抓。组织形式是在区内普设民众学校，各小学内也分设了识字指导团，甚至镇上一些商店里也设有“问字间”，借以大力扫除文盲。同时还以农民教育馆为枢纽，并通过壁报、民众茶馆、通俗讲演、常识展览、电影、体育场、国术研究会、音乐会、改良说书等各项活动，来加强全区的社会教育，用以丰富百姓知识和提高民众觉悟，并启迪民智，移风易俗。由于农村成年人整日忙于耕作，农暇时间十分有限，职教社对成年人的教育采用更加灵活的方式，实行分区巡回教育的方法。在偏远地方，则先办露天识字，次办补习学校，并随时随地设立短期训练班或讲习会。其教学内容以生产常识为主，重点普及农事教导，训练农业技术，使农民乐于参加，效果明显。据统计，成人识字者由初办时的560人增至1524人，成人识字人数增加近千人，大大提高了农民的文化素质和生产技能。

提倡健康卫生教育

职教社同人认为，中国农村存在四种现象，即一穷、二愚、三弱、四散。而这几种现象均与教育水平有着直接关系。要改变这些落后现象，就必须推行健康教育和卫生教育，还要教育农民关心国家大事和关心公益事业，借发展慈善事业来发扬互助精神。在卫生教育方面，改进会成立后即开始施送药品。后来设医诊所于改进会，设药库于分会，聘医师一人主其事，凡种痘、防疫、诊病、急救，均得到村民的拥护。在数年的实验过程中，仅防疫一项，当时注射防疫血清者就达1800余人，致使全区无瘟疫，染天花者基本绝迹。

在健康教育方面，改进会对农户厕所也进行改良，倒垃圾置有木箱，教育农民养成讲卫生的生活习惯，杜绝不卫生、不文明的行为。在慈善事业方面，据黄炎培讲："先举办借贷合作，轻利放贷。先后举办九期。最初两期，每期500元；以后每期1000元。到期还付本息已成习惯。后来举办信用合作，先后贷出3万元。"这项事业不仅促进了经济发展，也由此养成了农民团结互助的精神。

先进的改良内容

在开展乡村改进实验之前，中华职教社同人们曾对中国农村的状况和农民的需要做过实地调查，发现发展农村职业教育必须一面教农民致富的方法，同时教他们科学知识和道德行为。这种教育是以物质为基础的，所以徐公桥的实验事业一开始就把发展农村经济、改善农民生计放在十分重要的地位。他们在徐公桥切切实实做了以下几项改良工作：

推广先进技术

职教社将职业教育中农业教育转变成到农村去指导农民科学种田。然而，很不易直接见效的，就是改进农业生产技术。黄炎培说："吾们很虚心自反，书本上的学理和方法，当然不易折服劳苦一生的老农。"于是"特设农场，从事试验"，"试验某种作物，而各地唯有取得实验结果认为有效的来担任推广”。徐公桥的经济改进实验正是由此而起步的。据黄炎培介绍，他们在徐公桥关于推进农业经济发展实验的举措主要有如下数项：开设农场22.2亩，培育农作良种；养鱼合作，经营、开挖鱼池13处，养鱼23000尾；发展农户养鸡，平均每户由不及4只增为11只；开植苗圃，自植树苗10万株，再分给农民栽种；推广新式农具，如灌溉、砻谷、打稻、碾米、弹棉等，均用新农具，颇见成效；推广良种，如小麦推行金大26号，全区达十之六七。收获量自八九斗增为一石四五斗；稻种就地选取；棉种介绍江阴白籽棉及济南棉；创设合作社；设立公共仓库；发展土布花边刺绣；开垦果园8亩，种上桃树并取得收益。总之，职教社在徐公桥试验区内推行了科学的耕种方法，推广了优良品种，试用各种新式农具，发展多种经营，并在农民中普及防治农作物病虫害的常识，等等。通过几年的实验和推广，效果明显，农作物产量大幅度增长，经济收入增加，因此提高了农民科学种田的主动性和积极性。

重视设施建设

交通不便、物流不畅，是农村落后贫困的原因之一。要想富，先修路。因此，职教社在乡下改革实验中，十分重视改进区的交通建设，组织农民筑路、修桥。几年中，除乡里原本的狭小泥路都予以拓宽，还先后筑成了宽6米的土路5.5公里，可行黄包车的石路3公里，修建石桥7座，木桥24座，使全区各个村庄间主要交通均能畅通无阻。同时，职教社在实验区还设有万年公墓一处，以改

改进会农民造桥修路，方便大家出行（陈文虞提供）

变此前乱葬之习俗。在加强基础设施建设的同时，为了扩大农民的收入，职教社还指导村民建立了养殖、种植等各种合作社，大力提倡养鱼、养鸡、养蜂、植树等副业，还组织农民发展花边和刺绣等手工业，促使其产品在上海市场上销售。如此种种，对全区经济的发展助益良多。

拓展公益事业

公益事业发达与否，是一个地区文明进步的重要标志。职教社在徐公桥地区的实验中，对发展公共事业十分重视。除建立合作农场，供良种实验和新式农具的试用推广外，还开辟了果园、茶园、苗圃，自育树苗分给农民。为了提高农民的生活质量，乡村改进会为农友筹建了公医诊所、公众花园和民众体育场。在市政建设方面，更是大有改观，观者均有耳目一新之感。此外还通过创办合作社、建立公共仓库等，有效地帮助农民避免了高利贷的盘剥，并借此活跃了农村金融借贷事业。职教社在徐公桥的试验最有成效的地方，即黄炎培在徐公桥的工作进行几年后所总结的："唯一方法在增加生产。果能于若干年内使公共经济获得相当的常年收入或建立公积金；私经济方面，使农业或其副业，确实增加至若干数量，使农民生计日裕，则一切问题皆可迎刃而解。"职教社在徐公桥的实验，正说明了这一点。

广泛的改良要求

职教社在徐公桥的乡村改进实验，一个最大的特点就在于它的"社会化"，以"促进社会的整个改进"为目标。所以在徐公桥的乡村改革实验中，不管是发展教育还是经济，着眼点都是为了谋求乡村面貌的整体改观、民众素质的全面提高。为了达到这一目的，在徐公桥的乡村改进实验中特别强调乡民自治能力的培养，以唤起民众自觉为先，启发乡民的民主意识，促成乡民实现自我管理。此种实验主要表现在以下几个方面：

健全机构设置

职教社在徐公桥实验区设有一个领导机构——乡村改进会，下设分会7所，其成员多为青年农民及地方绅士，入会采取自由方式。参加者对公益事业均十分热心，由初时的42人增至六年后的462人，占总人口的七分之一。改进会下设一个委员会，试验区的各项改进事项一般都由该委员会召集会议讨论决定。委员会内设办事处，下设总务、建设、农事、教育、卫生、娱乐、宣传7个部，分别具体经办改进区的一切事务。此外，设有赞助委员会、民事调解委员会、仓库管理委员会、款产保管委员会、经济稽核委员会等；还设有青年服务团。实验区中的其他机构，如小学校、民众学校、医诊所、合作社、仓库、农场等，也由改进会总机构统一管理。为引导乡民参加地方自治活动，试验区内还成立了消防会、保卫团、公安分驻所等群众性团体，借此对各种不同层级的民众施以组训，以养成乡民互助自治精神和参与意识，以及借此保护地方治安，使人民安居乐业。

重视培养人才

职教社同人认为，培养当地人才是乡村改进事业继续发展的关键所在。就农村改进事业来说，有了完善的计划，若无人去实行，仍是一纸空文。因而在决定究竟用什么方法来推广乡村职教事业时，第一考虑的便是要有能干的改进人才。徐公桥实验区的各项事业尽管最初都是由职教社牵头施行的，但经过开创阶段施行后，逐步过渡到由乡民自办，这样的做法完全与职教社乡村改进事业之初衷相一致。为了培养农村改进人才，1930年首先在徐公桥改进区设立改进讲习所，其目的在于养成学识与技能兼长和刻苦耐劳之习惯，舍己为人之精神，深

改进会农民利用午休时间读报，关心国家大事（陈文虞提供）

改进会农民利用晚上时间，上夜校读书扫盲（陈文虞提供）

刻了解农民之心理，励志为农村服务的自治人才。采取边工作边学习的形式，实地工作、书本研究、开会讨论和导师讲习四位一体的方法。在人才选拔方面特别强调两点：一宜选取践履笃实，能了解村民心理，易取得其信任者，不宜选取肆意铺张者；二需多用本地稳健而有相当才能之青年，与知识开通信用素著之老辈，并使了解自治之真义及以本地人为主体。

培养自觉自动

为了办理好乡村改进事业，真正做到使农村改进，农民受益，职教社于1932年召开第12届社员大会时，曾在通过的《农村改进事业实施办法》中规定了下述四项基本原则：一为农民之友，二为顺民之欲，三为农民之先，四为解民之困。制定这些原则的根本目的，就是要求所有从事农村改进事业的工作人员以其“至诚”、“博爱”和“热力”、“朝气”来影响和教育农民，唤醒他们的觉悟，求得农村社会之改造，以达中华民族之复兴。

依据这些原则的精神，改进社负责人之一江问渔还设计了一个完备的方案，作为乡村改进人员从事乡村改进的座右铭，严格遵守。其主体精神是：以至诚、博爱之心，朝气、热力之行，唤起农民自觉、养成农民自动，使它们能够自治治群、自养养人、自卫卫国。在实验社区中的一切事业，凡教者教此，凡学者学此，凡做者做此。之所以加此要求，乃在于职教社同人十分明白自身在徐公桥的"客卿"身份。这就是说，徐公桥农村改进工作，虽为职教社主办，但最终目的，则在启迪农民自治自办。

总之，徐公桥实验区的乡村改进实验工作，由于集教育、经济、社会治理于一体，对乡村社会作整体性、综合性改进的方式，加之妥善组织指导，经过几年不懈的努力，基本上实现了"无旷土，无游民，村民生活状况日趋改善，知识日进，地方生产日增"的预期目标。徐公桥实验区也因之成为职教社随之拓增的乡村改进实验事业的典范，并为同时期其他改进区的试验工作提供了借鉴样板。

鲜明的改良意义

中华职教社开辟的农村改进事业，早被人们赞誉为该社大职业教育主义的"第三大功效"，或者说是大职业教育主义中关于农村改进的理论之具体实践。徐公桥乡村改进实验区正是在这种理论指导下开创的中国近代史上第一个实验区，它不仅对职教社其后的工作产生了巨大影响，而且对中国20世纪二三十年代乡村建设运动也产生了积极的促进和示范作用，是中国近现代农村改革的第一次尝试，在中国近代教育实验史上具有开创性的意义。

普及改进经验

初尝乡村改进实验，即得理想收获，更加刺激了职教社同人们为最终实现中华民族的复兴而信心倍增。故而在对徐公桥乡村改进实验的基础上，决定进一步推广徐公桥的经验，扩大实验范围，开辟更多的乡村改进实验区，开展更广泛的农村改进实验活动。

1929年，即徐公桥乡村改进实验正式施行的第二年，职教社又在镇江开辟了黄墟农村改进实验区；1931年2月，在苏州善人桥开办了又一乡村改进实验区；4月，在江苏泰县顾高庄开辟了农村改进区；1931年春还在浙江余杭县诸家桥，宁波的白沙、长兴县的渡口镇等地相继开办了一些农村改进实验区。至于办区方略，均基本仿照徐公桥之办法。至此，职教社的农村改进事业如日中天，已达到全盛阶段，并以此带动和促进了20世纪二三十年代乡村改进潮流的不断高涨。据统计，1928至1935年，职教社先后举办的农村改进机关有207个。其中成绩较显著者，除前述诸等外，其他有创办于1928年的嘉定武村信用合作社、晓庄农艺合作社等；创办于1929年的新农具推行所、陆景乡村小学等；创办于1930年的镇江三益蚕桑制种场、乡村改进讲习所等；创办于1931年的绍兴诸家桥乡村实验小学、观澜义务教育实验小学等；创办于1932年的全国农村改进机关联合会等；创设于1933年的鸿英乡村小学师资训练所、沪西园场及劳获农村等；创设于1935年的浙江小溪口农村改进区、上海县立道南乡村小学等。抗战时期，职教社还与四川教育厅等单位合办有蓉南农村教育改进区等，在民族抗战的艰难环境中，继续坚持着早年未竟的事业。

改进会农民用学到的知识自制新式农具（陈文虞提供）

特别值得一提的是，1929年，职教社创办了中华新农具推行所，其目的是推行确有成效的新农具，并在经济上、转运上、装配上、使用上、修理上提供种种助力。1930年春，该所自造船只装载抽水机、碾米机、打稻机等，经过11县72镇试用，初见成效，以后各地农村农民教育馆以及农村机关委托该所采办者几遍全国。据统计，职教社推行包括大小马力发动机、碾米机、散播机、中耕机等十余种新农具，都是当时较先进的农业机械，范围遍及15省之广。尽管在当时乡村社会中，这种新农具推广的社会层面深度有限，但无疑是中国农村较早的一次提倡农业机械化的行动，而且以实物展示的形式，对广大农村社会进行了一场早期的农业机械化的教育。

推动改进实践

乡村教育实验运动形成于“五四”之后的20世纪二三十年代，这是有其社会原因的。其中除了外族侵略加剧、封建剥削加重、乡村社会不堪兵匪蹂躏、农民生活处于水深火热之中等客观因素外，更重要的是，知识分子中的时代觉醒者认识到广大农村要走向富强，必须进行乡村改进，从乡村教育入手提高农民文化水平。由是，开始重视占全国人口85%以上的农民教育问题。据统计，至20世纪30年代中期，这种乡村改进实验区已发展扩增到207处，他们彼此呼应，相互借鉴，以一种前所未有的农村改进合力展现出一道波澜壮阔的景观。现摘其时声势较大的以陶行知为首的晓庄乡村实验的事迹：

其一，据陶本人在《教育改进》所说，中华职教社领导人黄炎培氏自民国三年之本国教育考察以来所从事的活动和开展的事业，均与形成全国教育思潮、方针及进行方案有密切之关系。而他本身创办的晓庄乡村师范实验事业，正是这种教育改进事业的一个重要组成部分。1927年，陶行知创立晓庄师范开始进行乡村教育实验时，徐公桥乡村实验正处于试办之中，且不久即转为正式试验阶段。另一晓庄师范负责人赵书愚亦是当年开创徐公桥改进区的设计委员会的负责人。正因为有了这一层人事关系，故此，这两处乡村改进事业的思想精神亦有相同之处。陶行知在“晓庄三岁”时亦说明，自己改造乡村的理论系统即是对江氏理论的尽量发挥。徐公桥乡村改进实验区的创办揭开了中国近现代乡村教育实验的帷幕，将“五四”以来关于乡村改造的种种理论探讨和文字设计都付诸社会实践，独树一帜，成了当时乡村改进的示范区，其时代意义极为深远。

其二，从中华职教社所确定的乡村改进事业目标来看，他们在乡村所进行的改进实验，无疑是一桩开拓性的事业。人们在认清中国国情的过程中，纷纷提出了各自的改进乡村的理想方案。然而，职教社同人们能够在当时的社会条件下，根据中国国情提出职业教育中的农业教育问题，通过乡村改进的实践，帮助不识字的农民获得科学文化知识，初步掌握先进的农作方式，学会地方自治管理方式，在几年时间内使落后闭塞的乡村社会改变了面貌。这是近代知识分子利用改进乡村形式来改造农村社会的第一次成功尝试。

其三，从近代中国社会发展的路径来看，职教社同人的乡村改

1934年2月，中华职教社在上海举行专家会议，三排右三为黄炎培（陈文虞提供）

1948年七月，中华职教社学农团在上海合影，前排中间为黄炎培（陈文虞提供）

进实验显示出时代的趋势和方向。凡由农业社会向现代化社会迈进的国家，都不可避免地面临着实现农业现代化的问题。尽管他们这种改良行动在当时的中国并不能从根本上改变农民的命运，但通过他们的实验，人们进一步认清了中国农村的问题，进一步认识到在农村改进的必要性。

其四，中华职教社开展徐公桥的乡改实验，无疑表现了一种十分可贵的探索精神。这就是自“五四”以来，知识分子与工农相结合的实践。当然，徐公桥乡村改进实验在当时的历史条件下也存在着种种不足，但不管怎样，职教社同人们在推行改进实验中所显示出的崇高志向和勇于开拓实践的精神，应该值得后人学习。尤其是他们主动地走与工农相结合的道路，体现出近代先进知识分子顺应潮流勇于进取的创新精神。所以，黄炎培曾说：“六年半的徐公桥，虽算不了什么，还不至于全无结果，与其说是方法，无宁说是精神。”

当年职教社的领导人，能在那个黑暗的年代里，怀着复兴民族、挽救祖国的梦想，在徐公桥改进农村实验事业中，倾注了大量的心血。虽然只有匆匆六年，但已取得丰硕成果，令今人永远感恩。

发生在遂园的文化盛事

刘 军

马鞍山风景秀丽，山清水秀，自古以来，昆山的殷实人家，喜欢围绕马鞍山修筑私家园林，山前山后曾分布着众多秀美庭园，在马鞍山西麓，明代吏科给事中许从龙辟养馀园，还有三友园（又称三益园），原是葛氏别墅，后于康熙乙卯（1675）由昆山叶奕苞、徐开任和太仓吴扶风三人筹金建筑。

在马鞍山北麓，有一座非常美丽的园林，它最初的名字叫“附巢山园”。因最早的主人是顾震寰，字附巢，而命名。后为葛芝的祖父葛锡璠所买，改称北园，再后来，徐开任传给了侄子徐乾学，并将北园改称为遂园。此后在遂园中发生了许多文化盛事。

今日遂园景致（刘军提供）

遂园雅集中的耆年会

徐乾学，字原一，号健庵，徐开法长子，顾炎武外甥。在康熙九年（1670）会试中获取了探花功名，历任编修、左赞善、侍讲学士、内阁学士、礼部侍郎、左都御使、刑部尚书等职。

徐乾学画像（刘军提供）

康熙癸酉（1693）中秋，前户部尚书王日藻、按察使许缵曾在松江秦王山庄举办耆年会。秦望山庄由王日藻罢归后营造，依山傍水，风景优美。告老归乡的徐乾学与前广西道监察御史盛符升两人一道自昆山启程，至华亭赴耆年会。徐乾学作诗感谢许缵曾、王日藻的盛情邀请，曰："穷巷久无人迹到，仙家新有鹤书来。伫看蟾兔当三五，洞府华觞许暂陪。"松江秦望山庄耆年会到场老人不多，留下的诗文较少，比较起来，康熙甲戌（1694）三月三日上巳节，由徐乾学、盛符升和徐秉义在遂园举办的耆年会，参与人数更多，持续时间更久，声势规模更大。且徐乾学本人亲自主持，持续编撰耆年会相关诗文集，并邀请画师绘下当时场景，邀请宾朋赋诗题字，不断扩大和加强此次遂园雅集的影响力。

徐秉义画像（刘军提供）

徐乾学说："耆年之会，始于云间王许二先生秦望山庄，水竹清幽，东南胜美，今岁暮春，盛诚斋与余兄弟，续举斯会。"当时，正逢徐氏遂园修葺一新，徐乾学、徐秉义和盛符升三人做东，联合邀请众多老年文友来此雅集，应邀而至的有：举人通判常熟钱陆灿（83岁）、翰林院检讨长洲尤侗（75岁）、右春坊赞善太仓黄与坚（75岁）、华亭王日藻（72岁）、提学佥事长洲何棅（70岁）、举人常熟孙旸（69岁）、华亭许缵曾（68岁）、司经局洗马上海周金然（64岁）、前左春坊左谕德无锡秦松龄（58岁），这9位老人的年龄，加上三位主人的年龄，为842岁。种种原因，徐乾学邀请的几位老人，如侍讲缪彤、学士韩慕庐等三人未能赴约，不然，可凑成千岁宴。

受邀的老人，集中体现为这样几个特点：他们中的绝大多数人在60岁以上，又大多在朝廷为官，现已告老还乡，隐居乡野，是德高望重的士绅阶层，门人较多，交游甚广，在地方上有很大的文化影响力和号召力；他们来自江南吴文化圈，如苏州、无锡、上海一带，形成一个过从甚密的人情网。这一地区是富庶的鱼米之乡，经济较为活跃，文化也很繁荣。参与遂园雅集的老年学者，大多拥有自己的私人园林，如秦松龄的寄畅园、王日藻的秦望山庄、尤侗的亦园、周金然的宜园等，这些在当时闻名遐迩的江南园林，成为园主与文友酬唱雅集的所在，助推了文化的融合与发展，在文化史和园林史方面，留下了深深的烙印。他们均与徐氏兄弟，以及盛符升私交甚好。昆山三徐，在江南一带，名重一时，影响巨大，此次雅集，也再一次显示了徐氏家族的号召力。尤其是三徐长兄徐乾学，在朝为官多年，且擅长诗文，因此在官场和文坛，积累了盘根错节的人脉关系。

如尤侗，乃徐乾学之弟徐元文之业师。顺治三年（1646），13岁的徐元文师从尤侗，打下了坚实的经学基础，后来高中状元，名噪一时。徐乾学在尤侗的《西堂杂组·序》中说："家弟公肃，从先生游，师其经术，未旁及古文词，当是时先生三十余岁。"前一年的秦望山庄耆年会，尤侗也接到了邀请信，当时他身体不佳，未能成行。这次徐乾学、盛符升召其赴遂园雅集，尤侗欣然赴会。不久徐乾学去世，尤侗又亲赴昆山吊唁。

再如秦松龄，按惯例，耆年应指六十岁以上的老年人，在与会老人中，秦松龄是唯一未满花甲之龄的。58岁的他，抱病在家，接到徐乾学的盛情邀请，几次辞谢不获命，终冒雨从无锡赶往昆山，夜晚至遂园，徐乾学热情招待了他，专设筵席，灯火通明，丝竹悠扬，举杯把盏，莫不欢愉。秦松龄抱着病躯，坚持坐到夜半三更时分。他有诗答谢徐乾学，云："惟公爱朋友，顾余如弟兄。相知四十年，弥见古人情。"以上种种，可见两人的情谊。后来，徐乾学与秦松龄的曾孙辈，结为连理，以姻亲关系，延续着这两个江南大家族的深厚关系。

秦松龄画像（刘军提供）

还有一位不请自来的特殊客人——诗僧宗渭，他与尤侗一道至遂园，参与并见证了此次雅集，也以兰亭为韵，赋诗二首。宗渭与徐乾学有着密切的关系，两人常有诗文唱和之作。宗渭有诗赠予徐乾学之子徐艺初，云："酒许嘉宾醉，门容野衲过。遂园高卧处，清梦稳烟萝。"道出了他和遂园主人不同寻常的关系。

遂园雅集，承续了古代耆年会的精彩。提督江南学政右春坊右赞善兼翰林院检讨许汝霖，在《遂园禊饮集序》中赞遂园耆年会"若张茂先之洛水，王逸少之山阴，白香山履道之坊，富郑公西京之第"。

据《中华传统文化荟要·六》记载，三月三，也叫上巳节，由于东去春来，气温日渐上升，古人习惯在这天到水边洗净身体，以涤除污秽和不祥，称之为"修"。后来，每年上巳节的修禊活动又发展为水边宴饮和野外春游。而王羲之于永和九年（353）上巳节，在会稽山举办的兰亭修禊，成为文人雅集的经典，不断为后人所追怀。徐乾学在上巳节这天召集众老于遂园，要求与会老人分别以"兰"、"亭"为韵，各赋七律二首，正是向千年前的兰亭雅集致敬。

为了办好此次耆年会，作为东道主的徐乾学、徐秉义和盛符升，做了大量准备工作。如遂园的修葺、老人的选定、酒食的安排、陪从的人选等，都精心设计、用心谋划。修整之后的遂园，宁静淡雅，亭馆闲丽。秦松龄形容该园之美："遂园富奇境，结构临芳池。池外青芙蓉，森然发天姿。残花委幽砌，好鸟鸣深枝。微风动疏竹，隐隐见茅茨。"徐乾学等人制定了《耆年会约》，提出七点注意事项：一，在上巳节前十日，将邀请函送至各位老人，要求风雨无辞；二，胜游雅集，不宜张设盛筵，多用丝竹，老人饮食起居，听便勿强留；三，园林山水，娱目赏心，凡有吟咏，分题招韵，随意挥洒，可以补作，如若不然，则行金谷之罚；四，每年拟再集，每集以三日或五日为期，惬心适意、简单率真；五，除门人渊源外，一概以年龄长幼为序列；六，门人子弟，愿陪侍者，便请偕来；七，务稍节约，宴集时，从者不用犒金。每日早晚，四人一桌，蔬肉四器，车夫量给酒钱。

据尤侗《悔庵年谱》记载，在遂园雅集时，有一姓洪的人，他的女儿被人抢掠卖掉，此女哭泣不肯离去，尤侗动了恻隐之心，请诸位与会老人醵金五十两，将其赎回，传为美谈。当然，遂园修禊，最重要的是，在老人们登临山水、促膝谈心、饮酒言欢之余，写下了大量歌咏此次雅集的诗文。

遂园禊饮中的诗文画

徐乾学整理的《遂园禊饮集》卷一收录了主宾十二人的诗，同时也收录了绀池上人（宗渭）以及徐乾学门人王喆生和子侄数人的诗，共52首。纵观这些诗歌，吟咏的内容大体分为以下几点：

首先，颂耆年禊饮，赞玉峰春色，叹昆邑文脉之不绝。如盛符升云："翠微深处上芒亭，山色林光映草青。解佩人归看蝶散，随波觞至咏云停。"王日藻云："绿野光风春满座，桃花新水客凭栏。流觞盛事传今日，峰顶人从树杪看。"何棅云："流觞解禊欢无极，击鼓催花醉不醒。莫道马鞍丘壑少，他年还溯子云亭。”徐乾学云：“梁鸿溪并陆机亭，帆驿中间桂桨停。谷水萦回环睥睨，玉山苍翠满阶庭。”周金然云：“红泉碧树白沙汀，中有群贤解禊亭。金谷宁须苛酒数，草堂端不愧山灵。”徐秉义云：“禊日园林尚薄寒，群贤鼓枻舣江干。忍辱洛下耆英合，地作山阴曲水看。”老人笔下的马鞍山，除了美丽的自然风光外，还赋予了其浓郁的历史文化内涵。诗人们将遂园雅集与王羲之的兰亭雅集、白居易的香山九老会等并置，意在强调和凸显此次聚会的重要性，同时，他们又将陆机、顾阿瑛等昆山先贤纳入吟诵范围，展现昆山生生不息的文化发展脉络。

其次，叹韶光易逝，表忠君之心，歌太平盛世，咏国泰民安。面对日渐老去的容颜，日渐佝偻的身体，这些长寿老人，在诗歌中会表达生命老去、荣光渐衰的感伤情绪，不过，因他们大多有在朝廷为官的经历，所以，虽告老归田，仍心忧天下，其诗也表达了对朝廷和君主的忠心。如黄与坚云：“水木丛攒一草亭，漫从猿鹤叩山灵。归当晚岁头还白，交忆平生眼倍青。”字里行间洋溢着不服老的豪迈气概。徐秉义云：“小部清商新按曲，闲园雅集旧图形。归田十载侪猿鹤，招隐狂歌剧可听。”虽已是人生迟暮，却自有一份文人的超脱与狂狷。秦松龄云：“归田岁月头俱白，把酒林泉眼倍青。”年龄最小的他，当时虽身体不适，但他既直言大家的皓首，酒酣耳热之际，他又赞美众老人似年轻人般的豪情。年龄最大的钱陆灿云：“四海知名新改鬓，两朝长养旧弹冠。”既有对长江后浪推前浪的感慨，又有对国家安稳、政治清明，以及能安享晚年的喟叹。

诚如学者罗时进所言：“江南文化家族的文会，并非永远是一种纯粹娱乐化的文学沙龙。雅集，实际上是志同道合者的心灵碰撞；诗性，既有诗酒流连的风流浪漫，也有铁铸丹心的血染风采。”徐乾学在党争中失败，政治失意，离开纷繁官场，归隐田园。他曾在遂园的前身——李氏园中招邀文友赏月，赋诗云：“十载繁华悲昨梦，一时裙屐许吾徒。凄清重听伊凉曲，应讶何戡鬓发殊。”诗句悲凉，意境惨淡，充满深深的哀愁，曲折表达了其归田后的惆怅情绪，并以宴饮吟唱的方式，消解心中块垒。而此番遂园雅集，作为主人的徐乾学，精神振奋，慷慨激昂，有诗云：“胜集群公共采兰，杏花烟雨击青翰。归田发渐惊全白，望阙心还抱寸丹。佳节啸吟行屐健，晚春禊袚夹衣寒。酒酣莫漫言辞去，指数东吴此会难。”可知他虽远离京城，归田乡野，仍期望有朝一日，能得到君王的垂青。

再次，寄情山水，独抒性灵。尤侗的诗在众老人中别具一格，其诗云：“昆冈之英草堂灵，春日江南聚客星。白发花间听乐句，紫衫竹下品茶经。停云霭霭人常健，暮雨潇潇酒未醒。我向玉山追老铁，还吹短笛过维亭。”该诗借用了元代文人顾阿瑛、杨维桢玉山草堂雅集的典故，引出遂园雅集。尤侗不谈忠心报国之情，不感伤老之已至，而是全身心投入此次禊饮，在忘情与忘我之间，挥洒性灵，诗行中奔突着强烈的主观精神和个体意志。最后一句尤为豪迈，杨维桢号铁笛道人，晚年自号老铁，善吹笛，常参与顾阿瑛的玉山雅集。尤侗来到杨维桢曾活动过的马鞍山，睹物思人，既有怀古之幽情，又显襟怀之洒脱，具有儒侠之气。

不约而至的诗僧宗渭，也依韵作诗二首。诗句如：“酒香花气沾衣润，树色岚光逼座寒。不道永和风未远，争来野老隔溪看。”“胜有芳园来命驾，喜无苛礼共忘形。追陪独愧空门友，入夜笙歌亦解听。”展现了这位出家人潇洒不羁的性情，在遂园雅集上，他将佛家清规戒律搁置一边，释放自己的性灵，与文友乐在其中。

徐乾学子侄、孙辈，和门人王喆生作为陪同人员，参与和见证了遂园雅集，他们也依兰亭韵赋诗，收录于《遂园禊饮集》，其中不乏形容老人醉酒、赏戏、嬉游的精彩诗句，如王喆生诗云：“何须俯仰悲陈迹，只向空山问醉醒。”徐乾学之子徐树声诗云：“修竹名花列画屏，轩庭虚敞奏门伶。”徐开任之孙徐树庸诗云：“镇日追陪忘少长，狂歌欲问草堂灵。”徐乾学之孙徐德份诗云：“银筝小队歌还舞，鹤发嘉宾醉复醒。”徐乾学之孙徐德俶诗云：“绿腰按舞催花发，银拨调歌唤酒醒。”徐元文之孙徐德绵诗云：“相将醉起婆娑舞，仰看参旗拂酒醒。”这些晚生后辈，一边欣赏着歌舞，一边陪着醉醺醺的老者，较之老年人的曾经沧海，他们没有体验老之将至的悲凉，年轻一代的诗作大多充满逼人的朝气，洋溢着快活的气氛。这也展现了生生不息的血脉承传与文脉延续，尊老、敬老的传统孝道之美，在遂园耆年会上得到了生动体现。

除了雅丽深致的诗文，此次耆年会还产生了一幅重要的文化作品，即徐乾学请宫廷画手禹之鼎作《遂园修禊图》。禹之鼎（1647—1716），尤擅长画肖像，是名重一时的清代画家，与众多朝中权臣私交甚好，长期为徐乾学等人作画。徐乾学对其精湛画艺赞叹不已，有诗云：“广陵禹鸿胪，丹青艺称最。……群贤觞咏余，执手写肝肺。”据钱陆灿的《遂园禊饮图记》可知，禹之鼎通过细致观察老人们在聚会上的外貌、衣着、神态、举止等，揣摩与会老人的神韵绘制而成。全卷分四个场景：第一景在堂外池边，坐着周金然、黄与坚、王却非和许缵曾四位老人，他们或捻须，或伫思，或执卷，各具神态，惟妙惟肖。第二景在开满桃花的曲折小径上，有一手探棋盘中棋子的尤侗，有与尤侗对弈、欲落棋子的何棅，以及在旁边监局的诗僧宗渭。第三景在遂园池塘之桥上，徐乾学手指池水，势欲过桥，右边扶着徐乾学的是其长子徐艺初，膝前六岁左右的娃娃拉着徐乾学的衣带，往前先行者是徐乾学的曾孙。而稍远处，左边树下站着三人，为徐乾学之侄徐树声，以及徐乾学之孙徐德俶和徐德份。第四景，在迤逦长廊树石间，左边坐着如禅定的盛符升；有坐于石上，长身白皙、骨理神秀的秦松龄；有右手扪膝、左手捻指，低语不闻的徐秉义；有佝偻站立的钱陆灿；还有抱膝看塔看山的孙旸。

徐乾学原计划于当年中秋，继续召集原班人马在苏州虎丘举办耆年会。周金然在遂园禊饮即将结束的离别之际，有诗云：“秋期预定离情动，单舸鸥夷只暂停。”徐乾学将其后所作的诗歌收入《遂园禊饮集》卷二，共55首，多主宾唱和之作。他说：“是集也，先二日，秦对岩冒雨而至，余喜甚，与谈至夜，分呈长歌一篇，对岩亦有酬答。次日，绀池上人投二诗，依原韵和之。其后，诸公相见，随意赠答，以非禊日所作。”未到会的缪彤、韩慕庐等三人，也各有诗录入。这一卷中，除徐乾学的赠诗外，主人之一的盛符升也写了一系列酬谢诗，分赠给王却非、钱陆灿、尤侗、孙旸、秦松龄、何棅、周金然等人。

不久，徐乾学又收到了一批应和之作，他将其编入《遂园禊饮集》卷三，共38首。作者多为华亭、青浦、太仓、昆山、吴江、嘉定、长洲、嘉善的远近文人，如徐昂发、梁逸、吴殳、顾湄、张大受、吴祖修等。徐乾学在序言中说：“荒园兹举虽和者寥寥，而远近枉贻佳什，亦复不乏因别缉为一卷。”至此，在徐乾学的精心操持下，《遂园禊饮集》已编成三卷，无论是修禊之日的兰亭韵诗，还是之后的和诗，内容均围绕着遂园耆年会展开，玉峰遂园成为当时雅致知性的江南文化意象的集中展现。

当年七月，徐乾学去世，他没能等到虎丘中秋再聚，也未能看到晚些时日康熙召其回京的圣旨。据［光绪］《昆新两县续修合志》记载，康熙四十四年（1705）三月二十三日傍晚，康熙在昆山城外的三里桥泊舟靠岸，作诗《驻跸昆山》，有跋曰：“赋得劲节疏枝带晚风之句，赐礼部侍郎昆山徐秉义。”传旨云：“诗中第三联专为尔兄弟而发。”该诗第三联为：“落照昆山掩玉色，远分秦望系人思。”表达了康熙对昆山三徐，尤其是对徐乾学的感情。第二日上午，康熙登临马鞍山，览文笔峰，赋诗《雨中登文笔峰》，后由北山而下，过凤凰石，至遂园。徐秉义率子侄在园门接驾。康熙赏赐徐秉义书法作品和宫扇，并一一询问徐乾学和徐元文的墓地情况。老百姓得知康熙在此，争先恐后拥在遂园门外一睹圣容。

喧嚣过后，复归沉寂的遂园，不因主人们的故去而销声匿迹，也不因康熙的临幸而声名鹊起。后继的与遂园禊饮相关的诗文，源源不断，持续发酵，遂成一道绚烂的文化霞光，照亮着逐渐没落的遂园。

后来，遂园日渐荒芜，雍正年间（1723—1735）园废。乾隆元年（1736）被改为普义园，收埋无主暴露棺骸，杂草丛生、荒冢累累，诗人们用感性文笔，为后人勾勒出遂园的萧条与寂寞。如王庆勋的《昆山道中》云："遂园何处是，一抹晚烟笼。"

神秘的《遂园修禊图》

能让后人铭记遂园的，不只是那些诗文，还有禹之鼎作的《遂园修禊图》。徐乾学去世后，宗渭拿着这幅图，遍访当年参会老友，请他们在图上题诗。经过一段时间的沉淀，终在近百年之后，由两位后人将其推向文友，扩大了该图的影响。一位是江苏无锡的秦瀛，一位是安徽歙县的徐宝善。

秦瀛（1743—1821），为当年参与遂园雅集的秦松龄之玄孙，也是徐乾学的玄外孙，是秦松龄曾孙秦鸿钧与徐乾学孙徐德宗之女所生。其《遂园修禊图书后》介绍，这张图刚开始时藏于昆山徐氏，后来流落到了长洲某处，他以重金收购，重为装裱。《遂园修禊图》刻画了秦瀛的高祖和外高祖的肖像，并见证了两人之间的亲密友谊，因此秦瀛格外珍惜，经常摩挲赏玩。为呼应百年前的那场耆年会，秦瀛广请老年文友题字于图上。嘉庆五年（1800）十二月，时年78岁的书法家梁同书为《遂园禊饮图》作跋，云："得见此卷，正如追陪末座，进退揖让间，岂非一大幸耶？"嘉庆十一年（1806），时年76对岁的朱珪，就曾数次为秦瀛的这幅图题字，诗云："玉峰尚书遂园禊，百年盛世今未央。耆英十二典型宿，徐公昆弟星角亢。"嘉庆十二年（1807）五月，时年75岁的翁方纲题诗，

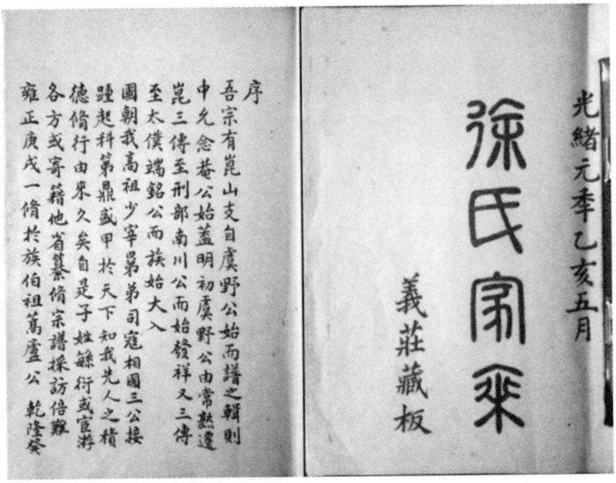
光緒元季乙亥五月

徐氏家乘

義莊藏板

序

吾宗有崑山支自虞野公始而譜之輯則中允念菴公始蓋明初虞野公由常熟遷崑三傳至刑部南川公而始發祥又三傳至太僕端銘公而族始大入
國朝我高祖少宰昆弟司寇相國三公接踵起科第鼎盛甲於天下知我先人之積德脩行由來久矣自是子姓蕃衍或宦游各方或寄籍他省纂脩宗譜採訪倍難雍正庚戌一脩於族伯祖萬盧公 乾隆癸

《徐氏家乘》书影（刘军提供）

曰：“尚书告归第五春，憺园遂园祓禊辰，徐孺之榻谁主宾，香山洛社八百旬。玉山草堂界溪滨，三百年事拈重新。仲瑛后又十二人，仲也果亭折柬申。”

遂园禊饮对秦瀛而言，因血脉传承，有着更为强烈的文化感召力，促使其产生仿效先祖的想法，不但对归田岁月有了期待，而且也想在寄畅园举办修禊雅集。

徐宝善（1790—1838），字廉峰，嘉庆戊寅举人，庚辰进士，翰林院编修，为徐乾学的五世孙（据《徐氏家谱》记载，徐宝善的血脉传承关系为：徐乾学→徐炯→徐修仁→徐虎臣→徐荣庆→徐宝善）。徐乾学仲子徐炯的曾孙徐荣庆从昆山迁往金匮，徐荣庆三子徐宝善又迁往歙县，因此后世将徐宝善视为安徽歙县人。

对于徐氏家族曾有的荣光，尤其是遂园修禊，徐宝善倍感自豪，他很珍视家族的那次文化创举，写有多首诗来称颂遂园耆年会。

有意思的是，徐宝善也有一幅《遂园禊饮图》，或称为《玉峰遂园耆年禊饮图》。他如秦瀛一般，也遍请文友为该图题诗、题字。如龚自珍作诗《跋禹之鼎遂园修禊图》，云：“昆山翰林召词客，酒如绿波灯如雪。八人忽共游康熙，二十二贤照颜色。”

徐宝善后来将此图交予儿子徐志导、徐志恭收藏，他们也请文人作诗，如叶名沣作诗《题遂园耆年禊饮图并序》，云：“江左风流地，尚书亭馆新。玉峰最高处，禊饮送余春。雅会今谁继，山阴迹共陈。章门风雨夕，展卷感前因。”

徐宝善用心保存《遂园修禊图》，并代代相传，期望子孙后代能妥善保存，传承其文化精髓。他还仿效先祖以图记事，请同乡黄钺为其绘《徐廉峰太史忆壶园图》，也邀请文友题诗其上，如叶名沣有诗曰："主人有子复有孙，昆山旧德众所尊。风流文采映千古，遂园觞咏余清芬。"这些题诗的作者，指出了徐宝善之壶园与其先祖徐乾学之遂园之间的精神传承。

秦瀛和徐宝善都有《遂园修禊图》，到底哪一幅图是禹之鼎的真迹呢？晚清一代名相祁寯藻在给徐宝善所藏的图上题字，云："今此图有记无诗，廉峰言当时秦对岩先生家有副本，今归苏州某氏，或即壹斋（黄钺）所见与？"方濬颐也有记录："圣秋（徐宝善之孙）曰别有一卷在京师，前人题咏殆满，惜乎予未见之也。此卷惟湘灵先生一记，及黄勤敏公二诗，图则为禹鸿胪所图……据勤敏云，朱文正公所题之图与此大同小异，亦禹鸿胪笔。此卷气韵较胜，断为初本，信可宝也。"如此看来，徐宝善保存的这幅图只有钱陆灿的记，而无其他人的题诗，在京师的另一卷禊饮图，写满了前人题咏诗句，这与诗僧宗渭在徐乾学去世后，请所有与会老人题诗其上相吻合。据徐乾学六世孙徐征麟在咸丰元年

今日遂园外景（刘军提供）

（1851）七月的回忆：“《遂园禊饮图》题咏一卷，本藏传是楼，不知何时遗佚。锡山秦小岘表丈得之于苏郡某氏，重为装裱，并载，同时诸钜公题志及侍郎公自为书后。”因此，可推断秦瀛那幅《遂园禊饮图》当为初稿，徐宝善这一卷或为副本。

后来，秦瀛所藏禊饮图流落民间。徐征麟指出，道光辛丑（1841），有人将秦瀛所藏的这幅图带到昆山，高价出售，徐征麟无力收购，深感愧疚，云：“既不能获珍藏于昔，又不能购置于今，为子孙者，能无愧乎？爰备录其记跋及诗编为一本卷，命儿子经畬谨书成帙，以志旧迹，是卷人物翰墨，极本朝一时之盛，定当永传不朽，异日合浦珠还，仍为吾族宝而藏之，则录可取以相证。”

如今，《遂园修禊图》已不知所踪，大量与之相关的文化信息，淹没在浩瀚的时间长河里，静静沉淀。1983年，昆山县人民政府拨款重建遂园，由同济大学园林建筑专家陈从周、吕典雅精心设计，在曾经的荒芜之地上，恢复遂园古迹，建造新的景点。遂园逐渐成为马鞍山北的核心景点之一，其典雅娟秀的江南园林特质，常引得游客流连忘返。

话说玉山古村落

郑涌泉

玉山镇有着两千余年的历史，历来是昆山县（市）政治经济文化的中心。玉山镇物华天宝，人文荟萃，底蕴深厚。辖区范围内有着很多古村落，每个古村落都有自己的历史风采和人文故事，代代相传，绵延不息。限于时间和篇幅，这里只能自北向南有选择地来说说杜桥村、萧林村、盆渎村、小横塘村和姜巷村五个古村落。中华人民共和国成立以后，特别是改革开放以来，昆山经济建设突飞猛进，城市化进程也在高速进行，市区不断扩大延伸，上述五个古村落如今只有杜桥和姜巷还算是农村，其余三个村早已经成为新市区的一个组成部分了。

杜桥村：龚半千大名满金陵

玉山镇城北地区有一个村，名叫“渡桥”。早先这个村庄虽然有点规模，人口也比较多，曾称过“镇”，但周边却有河无桥，村口设有一个比较大的摆渡口，千百年来村民们必须依靠渡船才能跟外面的世界联系，以“渡”代“桥”，所以就叫作“渡桥村”。中华人民共和国成立后，政府在这里修建了一座真正的桥，出去进来的人再也不用摆渡了，但村名要不要改呢？大多数人认为既然叫惯了，方圆几十里都晓得“渡桥村”，改了就不方便了，想来想去最后就利用谐音改名为“杜桥村”（见《江苏省昆山县地名录》相关记载）。

龚贤画像（郑涌泉提供）

杜桥村跟昆山一位非常著名的历史人物有关联，这个人名叫龚贤，是明代大画家。杜桥村的村口原先有一处很大的家族墓地，老百姓称之为“龚家坟”。清光绪《昆新两县续修合志》明确记载：“龚贤墓在北大虞（老百姓叫‘大渔’）渡桥村西口。”1937年出版的《昆山景物志略》记载：龚贤“卒后归葬邑西北之渡桥镇”。龚姓乃是昆山大族，但后来家道中落。龚贤的祖父在明朝官至长史，父亲名元美，也在明朝做过官。他生了几个儿子，龚贤是长子。龚贤就出生在城北渡桥村，死后遗骸又回归了故里，埋于祖坟之中。

龚贤（1618—1689），字半千、半亩，号野遗，又号柴丈人、钟山野老、半亩居人、半庵、蓬蒿人、半山野老、客隐、东海隐士、镜遗等，明末清初著名诗人、画家和书法家，“金陵八大家”之首，其余七人是樊圻、高岑、邹喆、吴宏、叶欣、胡慥、谢荪。龚贤幼年时随家迁居南京，10岁前母亲就去世了。明崇祯四年（1631），明后期画坛领袖董其昌回到南京，当了一个南京礼部尚书的闲职。龚家和董家是世交，当时年仅13岁的龚贤就拜董其昌为师，开始了自己的绘画生涯。他的画以山水画为主，且远宗董源、近宗沈周，又能自辟蹊径；善用墨，层层渲染，浓郁苍润。他的书法则师承米芾，自成一体。

龚贤21岁左右在秦淮河畔参加了复社的活动，其时正值明崇祯末年，复社成员在这里结社赋诗，讲学论艺，挽救民族的危机，龚贤以正直不阿的人品以及在诗、书、画等各方面的成就在南京士大夫中显露头角。南京被清朝军队占领后，龚贤离开南京，到泰州海安镇担任徐逸家的私塾教师五年，又在泰州、扬州等地住了好多年。龚贤50岁以后回到南京，面对着国破家亡的凄凉情景，他悲愤地写下了《登眺伤心处》一诗：“登眺伤心处，台城与石城。雄关迷虎踞，破寺入鸡鸣。一夕金笳引，天边秋草生。橐驼为何物，驱入汉家营。”后来他隐居于清凉山，生活清苦，与人落落难合。他于屋前半亩空地上筑园栽植，将其命名为“半亩园”。康熙二十八年（1689），龚贤病卒于南京半亩园，年约七十岁。在龚贤去世前，有一个颇有权势的豪横向龚贤强索书画，龚贤本来贫病交加，再逢精神磨难，致使卧床不起，不久便含恨长逝。死后因家庭贫困不能具棺落葬，丧事全靠好友孔尚任料理，并帮其抚养遗子。孔尚任是龚贤的至交。晚年病中的龚贤曾向孔尚任叙说了官场上许多令人痛恨的事，孔尚任后来创作的名剧《桃花扇》，其中许多内容就是龚贤在南京的亲身经历。龚贤过世后，孔尚任曾作悼念诗《哭龚半千》曰：“尺素忽相投，自言罹大病。缘有索书人，数来肆其横。问我御暴方，我有奚权柄？哀哉末俗人，见贤不知敬！郁郁听其亡，谁辨邪与正？”

龚贤除了精于画、善于书、工于诗之外，他毕生还有一个嗜好，就是对产于南京六合一带的雨花石情有独钟。用他自己的话来说：人之

龚贤作品（郑涌泉提供）

所以跟别的动物或者草木不同，那是因为有“性情”。有性情就会有嗜好。一个人没有任何嗜好，只晓得吃喝，那跟牛马羊有什么区别？无非是穿上衣服的动物而已。他还这样称赞雨花石，说这种石头“其体不盈握，温润如玉，兼人间之至色，蕴万物之神采，实为天赐之物也！遂得君子之爱”。龚贤以画家特有的审美目光和审美情趣，以石为范，判天地之美，析万物之理，承情操之雅，修君子之德，堪称“石痴”。据史料记载，在明代，雨花石收藏出现第一次高潮，士大夫文人阶层倡东坡遗风，以“官定旧陶，一盎清泉”，浸养雨花石作案头清供，以此为乐，于是藏石之风日盛。专工山水画的龚贤秉承明代文人爱石、藏石、赏石的传统，较之前人有过之而无不及。正如他的画作所取得的令人叹为观止的造诣那样，龚贤跻身于雨花石一流品石、藏石家的行列且独领风骚于一时。其好石之深、爱石之切从其诗文中可见一斑：“相逢顽石亦当拜，顽石无心胜巧人。作客十年魄胆落，归来约与石为邻。”

据当代雨花石收藏大家、万石斋主人张轮远（1909—1986）先生所撰《万石斋灵岩·大理石谱》记载：“半亩园主人（龚贤）藏石，有神工、佩玉、鱼头、僧帽、神龟五石，均系上品。”

孔尚任深知龚贤素爱雨花石，在龚贤去世后就将其藏石全都置于棺木之中，那些极品雨花石终于与龚贤一道回归了自然。

龚贤代表作有《深山飞瀑图》、《急峡风帆图》、《木叶丹黄图》、《重山烟树图》、《溪山人家图》、《云林西园图》等，遗著有《香草堂集》、《画诀》、《柴丈人画稿》、《龚半千课徒画稿》等，这是我们昆山先人创造的宝贵的精神财富。

萧林村：顾鼎臣偶遇陆素贞

玉山镇城北地区有条东西向萧林路，是改革开放以后新拓建的

顾鼎臣石刻像（郑涌泉提供）

一条通衢大道，繁华热闹，商业气息十分浓厚。

萧林路因其中段区域之内曾经有过一个自然村落——萧林村而得名。这个小小的自然村落又因为跟昆山第五位状元明代的顾鼎臣有关，在老昆山人心中留下了深刻的印象。

顾鼎臣官至礼部尚书、文渊阁大学士、武英殿大学士、太子少保兼太子太傅等职务，地位非常之高，是弘治、正德、嘉靖三朝元老。相传他曾经“代皇三月”，这也给他蒙上了一层神秘的面纱。

话说顾鼎臣退休后，有一天带了随从，从城内县后街寓所兴致勃勃出发到城北乡去踏青春游，时间稍长，嘴巴有点干了，就到萧林村上一户农家讨口茶喝。这家主人名叫林子文，他的妻子名叫陆素贞，年轻漂亮、仪态端庄。当下不但献上香茗，还留顾鼎臣主仆二人吃了中饭，虽然只有几个蔬菜，但陆素贞自小聪慧，把菠菜说成“红嘴绿鹦哥”，把黄豆芽说成“金镶玉如意”，顾鼎臣吃得很开心。闲聊时，顾鼎臣横看竖看觉得陆素贞长得跟自己死去的女儿简直就像是一个模子里倒出来的，当下道明身份，将她收为义女。

且说城北当地有一个兵部尚书的儿子名叫毛君瑞，是个不务正业的浪荡公子，一贯横行乡里，无法无天。见陆素贞长得美貌动人，屡屡调戏勾引都被陆素贞严词拒绝，就想了个办法诬告她的老公林子文杀了人，买通官府将他抓进牢里屈打成招。陆素贞没有办法。就跑到城里去向干爹顾鼎臣求助。顾鼎臣亲自写了状子进京向皇帝鸣冤叫屈。顾鼎臣是三朝元老，皇上也不敢怠慢。虽然皇帝也认为这个案子证据不足，但无奈核准死刑的公文已发下去了，怎好翻案？考虑再三，在顾

邱维俊著作书影(郑涌泉提供)

鼎臣的状子上批了“情有可原，法无可恕”八个大字发还给顾鼎臣。顾鼎臣看后气坏了，他突然眉头一皱、计上心来，赶紧连夜赶回昆山，正赶上林子文临刑处斩，顾鼎臣直接去了刑场，宣读圣旨，救下了林子文。顾鼎臣是如何救下林子文的呢？原来他把“情有可原，法无可恕”这八个字倒过来念了，成为“法无可恕，情有可原”了，皇帝的原意被改变了，于是林子文被免了死罪，从轻发落了，后来终于夫妻团圆。这个故事情节跌宕起伏，扣人心弦，后来被改编成剧本，名叫《双玉玦》，越剧、锡剧、评弹等戏曲曲艺都接受了这个剧本，在江浙一带演出广受老百姓欢迎，经久不衰。已故昆山作家、民间文学家邱维俊先生根据这个传说著作了一部长篇小说《林子文、陆素贞和顾大麻子》，可读性很强。

盆渎村：陈圆圆妙联考才子

早先昆山城里有七十多座老桥，其中三座是酒坊桥、通河桥（又名通和桥）和无不利桥，均为石板、石梁平桥。酒坊桥在原武宁坊（俗名酒店弄）东口，即今昆山宾馆对面人民路西侧前进菜场东入口处一带，旧名致和桥，又名梦感桥。通河桥在今集街上横跨东市河（后街河），无不利桥原在今中山路与前浜交界处西市支河上。除通河桥经过改建外，其余两座老桥因河道早已填平而不复存在。

这三座老桥用昆山话来说并不起眼，但因为与绝代名妓陈圆圆有关联，所以在昆山百姓口中代代相传，不泯不灭。

且说昆山城区人民路正阳桥南昆山商厦北侧，鹿苑市场内由东往西有条道路名叫“盆渎村”，如今是“旧货一条街”，经营旧家电、旧家具的商户鳞次栉比。旁边还有个盆渎村小区，居民很多。这儿原名“盆渎里”，别看如今处于城区中心繁华地带，中华人民共和国成立初期还是城郊农村，村里荒坟累累。老昆山人至今还是把它叫作“坟大村”而并不叫它“盆渎村”，因为村里确实有两座巨大的坟墓。这两座大坟是有来历的，据明［嘉靖］《昆山县志》记载，明代两位进士叶盛和郑文康的墓葬均在此处，所以很难说是老百姓没文化读走了音，将“盆渎”念成“坟大”（昆山话“大”念作“度”，与“渎”字谐音），还是“有司”（有关部门）嫌“坟大”不好听、不吉利，加上此处地势正好有点低洼，就有意利用谐音将其改名为“盆渎”，这还真有点说不大清楚。

叶盛是明正统十年（1445）进士，著名藏书家。他的藏书楼名为“菉竹堂”，原址大致位于今市一院一带。他的子孙在这地方造了一个园子叫“春玉圃”，后改名“茧园”，再后来弟兄们分家，卖掉了一半，遂改名“半茧园”。

郑文康是明正统十三年（1448）进士，授官观政大理寺，他在攻研儒学的同时又继承世传女科医术，是昆山郑氏妇科的先人，苏州沧浪亭五百名贤祠中镌刻有他的画像。

陈圆圆画像（郑涌泉提供）

盆渎村里有一个美丽的传说。明朝末年，这里诞生了一位绝代佳人陈圆圆。当年因遭天灾，陈圆圆的父母从常州武进奔牛来昆投奔家住盆渎村的姐姐，陈圆圆的父亲在奔牛就是走街串巷做小生意的，人们都叫他“陈货郎”。到昆山来还是做老本行，在村口开了爿小店谋生，后来生下了陈圆圆。据说陈圆圆出生这天，村口池塘里一棵早已枯萎的荷梗上突然开出一朵鲜艳夺目的并蒂莲花。人们奔走相告，视为异兆。未久，陈圆圆父母先后病故，姑母将其收养，教她针线女红。陈圆圆天生聪明绝顶，很快成了一个有名气的女裁缝，以此自食其力。昆山知县慕其名，请她到府中为女眷量体裁衣，深得知县夫人欢心，此后便长留在县府里陪伴知县小姐读书认字、描龙绣凤，她不但将唐诗宋词烂熟于心，昆曲也唱得很好。

一年春天，在京城里担任翰林院编修的吴伟业假满，从家乡太仓返京，路过昆山，知县设宴饯行，特命陈圆圆唱曲助兴，这时的陈圆圆已是个十六岁的大姑娘了，出落得眉清目秀、光彩照人。吴伟业本是风流才子，善诗词，亦十分喜爱昆曲。他一下子为圆圆的声色所吸引，知县察颜辨色，遂将陈圆圆进赠。但陈圆圆怎肯心甘情愿嫁给一个年龄比自己大一倍的男子为妾？然而若是当场拒绝，又生怕拂逆了知县之恩，便心生一计，说要回家跟姑父、姑母道个别，回来后对吴伟业说："我姑父知道你是位饱读诗书的才子，他出了个上联想请你对下联，若能对出，就同意我随你进京，若对不出，请你高抬贵手，放我回到他们身边。"其实这个上联不是姑父出的，而是圆圆自己的作品，吴伟业便叫圆圆读出上联："酒坊通河无不利。"说的是昆山城里的三座桥——酒坊桥、通河桥、无不利桥。联意是：酒坊通河，用水排水方便，自然十分有利。要吴伟业的下联也是昆山三个地名并有相同联意。吴伟业一时竟对不上来，陈圆圆嫣然一笑，就此拜别。事隔多年，吴伟业为了写《圆圆曲》，于清顺治六年（1649）又到昆山盆渎村一带访问村民搜集陈圆圆早年情况，因此熟悉了昆山城里许多街巷弄堂，突然心有所悟，终于对出下联："果老管家东太平。"即昆山城里的三条弄堂：果老弄、管家弄和东太平弄。请神仙张果老来管家，东家当然太平无事了。陈圆圆已经香消玉殒数百年，而这副暗藏昆山老城桥名、弄名的对联一直流传至今，成为美谈。

陈圆圆出家画像（郑涌泉提供）

陈圆圆的最后归宿也很让昆山人牵挂。陈圆圆后来流落风尘，成为苏州名妓，被称为“江南八艳”之一，《清史演义》称其“蕙心兰质，淡秀天然；声甲天下之声，色甲天下之色”。后来崇祯皇帝一位爱妃的父亲田畹重金买下了她，再后来被将领吴三桂纳为妾，两人非常恩爱。李自成攻破北京后，部下刘宗敏抢走了陈圆圆，驻守在三海关的吴三桂“冲冠一怒为红颜”，就打开城门引清军入关，一路打到北京赶走李自成，夺回了心爱的女人。后来陈圆圆跟随吴三桂入山西，渡黄河，入潼关，攻西安，定云南，一路东征西战，转战南北，没过上几天安稳日子。再后来，吴三桂在云南起兵反清，陈圆圆在战火中魂归西天。

关于陈圆圆的最后归宿，史学界争论不休，向来有以下几种说法：第一种说法是陈圆圆最后“入为官婢”。清军平定吴三桂叛乱后，“诸姬红粉皆官婢”。此时的陈圆圆已经年老色衰，不太可能去做“官婢”了，这种说法似乎不大可信。第二种说法是“城破老死”。据《庭闻录》载：“城破，圆圆老死。”但当时的政治环境、生存环境让圆圆自然老死于城中似乎并不现实。第三种说法是“城陷自缢”。《平吴录》载：“旧妻张氏前死，陈沅（即陈圆圆）及伪后郭氏俱自缢。一云陈沅不食而死。”这种说法曾占主流，别的资料讲得也不少。第四种说法是“出家为尼”。《吴逆始末记》载：“当吴逆将叛，圆圆以齿暮乞为女道士，于弘觉寺玉林大师坐下剃度，法名寂静。”一代红颜从此豪华落尽，归于寂寞，清代苏芳田曾画过一幅陈圆圆出家为尼的画像。第五种说法是“为尼病死”。就是陈圆圆早先就已经出家，在吴三桂战死前她就已经病死了。认同这种说法的人很多。因为关于陈圆圆归宿的各种版本较多,她的墓葬在哪里说法也就多了,有说葬在苏州,有说葬在上海,有说葬在昆明或别的地方,扑朔迷离。

由北京大学明清研究中心主任徐凯、中国社科院吴三桂历史资深研究专家滕绍箴、中国社科院清代云贵土司资深研究专家李世愉、中国人民大学清史研究所教授王政尧以及吉林省社科院历史研究所研究员李治亭5人组成的专家组曾专程到贵州省岑巩县考察,基本认定陈圆圆最后魂归马家寨。这个马家寨里有1000余人,全都姓吴,自称是吴三桂的后代。在那个特定的历史时代,为免遭杀戮,一直严守秘密。陈圆圆应该是位大智大美者,隐名埋姓,不仅保住了自己,也保住了吴三桂的血脉传承。

昆山市政协文史委组织赴贵州学习考察时也专门去了岑巩县水尾镇马家寨考察。我们一行探望了从昆山走出去的一代佳人陈圆圆的墓地及其史迹陈列馆。我们看到,陈圆圆的墓碑上镌刻着"吴门聂氏"字样,这又是怎么回事呢?原来,陈圆圆父亲姓邢,幼时父母双亡,由姑父陈某养育成人,遂改姓陈。"邢"与"陈"都有"耳朵旁","聂"字由"双"与"耳"(即"阝")构成,是繁体"聶"的简化字。但当时并无简化字,《康熙字典》里也查无此字,显然是为隐蔽起见特意造出来的这个"聂"字。贵州自古就有生造汉字的传统,比如舞阳河的"舞"字就加了"三点水"旁,这样的例子很多,人们习以为常,不足为奇。

小横塘村:传教士首建天主堂

城区南部,高铁南站以北,柏庐公园以西曾有过一个小横塘村,此村原属城南公社车站大队,现位于玉山镇枫景苑街道辖区,此处有一座历史悠久的"小横塘天主堂"。

天主教大约是在明万历年间(1573—1619)后期传入昆山。清代顺治末年（1660年前后），西方传教士在城南小横塘村和蓬阆乡西谷泾村各建起了一座天主教堂，这是昆山最早的天主教堂。至今已有了300多年历史。清雍正二年（1724），朝廷查禁天主教，之后的百余年间在华天主教基本处于销声匿迹的状态。鸦片战争以后，外国传教士又纷纷来华传教。清同治三年（1864），新建菉葭浜（今陆家镇）天主堂。清宣统三年（1911），重建城南小横塘天主堂，命名为“圣母圣心堂”，由菉葭浜本堂管辖，信徒绝大多数是渔民。民国二十四年（1935），小横塘成立本堂区，与菉葭天主堂分开。民国三十四年（1945），小横塘本堂所属小堂口有城内柴王弄、乡区巴城、石牌、腰楼、清水港以及太仓白荡、河川桥、双凤、车塘等处，这一带多为岸上信徒，渔民教友则遍布本县各渔村乃至青浦、常熟、吴县、太仓等地。这年的圣诞节教徒进教堂举行宗教仪式，城南小横塘来渔船600多条，河道为之堵塞，盛况可见一斑。1949年，天主教建立了苏州教区，小横塘由本堂上升为“总本堂”，辖昆山、太仓、吴县三县教务。当时全县教徒约6000余人。1950年，西谷泾教堂成立了国际性的所谓“圣母军”，1953年小横塘又成立了“公教青年会”，此后出现了一些不该出现的事件。据1958年的统计，全县有天主教神职人员13人，教徒4719人，其中渔民教徒807户3668人。由于实行“公社化”，此后只保留了菉葭浜天主堂一处，其余教堂均被占作他用，教会活动受到限制。“文革”期间，教会活动完全停止。

小横塘天主堂（郑涌泉提供）

党的十一届三中全会以后，昆山天主教内发生的冤假错案得到平反，教会和聚会点陆续重建，正常的宗教活动得到保障。1987年12月2日，昆山天主教爱国会举行第一次代表会议，宣告昆山天主教爱国会成立。当前，经批准开放的天主堂有陆家天主堂、玉山小横塘天主堂以及兵希、周市、周庄、石牌等乡镇天主堂。

姜巷村：朱元璋品尝白玉汤

昆山城西南郊有一个风光秀丽、一尘不染、江南水乡原生态面貌保存得十分完好、宁静得就像世外桃源的自然村落，这就是玉山镇姜巷村。

姜巷，顾名思义应该是姜氏家族的聚居地，历史上这个村子里姓姜的人占了绝大多数。据村里人代代相传，他们这个“姜”姓乃是“野姜”，用现在的话来说并非“正宗”的“姜”姓。此说有何含义？又有什么依据？其中又隐含了多少秘密和故事？可惜谁都说不上来，成为千古之谜，然而，这恰恰也反证了姜巷村历史之悠久。跟其他带有“姜”字的地方或景区不同的是，姜巷村没有任何关于姜太公的故事和传说。

姜巷村有一个跟大多数江南水乡自然村落迥然相异之处，那就是并不算大的村子里竟棋盘般分布着十八条整齐洁净的巷子，巷巷相通，你到村里的每一个角落转悠，绝不可能走回头路。重要的是，这些巷子并不是后来规划的，这是历史的原貌，只不过现在地面上铺设的不

朱元璋画像（郑涌泉提供）

是原先的青砖而已。

姜巷村的历史相当悠久，至少在元代，这个村子就已经存在了，应该有了六七百年了吧。村里的一位老干部告诉我，这儿流传着一个古老的传说。明朝开国皇帝朱元璋曾携带一位姜姓爱妃路过这里，临时安排住在一位私塾先生的家里，这在村子里算是条件比较好的了。晚饭时朱元璋突发奇想，说是想吃一道“珍珠翡翠白玉汤”。私塾先生的夫人虽说也能识文断字，可压根儿就没听说过这道菜，遑论用什么原材料了。服侍皇上，可不比随便哪一个亲戚朋友呀。到底是先生肚子里的“墨水”多，不慌不忙地关照老婆只管下厨，说：“我来帮你好了。”夫人忐忑不安地跟丈夫到了厨房，不一会儿，一碗热气腾腾的“珍珠翡翠白玉汤”就端上了朱皇帝的餐桌。朱元璋吃得津津有味，连连叫好，说从来就没品尝过这等美味佳肴。这所谓“珍珠翡翠白玉汤”究竟是怎么一回事？原来这是极其普通的一道农家菜汤，当然不会有这么文雅的名字。原来，这“珍珠”就是鲢鱼的眼珠子，“翡翠”就是菠菜和辣椒，鲜红碧绿。先生读过《说文》，书里边这样写道：“翡，赤羽雀也。出郁林，从‘羽’，‘非’声。雄赤曰‘翡’，雌青曰‘翠’。”所以行内把红色的玉叫作“翡”，绿色的玉叫作“翠”，汤里边红的辣椒、绿的菠菜分别代表“翡”和“翠”。至于“白玉”嘛，那就是豆腐啦。朱元璋本来就是个要饭的出身，小时候还当过和尚，做了皇帝以后山珍海味吃多了，现在喝到了这道“珍珠翡翠白玉汤”，勾起了他遥远的记忆，他当然要赞不绝口了。这个故事其实有很多版本，姜巷村的这个版本据说最可靠，因为那位朱皇帝的爱妃得了急病就在这里香消玉殒，为了纪念她，这个村就叫作姜巷。这么说来，这乃是朱元璋的伤心之地了，让人唏嘘不已。

据老辈人说，姜巷村的中心原来有一座规模并不很大的庵堂，叫作“慈云庵”，每逢农历初一、十五，附近的信众们都会来烧香朝拜。庵前有一棵高耸入云的古银杏，不知年代。可惜寺院和银杏都已经追随佛祖回归西天极乐世界而消失得无影无踪，原址如今是一座两层楼的民居。

昆山亭林园楹联欣赏

鲁德俊

昆山，地处江东，山明水秀、经济富饶、人文荟萃，有着丰厚的历史文化积淀。自古以来，这方热土，不仅孕育了以顾炎武、归有光、朱柏庐为代表的著名学者，以顾坚、魏良辅、梁辰鱼为代表的昆曲源流，以周庄、千灯、锦溪为代表的水乡美景，以巴城阳澄湖大闸蟹为特色的美食文化，而且产生了遍布城乡楼台殿阁、回廊亭柱、牌坊寺观的楹联艺术。

楹联为中华民族所特有的一种文学艺术形式，它很好地体现了汉语四声平仄相反相成的对称美，它又同建筑、装饰、书法、雕刻等艺术密切结合起来，具有很强的综合欣赏价值，为人们所喜闻乐见。昆山的楹联更富有江南水乡的特色，这是其他地方不能替代的。人们在欣赏水乡美景的同时，众多的楹联也定能令人大饱眼福，得到十分高雅的愉悦，但也不可能尽收眼底。由于篇幅所限，这里介绍的仅为亭林园的部分楹联，其他只好留待来日了。

亭林园牌坊楹联

正面对联：归奇顾怪峰高文笔毓千秀　玉润石灵山名马鞍传万方

横批：玉出昆冈

这副对联为冯英子撰、周慧珺书，1993年刻。冯英子（1915—2009）是著名记者、杂文家，江苏昆山人。曾任上海《文汇报》总编

刻有正面对联的牌坊（鲁德俊提供）

辑，《新民晚报》副总编辑，上海辞书出版社编审。周慧珺（1939— ），浙江镇海人。曾任上海书法家协会主席、上海市文联副主席。

归奇顾怪：指的是明末清初昆山的两位特立独行的奇人——诗人归庄和思想家顾炎武。《同治苏州府志》载：归庄“一生最善顾炎武，以博雅独行相推许，而俱不谐于俗。里中有归奇顾怪之目”。清代江藩《汉学师承记·顾炎武》：“读书一目十行，性耿介，绝不与人交，独与晨庄归庄善，同游复社，相传有归奇顾怪之目。”归庄和顾炎武的诗文多描写明朝国破家亡的惨痛，抒发故国之情，以及抗清斗争的愤激，气势雄浑，笔力酣畅，直抒胸臆，不事雕琢。他们两个人都才气不凡，而且耿介绝俗，明亡后不肯仕清，故世人有“归奇顾怪”的说法。

归庄为人狂放，性好奇，除与邑人顾炎武志同道合、相交莫逆之外，从不礼下于人，一时被视为狂生。归庄行事莫测，常作穷途哭归的怪异举动，为人所侧目。书法亦精于狂草，时人以为超群绝伦。后遭母丧，继而长子外出不知所终。连遭不幸，遂至癫狂，每日纵酒狂歌，长篇短咏，挥洒淋漓，往来湖山间，晚年益奇。

说起顾炎武的“怪”，一是长得怪，据说顾炎武双目白多黑少，斜视，有点怪异。二是行事怪，他力大，习武，在与同乡叶家（叶方蔼）发生冲突时，他曾倒提叶家豪奴掷水中，叫人骇然。即使晚岁，行事怪异如故，其外甥徐乾学在京夜宴顾炎武，遭顾炎武大骂，以为夜宴有失正大光明，可发一噱。三是性格怪，从不轻许人，年轻时除了同乡归庄，再无交游。

峰：指玉峰，即马鞍山。文笔：指马鞍山顶之文笔峰，为纪念昆山

刻有反面对联的牌坊（鲁德俊提供）

历史上第一位状元南宋卫泾而立的一块石笔。毓：同“育”。

玉润石灵：昆山的马鞍山盛产昆石，昆石晶莹如玉，乃山石之精灵，故称玉润石灵。其与灵璧石、太湖石、英石同被誉为“中国四大名石”。

玉出昆冈：系集宋代书法家米芾的字而成。语出“千字文”，昆冈原指昆仑山，昆仑山盛产美玉。这里是指昆山产的昆石。又因西晋文学家陆机、陆云兄弟都是吴郡娄县人，时人以“玉出昆冈”赞誉之。

这副对联的大意是：

昆山历史上有被称为“归奇顾怪”的著名文人归庄和顾炎武，玉峰高处的文笔峰孕育了千年的秀丽山水；昆石晶莹如玉，玲珑剔透，为马鞍山所盛产，全国闻名。

反面对联：亭亭秀秀此间洞幽桃源阁胜翠微　林林总总是处莲开并蒂华结琼瑶

横批：一峰独秀

此联刻于亭林园前牌坊背面，亦为冯英子撰、张森书，1993年刻。张森，1942年生，江苏泰县人。上海市书法家协会副主席，上海中国画院画师。作品有《张森隶书滕王阁序》、《张森书法艺术》、《张森隶书岳阳楼记》。上下联字首嵌“亭”、“林”二字，以示“亭林”之园名。

亭亭秀秀：亭亭，是高高耸立的样子；秀秀，是美好秀丽的样子。

桃源：东晋陶渊明《桃花源记》虚构的与世隔绝的乐土，言其地人人丰衣足食，怡然自乐，不知世间有祸乱忧患。后因称这种理想境界为世外桃源。昆山马鞍山前中麓有一山洞，即以“桃源”命名。明代昆山知县杨子器曾作《记》说：“洞以太湖石积垒而成，向南立石，若窗棂通明。内为石室，圆若瓮牖，幽邃可栖禅衲，自上历石级而下，迂曲历洞腹，从西出，延袤数十丈，俗相传称桃源洞。”于是有了关于桃源洞的一些传说。桃源洞之上建有翠微阁。翠微，原是形容青葱的山色。翠微阁就建在一片青翠的山间。

林林总总：纷纭众多的样子。莲：指并蒂莲。华：通“花”，指琼花。琼瑶：美玉，此比喻琼花。“一峰独秀”，系吴进修所书。

这副对联的大意是：

马鞍山高高耸立，周围一片秀丽景色，这里山洞幽深像桃花源，翠微阁更胜过青葱的山色；亭林园景点众多，美不胜收，到处盛开着并蒂莲，琼花胜似美玉。

亭林园大门楹联

江南园林甲天下　二分春色在玉峰

刻有此联的亭林园大门（鲁德俊提供）

此联1984年由陈从周撰并书。陈从周（1918—2000），园林、建筑专家。浙江省杭州市人。1942年毕业于之江大学文学系中国语文学科。1948年，在上海首开个人画展。1949年，发表处女作《徐志摩年谱》，成为当今研究徐志摩和中国现代文学史的宝贵资料。中华人民共和国成立后任同济大学建筑系教授，积极从事保护、发掘古建筑工作。他出版了第一本研究苏州园林的专著，总结了中国园林的理论。晚年参加多处园林设计实践，直接参与指导了上海、浙江以及其他地方诸多古园的维修和设计工作。

这副对联的大意是：江南的园林在全国是最好的；昆山玉峰的景色可以占得二分。

顾炎武纪念馆楹联

困学昔惟王伯厚　日知近有顾亭林

此联题于亭林园内顾炎武纪念馆堂柱，系王懿荣诗句撰联，1990年刻。

困学：即指《困学纪闻》，宋王应麟撰，二十卷。多为札记考证文字，内容有说经、天道、历数、地理、诸子、考史、诗文评、杂识等。王应麟于宋末以博学见称，著作甚多，此书尤著名。王应麟（1223—1296），字伯厚，宋庆元人。淳祐元年（1241）进士，官至礼部尚书。他博学多识，著有《深宁集》、《通鉴地理通释》、《困学纪闻》、《玉海》等二十三种。宋史有传。这里以王伯厚比顾亭林。

清顾炎武著有《日知录》，三十二卷，为作者读书心得，随时札记，故以“日知”为名。内容涉及经义、政事、史地、艺文、兵事、天象、术数等方面。顾炎武积三十年之力成此书，自称平

刻有此联的顾炎武纪念馆展厅立柱（鲁德俊提供）

生之志与业尽在此中。

刻有此联的顾炎武纪念馆内东侧壁(鲁德俊提供)

这副对联的大意是：过去只有宋代王伯厚的《困学纪闻》博学多识；近代则有清初顾亭林的《日知录》博大精深。

顾炎武楹联：鹤从珠树舞　凤向玉阶飞

此联为顾炎武书。

珠树：神话传说中有结珠的树。玉阶：白玉砌成的台阶。

这副对联的大意是：仙鹤在珠树间飞舞；凤凰向着玉阶飞翔。

此联悬挂于顾炎武纪念馆东南部长廊东墙(鲁德俊提供)

苍龙日暮还行雨　老树春深更着花

此联为顾炎武诗句，语出《又酬傅处士次韵》之二。

苍龙：老龙。行雨：宋玉《高唐赋》有“旦为行云，暮为行雨”。龙有兴云致雨之功。着：附着。这里是指在树枝上再生花的意思。

这副对联的大意是：壮心不已的老龙在日落天黑的时候，仍要布云洒雨；生命长青的老树在春色将尽的时候，还要花开满枝。

林迹亭楹联

有情碧嶂团栾绕　得意孤亭缥渺间

刻有此联的林迹亭后柱（鲁德俊提供）

亭子原是道光十四年（1834）春天，两江总督陶澍来昆山视察水利时出资兴建的，选建在马鞍山东峰的半山腰，可以左顾右盼，鸟瞰整个昆山城，初名“奥如旷如之亭”。（可惜亭中的匾额和亭外的石碑上一直误刻为“粤如旷如之亭”）“奥如旷如”一语本源于唐代散文家柳宗元的《永州龙兴寺东丘记》，原文是：“游之适，大率有二：旷如也，奥如也，如斯而已。”意思是说，适宜游览的地方，大致上分两类，或者开阔通畅，或者幽秘深邃，如此而已。昆山这个“奥如旷如”的亭名，是道光十四年四月二十五日（1834年6月2日），陶澍来昆山视察水利时留题的。

不久苏南发生特大水灾，新上任的江苏巡抚林则徐决定疏浚娄江。他还带头捐献银子一千两。竣工后，林则徐亲自前来验收。他坐船所过之处，两岸百姓设放香案，夹道欢迎。林则徐于六月二十六日（8月1日）来到昆山，受到昆山、新阳两县吏民的欢迎。他登临马鞍山，参观了新建的亭子，获悉此亭为他的老师陶澍所建，于是欣然命笔，手书一联：“有情碧嶂团栾绕，得意孤亭缥缈间。”并落款：“道光甲午夏日，偶过昆山，来登此亭，因集石湖、放翁诗语题之。”

上联为宋代范成大《次韵平江韩子师侍郎见寄》诗句。昆山是范成大的故乡，青少年时代曾在城东荐严寺读书（今集街）。下联为宋代陆游《巴东令廨白云亭》诗句。陆游与寄寓昆山的词人刘过折节交往，曾来昆山游览并留有诗篇。范成大、陆游都是南宋的爱国诗人，为林则徐所仰慕，他集二人的诗为亭联，颇有深意。后林则徐受命赴广东禁烟，写下了中国近代史上光辉的篇章，那是后话了。林则徐的这副对联是集句联。

嶂：似屏障的山峰。团栾：圆貌。缥渺：应为缥缈，高远隐约的样子。

这副对联的大意是：马鞍山像一道屏障，情意深长地环绕着亭子；孤亭一座似乎很得意地立在云雾缥缈之间。

高山景仰怀蜺节　杰构岧峣控鹿城

后来亭子倾塌。咸丰元年（1851），昆山名绅吴再锡独力出资重建“奥如旷如之亭”。亭柱改为花岗石，林则徐的题联仍被刻在亭子的后柱上。前面的两根柱子上，刻上了吴再锡自己撰写的一副对联：“高山景仰怀蜺节；杰构岧峣控鹿城。”也有落款：“道光甲午夏，制府长沙陶文毅公来游玉山，创建是亭，以观全城形势，工未坚致，不久倾圮。今筹集重构，易柱以石，庶垂永久。匾额楹联，悉任其旧，附镌一联，以申向往云。咸丰元年岁次辛亥四月。”

高山景仰，语出《诗经·小雅·车辖》：“高山仰止，景行行止。”后人以高山比喻有高尚道德的人受到人们的景仰。

蜺节：似虹的彩色旗帜。蜺，即霓虹。指玉皇大帝的仪仗。杰构：高大的建构，这里指林迹亭。岧峣：高耸的样子。鹿城：即昆山。昆山在周朝时称娄邑，属吴国。吴王曾在这里豢鹿狩猎，故又名鹿城。

这副对联的大意是：怀着高山景仰的敬意，把林则徐当作一面旗帜；这座宏伟的亭子矗立在半山腰，俯瞰着整个昆山城。

刻有此联的林迹亭前柱（鲁德俊提供）

“文化大革命”中，林则徐和吴再锡刻写的两副对联因被好心人用泥浆涂抹而得以躲过浩劫，保存了下来，但是“吴再锡”的名字却不知什么时候被什么人凿去了，只留下两方印章在那里，难以辨识，做过一件大好事的吴再锡几乎被人忘记了。

改革开放以后，20世纪80年代重修亭子时，为突出林则徐，改名为“林迹亭”。

有人著文建议，清道光年间（1821—1850），陶澍和林则徐两人，既是很好的师生关系，又是密切的上下级和同僚的关系，最后又同在南京为官，相交甚厚，政绩卓著，受到后人的景仰和称赞。后来左宗棠任两江总督时，为表达敬慕之心，建“二公祠”于今南京长江东街四号，作为省级文物保护单位，一直予以保存。后来由于城市建设的需要，整体搬迁至总统府东苑。江苏的其他地方，也建有几座“二公亭”。因此，亭林园里的这座亭子，还不如改回原来的“奥如旷如之亭”或者“二公亭”更为恰当，毕竟当初陶澍是专意造亭的，林则徐是为老师建的亭子题联的。这座亭子能在重建之后完好地保存到现在，历经150多年的风雨而犹存，还是后人（包括吴再锡）对两位道光名臣的崇敬与感激所致。

玉樨双亭楹联

刻有此联的玉樨双亭（鲁德俊提供）

流风入座飘歌扇　冷露无声湿桂华

玉樨双亭在马鞍山东麓起点东侧，亭柱有集唐诗联，上联为（唐）李邕《奉和初春幸太平公主南庄应制》诗句；下联为（唐）王建《十五夜望月》诗句。

此联为陆家衡1989年

书。陆家衡，1947年生，江苏昆山人。现为国家一级美术师、中国书法家协会会员、苏州市书法家协会副主席、昆山市文学艺术界联合会副主席、昆仑堂美术馆馆长。主要作品有《陆家衡书法作品集》、《陆家衡画集》等。

桂华：即桂花，“华”通“花”。这副对联的大意是：风吹入亭中的座位，吹动了歌女的扇子；冷露悄然无声地打湿了亭畔的桂花。

野鹤亭楹联

山有神仙骨　林多草木香

野鹤亭在马鞍山东峰，有一仙鹤屹立其顶，凌空欲飞，故名。野鹤亭，原名野鹤轩，明代散文家归有光曾与诸友会于此轩，并撰《野鹤轩壁记》。此联为1936年春，潘鸣凤录毕沅诗句，王一方书于野鹤亭柱。

潘鸣凤，为民国时期昆山县教育局局长，其题跋曰：“东山多佳石，自石门、石衖而上，沿途奇石矗立，别有仙骨，爰录灵岩山人句以状其林麓之幽胜。”

王一方，乃当时昆山县的督学。毕沅（1730—1797），清江苏镇洋（今太仓）人，字纕蘅，一字秋帆，自号灵岩山人。乾隆进士，官至湖广总督。通经史及小学、金石、地理。也能诗文，有《灵岩山人文集》、《灵岩山人诗集》。

这副对联的大意是：马鞍山有神仙的骨气；林中多的是草木的香气。

刻有此联的野鹤亭（鲁德俊提供）

一览亭楹联

刻有此联的一览亭西柱（鲁德俊提供）

五岳寻仙不辞远　一生好入名山游

一览亭在马鞍山上妙峰塔西。此联为沙曼翁书唐代李白《庐山谣寄卢侍御虚舟》诗句，1992年刻于亭西柱上。

五岳：东岳泰山、西岳华山、南岳衡山、北岳恒山、中岳嵩山。

这副对联的大意是：为了寻访隐居在五岳山上的仙人，从来不辞路途的遥远；我一生最喜欢到各地名山大川去游览。

刻有此联的一览亭东柱（鲁德俊提供）

江流天地外　山色有无中

此联为沙曼翁书唐代王维《汉江临泛》诗句，1992年刻于亭东柱上。

这副对联的大意是：江流望不到尽头，故曰天地外；山色若隐若现，故曰有无中。

汉寿亭侯庙楹联

悠悠乾坤共老　昭昭日月争光

汉寿亭侯庙原在马鞍山上，祀关羽。汉献帝建安五年（200），袁绍遣颜良攻曹操，关羽作为曹操的先锋，策马刺颜良于万众之中，斩其首还，遂解白马之围。曹操便奏请献帝，进封关羽为汉寿亭侯。事见《三国志》。

悠悠：长久，永久。乾坤：《周易》中的两个卦名，指阴阳两种对立势力。阳性的势力叫作乾，乾之象为天；阴性的势力叫作坤，坤之象为地。引申为天地、世界等的代称。昭昭：明亮的样子。

这副对联的大意是：关羽将与天地长存，永远不朽；其精神将与日月一样，永放光明。

华藏寺楹联

大肚鼓圆能容天下难耐事　满腔欢喜迎接世间有缘人

此联悬挂于华藏寺天下殿，为苏州寒山寺性空撰书。华藏寺原位于马鞍山顶，现移建于马鞍山前。寺内的弥勒佛是佛教大乘菩萨，著名的未来佛。弥勒，梵语Maitreya音译，意译“慈氏”。《弥勒下生经》说他将从兜率天下凡，在龙华树下继承释迦牟尼而成佛。中国寺庙里供奉的弥勒佛塑像，袒胸露肚，圆脸长耳，笑口常开。这个形象来源于五代时的布袋和尚，传说他是弥勒的化身。

弥勒佛像（鲁德俊提供）

这副对联的大意是：弥勒佛的大肚鼓得圆圆的，能容得下天下不能忍受的事；他满腔欢喜，笑口常开，迎接世间一切有缘分的人。

慧聚寺遗石刻字（鲁德俊提供）

梁慧聚寺遗石。慧聚寺为梁代名刹，梁张僧繇绘龙于四柱，唐杨惠之塑天王像，宋王安石等有题咏碑刻，后毁，现仅存此石（鲁德俊提供）

刻有此联的新建慧聚寺牌坊（鲁德俊提供）

慧聚寺楹联

慧聚寺，始建于南朝梁代天监十年（511）。相传沙门慧嚮法师从吴兴来到马鞍山，先住在山上的石室中。他想建一座寺庙，未成。忽有神仙显现，他就向神仙求助。当天夜里，风雨大作，乒乒乓乓，声音很大，传到数里之外。到天亮，大殿的地基已经打好，都用大块的石头砌成，长有一十七丈，高有一丈二尺。此事传到朝廷，经梁武帝恩准，敕建慧聚寺。寺原位于昆山马鞍山南，规模相当可观，为“南朝四百八十寺”之一。寺建成后，梁武帝特命著名画师张僧繇为正殿四壁画像，为殿柱画龙。历史上该寺香火旺盛，信徒颇众，享誉江南，是一座人文历史悠久、艺术文化灿烂的千年名刹。后该寺多次遭受雷火和兵劫，以致焚毁。

2005年，由台商企业捐助，在城东洞庭湖路西侧异地重建慧聚寺，成为集慈善文化、宗教寺庙、社区福利等功能于一体的处所，是华东地区唯一具有“闽台”风格、颇具特色的寺庙建筑群。新建慧聚寺牌坊上的对联：

福德如空无有尽　佛境甚深难可思

福德：福分和德行。空：佛教用语。佛教认为世界一切皆“空”，所以佛教又叫“空门”，如遁入空门。

这副对联的大意是：福分和德行没有尽头，都仰赖于佛教的万事皆“空”；佛教的境界非常深奥，凡人是难以思量的。

昆曲博物馆楹联

风流顾曲情如绪　寥廓横空鉴若华

昆曲博物馆位于亭林园内。1993年，昆山市政府出资建造昆曲博物馆，占地面积约2500平方米，由上海同济大学专家精心设计。它以昆曲水磨腔为构思，把溪水引入馆内，运用传统的古建筑园艺，以戏台、观演

刻有此联的昆曲博物馆舞台（鲁德俊提供）

楼为主体建筑，轩、阁、楼、台、回廊，古色古香，绿树粉墙，交相辉映。2005年，昆山市人民政府对馆舍和内部进行了全面修葺，部分改建和内部重新布馆，总投资达400多万元。馆内设昆曲展厅七个，馆藏昆曲资料等，内容丰富。

此联刻于大戏台前两柱，为清冒襄所书，1992年镌刻。冒襄（1611—1693），明末清初如皋（今属江苏）人，字辟疆，号巢民。明副贡生。能诗，有才名。与方以智、陈贞慧、侯方域并称“四公子”。入清不仕。康熙中拒应博学鸿词科。著有《先世前徽录》、《六十年师友诗文同人集》、《朴巢诗文集》、《水绘园诗文集》等。

风流：指昆曲飘逸美妙。顾曲：欣赏音乐戏曲。寥廓：空阔远大。鉴：镜子。华：通“花”。

这副对联的大意是：欣赏昆曲的潇洒美妙，感情婉转细腻；演出的境界无限辽阔，如镜中的花朵，十分美妙。

朗月照人如鉴临水　时雨润物自叶流根

此联刻于观戏楼前柱，为林则徐所书，1992年镌刻。林则徐

刻有此联的昆曲博物馆观戏楼（鲁德俊提供）

刻有此联的观戏楼(鲁德俊提供)

(1785—1850):清福建侯官(今福州)人,字元抚,一字少穆。嘉庆进士。曾与龚自珍、魏源等倡经世之学。道光十二年(1832),江苏巡抚任内,疏陈连年钱漕之累,坚请缓征,并修白茆、浏河等水利。道光十八年(1838)湖广总督任内,严禁吸食鸦片,卓有成效。旋受命钦差大臣赴广东禁烟。次年五月在虎门海滩当众销烟数万斤。同时整顿海防,组织团练水勇,屡败英军武装挑衅。所作辑为《林则徐集》、《云左山房文钞》,《云左山房诗钞》等。

这副对联的大意是:昆曲如明朗的月亮,照着人倒映在水中;又如及时雨,滋润着万物从叶子流到根部。

蔼乎若春风中坐　皎然在玉山上行

此联刻于观戏楼前柱,为陈元龙所书,1992年镌刻。陈元龙(1652—1736),清浙江海宁人,字广陵。康熙进士,授编修。迁吏部侍郎,出为广西巡抚,又入为工部尚书。累官至文渊阁大学士兼礼部尚书。工书法,为康熙帝所赏识。著有《爱日堂文集》。

蔼:温和。皎然:光明洁白貌。玉山:仙山,传说为西王母所居。

这副对联的大意是：听昆曲如坐在温和的春风之中；又好像行走在明亮皎洁的仙山上。

俞振飞楹联

玉峰歌舞地　昆曲万年传

此联为俞振飞八十八岁撰书。现砌于遂园碑廊。俞振飞，昆曲艺术大师，工小生。江苏松江（今属上海）人，生于苏州。出身于昆曲世家，自成“俞派”。他自幼从父俞粟庐习曲，能唱昆曲戏200余折。1941年应聘赴沪，后定居上海。曾与梅兰芳、程砚秋、张君秋、梅葆玖等诸多名家同台合作。著有《振飞曲谱》、《俞振飞艺术论集》等行世。俞振飞曾任上海市戏曲学校校长、上海昆剧团团长。俞振飞演小生，尤以扮演巾生，表现儒雅清新的风格最为突出，极富书卷气。他擅长演出的剧目有《牡丹亭》、《长生殿》、《玉簪记》、《荆钗记》、《太白醉酒》、《墙头马上》、《千忠戮》等。1993年在上海逝世，享年92岁。

俞振飞与梅兰芳演出《游园惊梦》（鲁德俊提供）

这副对联的大意是：玉峰山下的昆山是载歌载舞的地方；从这里起源的昆曲将会流传千年万年。

张元和对联

国音剧艺振兴六十载　家学俞腔飞播万年春

此联悬挂于昆曲博物馆东侧，乃张元和为纪念俞振飞演剧生活六十周年而作。上下联第五字镶嵌了俞振飞的名字“振飞”二字。

合肥张家是大户，民国初年，张武龄移居上海，几年后又定居苏州，所以又称“苏州张家”。四个女儿张元和、张允和、张兆和、张充和，分别嫁给了四位名人：昆曲名小生顾传玠、语言学家周有光、小说家沈从文和美籍德裔汉学家傅汉思。

张家四姐妹均工诗词，擅书法，会丹青，尤长昆曲，通音律，能度曲。大姐张元和因爱昆曲，当时昆曲著名小生顾传玠演到哪里，她追到哪里，曾追到昆山看顾传玠演出，最终这位大户小姐顶着社会压力下嫁戏子。不过当时顾传玠已在实业家严惠宇资助下告别舞台进大学读书了。张元和一生对昆曲一往情深，晚年还复出票戏，演出昆曲。

“家学俞腔”指俞振飞的父亲俞粟庐为昆曲名家，有“江南曲圣”之誉，并有《粟庐曲谱》传世。俞振飞继承父亲的家学，成长为一代昆曲泰斗。

这副对联的大意是：俞振飞为中国传统昆曲艺术的振兴奋斗了

张家四姐妹留影（鲁德俊提供）

六十年；他继承家学，发展了昆曲俞派唱腔，远播海外万年不衰。

昆石馆楹联

三山五岳产奇石昆岗韫玉　百洞千壑藏良璧鹿苑精灵

此联为王金春撰书，2005年刻于昆石馆门前。王金春，1962年5月生于江苏昆山。现为中国书法家协会会员、昆山市书法家协会副主席。

昆石：产于江苏昆山，晶莹如玉，玲珑剔透，与灵璧石、太湖石、英石同被誉为“中国四大名石”。三山：古代神话中的三座神山，一曰方壶（方丈）；二曰蓬壶（蓬莱）；三曰瀛壶（瀛洲）。五岳：东岳泰山、西岳华山、南岳衡山、北岳恒山、中岳嵩山。昆岗：指昆山的马鞍山。韫：藏。壑：山谷。璧：玉石。鹿苑：养鹿的园林。昆山在周朝时称娄邑，属吴国。吴王曾在这里豢鹿狩猎，故称鹿苑，又名鹿城。精灵：神物。

这副对联的大意是：许多山都产奇石，唯独昆山的马鞍山产昆石；马鞍山的许多山洞、山谷里都蕴藏着神奇的昆石。

刻有此联的昆石馆展厅正门（鲁德俊提供）

昆石精品(鲁德俊提供)

马鞍一拳　毓灵挺秀

此为玄烨所题，悬挂于昆石馆内上方，作为横批。玄烨(1654—1722)，即爱新觉罗·玄烨，清康熙皇帝。康熙四十四年(1705)旧历三月二十三日傍晚，玄烨御舟停泊在昆山县城西面的三里桥南拥翠庵河边。次日登上马鞍山之文笔峰。然后从山阴而下。

马鞍：指昆山的马鞍山。毓：同"育"，孕育，产生。灵：指珍奇的灵物昆石。挺秀：秀异特出，不同于一般。

这两句意谓：昆山的马鞍山虽然小如一个拳头；但它却孕育出珍奇的灵物——昆石，异常挺秀。

漫话昆山城隍庙

景　军

城隍本是指城墙和护城河的总称，后来逐渐演化为中国民间和道教信奉的守护城池之神。城隍神的奉祀较早，大概始于六朝时期，宋代城隍信仰被纳入国家祀典，明代以后达于极盛，崇奉遍于天下。江南地区是城隍信仰的发源地，有“吴俗畏鬼，每州县必有城隍神”之说，遇到水旱疫疾，老百姓都会赴庙祈祷。

昆山城隍庙始建于宋元时期，明朝初年迁到马鞍山脚下，规模不断扩大，香火日益鼎盛。清顺治年间（1644—1661），城隍庙遭遇火灾，几乎焚烧殆尽，康熙初年重建如旧。雍正四年（1726），昆山新阳同城分治，在昆山城里又出现了新阳城隍庙。与此同时，在市场经济日益发达的昆山乡下诸市镇上，也建造了各行城隍庙，作为昆山城隍

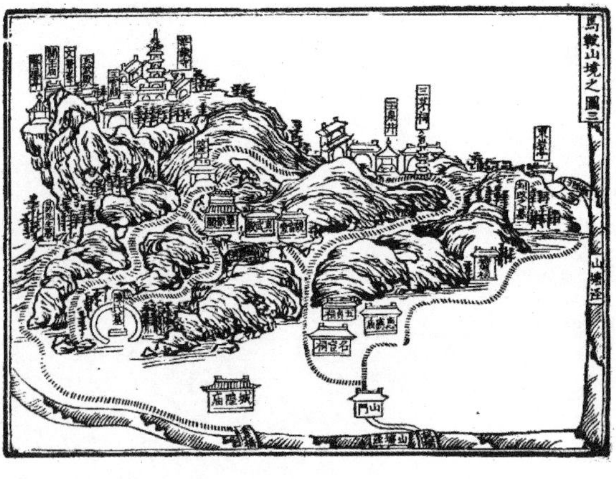

位于马鞍山脚下的城隍庙（景军提供）

庙的行宫。在官方的大力支持和民众的顶礼膜拜下，明清两代数百年间，城隍庙在昆山的地位显赫无比，成为昆山民间信仰的核心载体。

城隍庙的历史演变

昆山城隍庙最早位于县治以南百米的平桥之北，大概就是现在前进路与人民路交叉的地方，始建年代有宋代、元朝两种说法。不过，可以肯定的是，迟至明朝之前，昆山城隍庙仅仅是昆山城里的众多寺庙庵观之一，地位并不如之后那么突出。明朝洪武二年（1369），明太祖朱元璋传下圣旨，封全国县级的城隍为监察司民城隍显佑侯，第二年六月又改神号为某地城隍之神。

洪武三年（1370），昆山知县呼文瞻到任，他发现原城隍庙格局狭小，乏人管理，庙堂颓败不堪，加之位于百姓聚居区域，香火缭绕会影响到市民正常生活，主持将其移建于马鞍山南古慧聚寺鬼运基遗址。此后昆山城隍庙屡经兴建，规制日益庞大。宣德九年（1434），知县任豫扩建。景泰三年（1452），知县吴昭兴建两庑，并在堂中塑城隍像。正德四年（1509），知县邓文璧重修前庙后寝，在仪门内建亭凿井，又在庙门外香花桥南建造显应坊。嘉靖九年（1530），道士苏景祥在仪门内建儆石亭，次年，知县任廷贵大加修治。万历九年（1581），知县刘应龙再修。万历二十五年（1597），知县聂云翰重建庙寝，嗣后，历任知县杨州鹤、王时

建于城隍庙原址的昆曲博物馆（景军提供）

熙、祝耀祖相继修葺。天启元年（1621），知县苏寅宾重修，正逢离任，未竣工，道士胡古集资历数年而完工。

清朝定鼎中原之后，在与城隍信仰相关领域延续了明朝的做法。不幸的是，在顺治十四年（1657）冬天，昆山城隍庙遭遇了一次灭顶之灾，有人说是香客在焚香祈祷的过程中粗心大意而失火，在灭火的过程中又操作失误以致酿成大祸，无情的火焰将整个庙堂焚毁殆尽。关于这次火灾发生的原因，还有一种说法，当年顺治皇帝下令在全国范围内鼓励垦荒，并且以此作为地方官吏考核的重要指标，昆山县令接到命令后，率领百姓在马鞍山下放火烧荒，引燃了庙旁树木，城隍庙遭遇了池鱼之殃，损失惨重，庙堂化为灰烬。可以确定的是，灾难发生后，昆山官绅各方都将巨大的热情投入到城隍庙的重建工作中。从康熙元年（1662）开始，昆山绅民捐助财物，道士募集资金，历任官员组织工匠，历经十二载时光，新的城隍庙终于在康熙十二年（1673）落成。时任昆山知县董正位怀着无比激动的心情写下了《昆山县重建城隍庙记》，他本人也是这项工程的主要推动者。新建的城隍庙基本恢复了之前的格局，颇为遗憾的是，收藏在庙中的历代名人手书和碑刻如今则再也无法看到了。

雍正四年（1726），昆山县西北置新阳县，两县同城分治。按照当时的规定，每个县署都要有对应的城隍庙，经过昆新两县官绅各方协商，暂将昆山城隍庙宾馆改作新阳城隍庙，之后渐次增置后寝。但城邑人士都觉得新阳城隍庙空间太过逼仄，到乾隆十五年（1750），新阳县在兴仁坊罗汉桥西置地建庙，遂将新阳城隍庙移到该处。于是，昆山出现一座城两城隍庙的格局。

城隍庙的规制和结构

到太平军攻入昆山焚毁城隍庙之前，昆山城隍庙的规模达到极

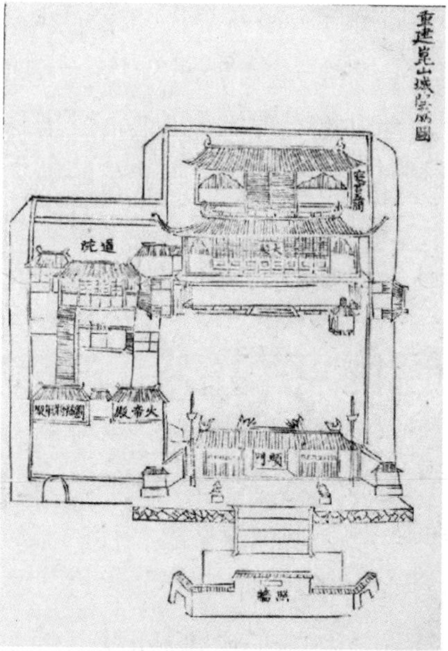

[光绪]《昆新两县续修合志》中的昆山城隍庙图(景军提供)

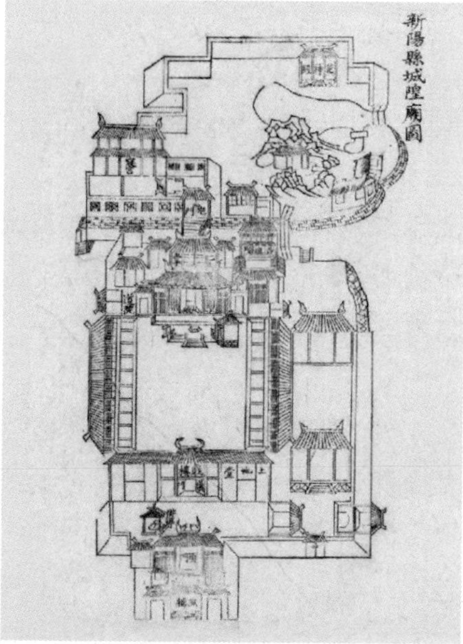

[光绪]《昆新两县续修合志》中的新阳城隍庙图(景军提供)

盛，其东到山塘泾，南跨山塘泾山前支河，北抵马鞍山山麓。城隍庙坐北朝南，背山面水，跨山塘泾支河，附属部分还有宾馆、园林、花神庙和火神殿，它们与城隍庙主体部分均属昆山城隍庙所有，规模庞大，规制宏伟。

城隍庙最南为照墙，左右为东西两辕门，照墙向北为显应坊，又北为山塘泾支河。跨河有桥旧名慧聚寺香花桥，建庙后俗称庙桥，道光年间重修，改题显应桥。桥之北即是城隍庙的主体建筑群，南向正门三间，门外东西鼓亭两座，旗杆两座，石狮子两尊，再向北为仪门，系重屋三间，门右为须白二将军土地祠，门左为老郎乐师二神祠。仪门内是剧台，初建于明中叶，咸丰初年道士赵中一重修扩建，又在露台四周砌了石栏，成为一座剧场，每逢节日庆典即可在上面演出各式剧目，百姓围绕剧台观看，十分热闹。剧台东西为两条甬道，甬道东西分别是题额“丰盈”

的神库、悬挂着一面镜子的照胆亭、一支旗杆和一座井亭。

过剧台往北拾级而上就是城隍庙的正殿，共有五间，高丈余，四重檐，门窗墙檐均作朱红色，陛中的暖阁里供奉着城隍神像，幔帐悬空，下城隍面目若隐若现，营造出一种威严肃穆的氛围。神像前的供桌上陈列着香案炉瓶，东西两列是城隍侍从神像，东西间房梁上悬挂四艘神船，舳舻楫桨俱全。殿前廊东悬钟，廊西设鼓，规制庄严，拜谒者之敬意油然而生。

正殿东西两廊共十八间房屋，东边门楣大书“石竹山房”四字，即是东院，西边是被称为“玉泉仙馆”的西院。正殿后为穿堂，穿堂左右是内班房，有城隍神的诸班吏役塑像，造型模仿县署班房的陈设。穿堂后为二堂，共有七间，东边两间为神寝，西边两间是收藏仪仗法器的外库，中部三间是便殿，被当作供城隍神休憩的场所。

宾馆门在仪门左首，门口向西，进门是一个庭院，庭院正中五峰太湖石并列池中，相传中峰一石乃是昆山首位状元卫泾西园中旧物。池上有桥，与宾馆正厅相连，正厅名听事堂，堂东又有书厅三间，如有宾客到访，则在书厅招待。书厅后有后堂三间，俗称后宾馆，其东为宾馆厨房三间，凡有客人饮宴于此，庖厨在此供应饮食。

城隍庙后靠近马鞍山的是一片典型的江南园林，有两条路径与庙相通。从大殿西南角门进入园中，即是沈德潜所题“别开曲径堪娱客”处，有南向房屋三间，雕梁画栋，幽静闲适，是昆山文人最喜爱的聚会场所。从穿堂进入则是修竹廊园，廊外芭蕉滴翠、怪石嶙峋，坐雨追风，颇有幽趣。长廊尽头为云根舫，有小楼可登临两旁栏槛，宛如在水中央。舫的尽头有两轩临池，池水潺潺，湖石层叠，宛如洲渚，春秋时节，落英缤纷，鱼鳖踊跃，是园中最美的景致。稍向东处为四美亭，隔墙有药槛，遍植芍药花，时游人毕集，也有携带酒肴管弦而至者，觥筹交错，吟诗作赋，吹拉弹唱，享尽一时之欢。北边尽头有桂树几株，正对着马鞍山。向西是巨石垒筑的假山，相传是梁代慧向禅师埋骨之处。

再向西的围墙内即城隍庙历代住持的坟茔所在，道教习称的藏蜕处。

花神庙在后园之东，与后园一墙之隔，乾隆年间（1736—1795）在原慧聚寺铜像观音殿地基上建造。庙为重屋阁楼，结石为基，中间为庙，四面周廊环以栏楯，榱桷俨然。庙里的花神像为当时名手塑造，形象俊俏，神采风流，不幸随时间变迁和历代工匠的随意修补，其俏丽容颜已经不能再睹。阁前有卷柏一株，偃卧如虬。另有太湖石峰五座，原是顾氏乐彼园中的旧物，后入遂园，遂园废弃，乃归于花神庙。最东一块石头上刻有顾鼎臣之父顾恂所写七言绝句一首："紫芝瑶草白云边，便是人间小洞天。一曲道情春画永，相逢俱是地行仙。"出花神庙门，即是马鞍山的上山路径，游客要到城隍庙后园，也可以从花神庙走，由后园东南角门进入。

火神庙早先在城隍庙东南隅的玉楼仙馆中，嘉庆年间（1796—1820）庙里失火，按照风水先生的说法，将火神像移到了西院玉泉仙馆中供奉。道光年间（1821—1850），城隍庙住持赵中一填埋玉泉池之半，建庙三间供奉火帝像，又见庙中空间狭窄，于是在殿前建轩，让香客们有个躲风避雨的场所。轩前为门，门南为玉泉池，池之南为前照墙，后来又在周边建了围墙，使火神庙成为城隍庙中一个相对独立的空间。

城隍庙的师徒传承

黄信和是昆山城隍庙公认的开山鼻祖，他是建文帝老师黄子澄的孙子。据说黄子澄在靖难之役中罹遭死难后，子孙散走四方，其中一支流落到太湖一带，受到当时苏州太守况钟的庇护，遂在江南开枝散叶。黄信和少年家贫不能读书就学，在昆山清真观做道士。正如许多史料记载，明代之前，昆山城隍庙早有守庙道士，在黄信和之前的那位名叫俞奇。明朝宣德年间（1426—1435），署理昆山县令到城隍庙拜谒，竟

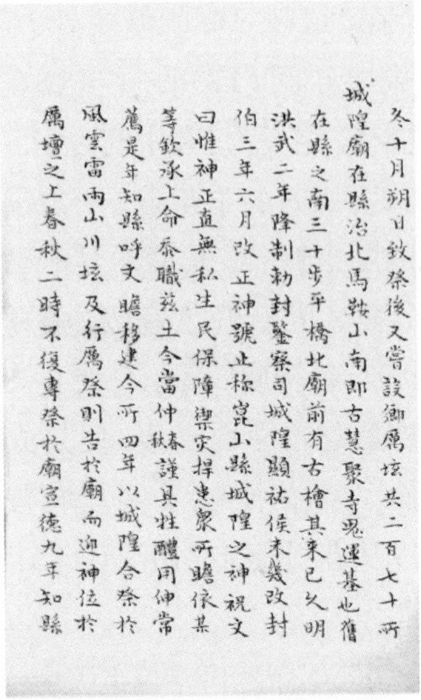
冬十月朔日致祭後又嘗設御厲壇共二百七十所
城隍廟在縣治北馬鞍山南即古慧聚寺遷基也舊
在縣之南三十步平橋北廟前有古檜其來已久明
洪武二年降制勅封鑒察司城隍顯祐侯未幾改封
伯三年六月改正神號止稱崑山縣城隍之神祝文
曰惟神正直無私生民保障禦災捍患衆所瞻依某
等欽承上命忝職玆土今當仲春秋謹具牲醴用伸常
薦是年知縣呼文瞻移建今所四年以城隍合祭於
風雲雷雨山川壇及行厲祭則告於廟而迎神位於
厲壇之上春秋二時不復專祭於廟宣德九年知縣

《康熙昆山县志稿》中关于城隍庙的记载(景军提供)

然远远听到庙里妇女喧哗声，盛怒之下驱逐了俞奇。在随后县令召开的昆山名士里老会议中，黄信和在时任清真观住持杨季深的强烈推荐下，挤掉众人推举的年少道士陆巘，成功当选为昆山城隍庙住持。黄信和履任后，遴选门徒，朝夕焚修，洒扫庭院，严明规矩；又联合徒众击败了失职的俞奇在南京官府的挑拨离间，消除了在江南道观庙宇中的不良影响，使昆山城隍庙开派立宗，发扬光大。因而，黄信和获得了昆山官民的支持和一方道众的拥戴。

黄信和去世时高寿八十五岁，昆山城隍庙已经传到了第四代，他在遗言中要求徒众在庙如在家，要长幼尊卑有序，世世相继，不要滋生欺凌争夺之事，“如不尊训，与众共斥”。谁料开山公一语成谶，昆山城隍庙传到第五世，就出现了“分家”的状况。第四世住持道士顾济玄以敢于决断著称，他有两名徒弟，一个叫苏景祥，另一个叫李应元，这两个人据说关系很好，情如手足，每次遇到事情都互相推让，顾济玄看在眼里，厉声训斥道：“谚语说：‘父子上山，各自努力。’以你们现在的所作所为，如果遇到灾难饥馑，门户大事谁来承担？”于是，命令苏景祥自南房迁到西院，李应元居住在东院，昆山城隍庙自此分为东、西两院。苏景祥号玉泉，初到西院，荒凉不可居住，带领弟子开辟草莱，构建精舍，期年落成，翰林王同祖题院额为“玉泉仙馆”。李应元号石竹，主持东院，王同祖因其号题为“石竹山房”。再传到第八世，道士管松又从东院分出一支，以管松的号题为“玉楼仙馆”，是为东南房。昆山城隍庙至此形成三足鼎立的派系分支，平日三支各自修习，互不相扰，遇有大事则同气连枝，相互协助。总体来说，三支轮值，共同管理着昆山城隍庙。

需要注意的是，从开山公黄信和来自于清真观之后，昆山城隍庙与清真观就形成了紧密的关系，有多位住持出自清真观。东院石竹山房自李应元再传十一世至张万元，云游四方，八九年不返，东院颓废不堪。昆山羽林推举清真观仙人殿道士王元焘任石竹山房住持，他任内兢兢业业，被后世尊为昆山城隍庙中兴第一代。王元焘有弟子赵中一，字建庵，昆山金潼里杨家巷人，父亲早逝，母亲寡居，兄弟三人，他为长子，恰逢奇荒，为了寡母幼弟能够活命，他选择加入清真观，成为道士。王元焘去世后，赵中一便继承了师傅衣钵，担任石竹山房住持，他募集资金，大兴土木，如冲虚阁、火神庙、祖堂及经寮等均次第得以整理兴复。道光末年，他受邀兼理清真观，十数年间，观中古迹如飞虹桥、放生池、竹洲馆都重建一新。后来，他又受昆山道众所托，总管昆山新阳两邑城隍庙。赵中一为人敦厚，踏实能干，就任期间，上午在新阳城隍庙公干，下午到昆山城隍庙理事，两地奔走，寒暑不辍。赵中一可能是历史上唯一主管昆新两庙外加清真观的昆山城隍庙的住持。

昆山城隍庙并不是孤立存在的，它是江南道教庙观网的节点之一。通过史料，我们可以看到昆山城隍庙和苏州城隍庙、玄妙观，甚至远在江西的龙虎山上清宫——道教总长张天师驻跸地都有着很密切的联系，这些庙观之间道士的流动相当频繁。一方面，在经营城隍庙的过程中，昆山的精英道士们源源不断地定期输送年轻机敏的道士到苏州或者龙虎山上清宫听差学习，数年后，这些人可能学成归来掌管庙事，也有部分道士会被输送到全国各地道观任职，甚至有人进入宫廷当差。如明朝末年，道士胡古曾经遍访江南一带庙观数年，学习五雷鞭龙术和摩利支天法等道教法术，后来成了昆山城隍庙玉泉仙馆掌门人。康熙末年，出自昆山城隍庙玉泉仙馆的道士刘通北游京师进入皇室，以精参元理受到后来成为雍正帝的皇四子胤禛器重，胤禛亲笔书写“仙阶芝秀”四字赐给他。数年后，他回到昆山城隍庙，作为得道高人，受到来自江南各地信众的崇拜。另一方面，龙虎山上清宫或者其他著名庙观的修真道士也会到昆山城隍庙。这些道士中有一部分是受邀前来弘法，更多的则是自己云游到此，他们或者暂住数日，或者选择长居于此。其中比较著名的有来自龙虎山上清宫的于应谷和张南阳，他们的原籍分别是江西和苏州，都曾在龙虎山上清宫学习过，受上清宫指派到全国各地广宣教化，传授祈雨禳星的法术，后来常居于昆山城隍庙。不管是“走出去”还是“引进来”，这些在城隍庙和其他道教系统中流动的道士，都在一定程度上密切了庙观之间的联系，很好地起到了一种道教网络黏合剂的作用。

城隍庙道士的交际圈

城隍庙是道教在地方的教团组织中心，也是道士和地方其他社会成员互动的中心，这其中最显著的是地方官和地方精英，如昆山历任县令和文人群体。明初，明太祖大封天下城隍神爵位，分为王、公、侯、伯四等，岁时祭祀。明太祖此举之意是“以鉴察民之善恶而祸福之，俾幽明举不得幸免”。事实上，明清时期，城隍由护卫神演变为阴界的监察机构，受世俗社会的意识形态影响，道教系统随之也将城隍神的职司变为剪除凶逆和领治亡魂等，城隍庙成为一个与地方官府相互协助又相互制约的信仰载体。

官方的宣教中，利用民众对于城隍神的信仰，在老百姓中宣扬官府管阳间、城隍管阴司以及世俗官员管理白昼、城隍神管理夜晚的观念。这样，在一个城市里，官府与城隍庙之间形成了一种模糊的二元分权结构。从宋代开始，凡府、州、县衙署，于大堂之前正中俱立一石碑，南向刻“公生明”三个字，北向刻“尔俸尔禄，民膏民脂，下民易虐，上天难欺”十六个字。这块石碑名叫戒石，官员升堂时正对石碑，起到震慑和警醒的作用。明朝中叶，昆山城隍庙住持苏景祥仿照官府的戒石碑在庙中甬道建了一座儆石亭，儆石碑上刻十六个字，为“彰善瘅恶，幽有鬼神，毋欺上天，毋虐下民”。时人顾潜撰写的《城隍庙儆石亭记》中说官府的戒石碑是“欲守令朝夕出入观省，律其身、善其政以惠此一方”，而儆石亭的目的是使公务人员“思所以副民之望、逭神之责，政期于廉公，刑存乎矜恕”，显然是想借助城隍信仰使地方官员能够廉洁奉公、为民服务。

当然，相对于微不足道的监察和制衡地方官来说，城隍庙对于历任县令治理昆山地方事务的帮助作用则大得多。普通民众对于城隍的信仰，使得世俗官府难以处理的事务或者老百姓的苦难有了一个排解的出口，有助于一个井然有序的社会秩序的形成。在遭逢水旱灾害的岁月，城隍庙的道士会出面进行一些慈善救济工作，或者祈福禳灾，帮助官府渡过难关。例如两部《昆山城隍庙志》上有多篇文字记载了城隍庙道士祈雨成功的案例，虽然显得不那么科学，但无论如何，这些道士的行为以及对这些行为的记录和宣传，在安定人心方面的作用是不言而喻的。

由于以上因素，昆山的历任县令从来没有由于城隍神分走了他的世俗权力而刻意压制城隍庙的发展，何况这种分权仅仅虚无缥缈地存在于民众的信仰里。我们看到的事实是，在明清时期，县令上任的第一件事就是去城隍庙拜城隍，而且履任第一夜必须在城隍庙度过，一般都会亲自书写一篇《上任告昆山城隍神文》，文中出现“政期公廉，刑期矜恕，如是者佑否”的文字，祈祷城隍在他的任内能够襄助。不但如此，大多数昆山县令都非常注重城隍庙的修缮工作，历代城隍庙的重建和维修大多都是由县令主持的，或者在县令的支持下，由道士、乡绅联合完成，有的县令甚至不惜捐出自己的俸禄来维修城隍庙。县令们似乎并不排斥在同一个城市中有两个“市长”和“市政府”，正如前文所述，昆山城隍庙的布局和规制与县衙非常相似，城隍庙里除了长官城隍神之外，诸如刀笔吏和衙役都是应有尽有的，只不过他们是泥塑的神而已。

与城隍庙的道士交往比较密切的另一个群体是昆山的地方精英，这些人中一部分是卸任的官吏，另一部分则是没有仕宦生涯的乡绅，他们中的绝大多数有一个共同的特征：都是有文化的读书人。马鞍山的秀丽风光、城隍庙的宏伟建筑，吸引了大批文人墨客前来唱和观瞻。一些道士与文人结成了很好的朋友关系，比如明朝晚期的胡古和张大复。胡古是昆山城隍庙玉泉仙馆的主人，是一位很有作为的住持，而且在道教文化研究上有很深的造诣。失明的梅花草堂主人张大复将他引为知己，并撰写了首部《昆山城隍庙志》。还有清朝中叶的赵中一与潘道根，赵中一是唯一身兼昆山、新阳城隍庙、清真观三处住持的人物，潘道根为他立志，并在他请求下作《续修昆山城隍庙志》。许多文人在城隍庙中留下了墨迹，他们撰写碑文、题写门额、书写楹联，还为城隍庙修志，为道士立传，留下了大量咏颂昆山城隍庙的诗词文章。文人们用他们的笔把城隍庙及道士们推到了民众中去，而他们的文字也留在了庙里，流传千古。

城隍庙的祭祀和信仰

城隍庙是供奉城隍神的殿堂，按照中国传统，城隍神是对一座城市的发展具有重大影响的人物，是真实人物的神格化。每座城市的历史背景不同，供奉的城隍神也就不同。比如杭州供的是周新，苏州的城隍是黄歇，北京人拜的是杨椒山；同一座城市又因不同时期的历史变化，也会出现城隍变更的情况，比如上海的城隍依次有老城隍霍光、城隍秦裕伯、新城隍陈化成三位。然而，现存史料没有任何迹象表明昆山城隍庙到底祭拜何人，更为合理的推测应该是昆山的城隍就是虚构的神而不是神格化的人，在这点上，昆山是个特例。

昆山城隍神不仅神殿巍峨，养尊处优，而且每年祭祀极尽奢华。明朝规定，城隍神与风云、雷雨、山川合坛同祭，每岁春秋仲月（二月和八月）祭祀，主祭为守土长官，若长官因故不能参与，则由县丞、县尉次第担任主祭。乾隆二十二年（1757），大臣陈宏谋奏请增加城隍祭祀的次数，每年三月寒食节、七月半、十月初一都成为“法定”的祭期，被列入国家祀典。每逢这三大节日，昆山城隍庙中一尊木雕的城隍菩萨就乘坐八抬大轿，顶着罗伞，在仪仗和銮驾的簇拥下四处“巡游”。一方面体察民情，另一方面接受百姓的供奉。城隍神权倾一方，威及阴阳。管理冥界事务是他最重要的职能，所以城隍神要在这三大节日里分别“收鬼”、“访鬼”和“放鬼”。寒食节谓“收鬼”。清明之后，农忙在即，城隍神要收缉游魂野鬼，保证开春之后，地方太平。七月半是中元节，江南地方又称“鬼节”，此时，城隍神要“访鬼”，接受冤魂屈鬼的“申诉”，查处冤假错案，以免冤魂屈鬼作祟闹事。十月初一称十月醮，设祭恤醮，赈济慰抚平时无人祭祀的野鬼，同时晓示神威，既慰抚又震慑，恩威并重以达到太平无事的目的。

除了这一年五次规定的祭祀与出巡，平时还有求雨、祈晴、除灾等“特巡”。昆山城隍庙还定有年初岁末的祭祀。另外，相传五月十五是昆山城隍神的诞辰，每年此日，县令均率领两班衙役到城隍庙高声喊“喏”，为城隍神庆生。凡祭神时，城隍庙便夜以继日的设醮诵经，此时庙内红烛高照、钟鼎齐鸣，戏台上日夜鼓乐喧天，庙内外人山人海，

新阳城隍庙留下的古香樟（景军提供）

热闹非凡。

前文提到，雍正年间（1723—1735），昆山同城分治，数十年后，昆山城出现了一城两城隍的情形。位于罗汉桥的新阳城隍庙占地面积不断增加，建筑规模也逐渐扩大。先是利用顾氏官宦所捐的庙基（顾家场）建起大殿和仪门，然后增建戏台，又得到庙后邵孙冯几家捐献的房屋四十多间。后来，又通过购买得到昆山著名的园林——叶氏的半茧园部分，增建二堂、寝宫、花神殿、宾馆等，其形制与昆山城隍庙相差无几。到咸丰年间（1851—1861），昆山城遭遇兵燹，重建后，新阳城隍庙的重建更加及时和彻底，论规模，已然超越昆山城隍庙。但无论如何，由于立庙时间悠久，昆山城隍庙所拥有的信众远远超越了新阳庙，昆山城里的老百姓也并没有因为他们的户籍属于新阳县而将祭拜的地点从马鞍山脚下改到顾家场。

明清时期，星罗棋布的江南市镇如雨后春笋般崛起于太湖流域。在这种背景下，昆山的诸多市镇纷纷建造了自己的城隍庙。但是，按照明清政府规定，城隍的最低一级就是县城隍，市镇不具备拥有城隍的级别。因此，市镇所建的城隍庙被巧妙地叫作行城隍庙，也就是县城隍的行宫。例如巴城的行庙在崇宁寺东，正仪有南北两座城隍行宫，篆葭浜也有东西两座行宫。这些城隍行宫的建造，究其根源，是在商品经济的强烈刺激下，许多富裕的商人、农民都期望获得一方神灵的护佑，比如，传说中正仪的北城隍保佑的是耕作在土地上的农民，而南城隍则护佑的是在阳澄湖和附近河湖里劳作的渔民和商户。

咸丰十年（1860）四月，太平天国将领李文炳攻取昆山城，纵火焚烧马鞍山上下的寺院、宫观，昆山城隍庙也在劫难逃，付之一炬。同治初年，清军收复昆山，奉城隍神于县署土地祠。光绪二年（1876）道士吴承先走街串巷、挨门逐户募捐，第二年在原址重建大殿和头门。光绪四年（1878），知县金吴澜、巡检王金诏与典史周道深捐建寝宫五间，之后一些建筑陆续得到恢复。昆山城隍庙又重新建立起来，但再也无法恢复原来的辉煌气象了。

随着城隍庙的毁建，庙里的道士大多流散或者转行。遭逢多事之秋的官府，处理日常事务都已经焦头烂额了，更不要说分散精力去关注城隍庙的动态了。近代以来，随着上海的开埠及迅速崛起，许多西方文化和近代的自由民主观念重重地击打着昆山老百姓的心灵，传统的城隍信仰受到了强烈的冲击。到了民国，军阀林立，战乱频仍，人们忙于养家糊口、赚钱活命，城隍庙逐渐淡出了昆山老百姓的视野，城隍信仰也越来越淡化。中华人民共和国成立后，社会经济百废待兴，昆山城隍庙无人经营，终于完成了它的历史使命。

开一代风气之先的龚自珍

徐俊良

龚自珍（1792—1841），一名巩祚，又名易简，字璱人，又字爱吾、伯定，号定庵，又号羽琌山民、怀归子，浙江仁和（今杭州）人，中国近代史上开一代风气之先的著名的爱国思想家、诗人、文学家。

一箫一剑平生意

龚自珍从小就有远大抱负，以文武全才自许。龚自珍31岁（1823）时，作《漫感》诗说："绝域从军计惘然，东南幽恨满词笺。一箫一剑平生意，负尽狂名十五年。"诗歌抒发了诗人关心西部边疆，却又无计从军；忧虑东南沿海，又只能恨满词笺的悲愤和不顾顽固派的打击、讥笑，希望施展自己的文韬（箫）武略（剑），一辈子为国献身的爱国思想感情与"负尽狂名十五年"的遗憾。"负尽狂名十五年"，是说他16岁时就已经开始发表不同于常人的救国议论了。十五年间，被官僚阶层视作"狂人"。

龚自珍画像（徐俊良提供）

龚自珍的祖父和父亲都曾在北京做官。父亲龚丽正，字旸谷，官至苏松太兵备道，著有《国语补正》、《三礼图考》、《两汉书质疑》、《楚辞名物考》，是一位文武双全的人才。龚自珍的外祖父是著名的大文字学家、《说文解字注》的作者段玉裁。妹妹龚自璋，字瑟君，嫁给徽州朱振祖，著有《圭斋诗词》。

龚自珍8岁时，读登科录，是他集二百年科名掌故的开始。12岁跟随外祖父段玉裁学习文字学，是他平生以经说字、以字说经的开始。后来补《说文解字注》147字，道光戊戌（1838）四月书成。龚自珍曾说，外祖父讲过："为学嗜琐固取讥，若恶琐而肆意阔略，亦非积小以高大之义。况学问门径既殊，既不相谋，远而望之，皆一丘一壑耳。身入其中，乃皆成泰山沧海。涉历艰苦，皆无尽也。"又说："贫女尚有针线缠绵，况学士乎？故单词碎义，虽不成文章，弃之尽可惜。"龚自珍非常佩服这番话，终身不敢忘。14岁，龚自珍开始"考古今官制"，晚年成《汉官损益》上、下两篇，《百王易从论》一篇。16岁读《四库提要》，是他平生研究目录学的开始。17岁，见石鼓文，是他收金石石刻的开始。后撰《金石通考》五十四卷未完成，而成《羽琌山金石墨本记》五卷。19岁开始依声作词，后写成六卷，但他却"颇悔存之"。

龚自珍年轻时，为学写八股文花费了许多心血。但因为"笔锋太露"，虽然读八股文读到筋疲力尽，却两次参加乡试都未被录取。1819年27岁时，他一气之下将两千多篇"功令文"（八股文）全烧掉了。他在《华年心力九分殚》中说："华年心力九分殚，泪渍蟫鱼死不干。此事千秋无我席，毅然一炬为归安。"并自注："抱功令文二千篇，见归安姚先生学塽。先生初奖借之，忽正色曰：'我文著墨不著笔，汝文笔墨兼用。'乃自烧功令文。"

龚自珍28岁开始，从武进刘申受学《公羊春秋》，晚年成《春秋决事比》六卷。后来，龚自珍看到社会危机日益加剧，就转而致力于顾炎武所提倡的经世之学，注重经世之务。龚自珍之所以选定昆山作为后半生"安排写集三千卷，料理看山五十年"的定居地，对顾炎武的敬仰和与其心有灵犀一点通也许是一个不可忽视的原因。道光五年（1825），龚自珍33岁时，在昆山购得"昆山三徐"的老二徐秉义侍郎在东塘街的部分故宅，作“峻楼三层”，建“羽琌山馆”，又名海西别墅、羽琌别墅。

道光九年（1829），龚自珍中进士，殿试三甲十九名，入官内阁中书，官至礼部主事。他倡言改革，主张抵抗侵略，禁绝鸦片，遭到以主和派权臣穆彰阿为代表的顽固派、投降派的迫害，于道光十九年（1839）结束了10年的官场生涯，辞官归里。他于阴历四月二十三日出都，匆匆独行，连家眷都没顾得上带。五月十二日抵清江浦，巧遇灵箫。七月初九回到杭州家中。八月十八日，陪父亲去钱塘江观潮。九月十五日动身北上迎接妻子和儿子、女儿。九月二十五日重到清江浦，再晤灵箫。从北京回来时，灵箫已回家乡苏州。龚自珍到镇江，曾陪女儿阿辛游焦山。冬天，龚自珍安顿家眷于昆山羽琌山馆。是年，作著名的《己亥杂诗》315首。翌年，龚自珍重整宅园，购得病梅三百株，辟“病梅之馆”，作《病梅馆记》。道光二十一年（1841）八月十二日，定庵不幸因“暴疾”于丹阳云阳书院去世，年仅49岁。

龚自珍受今文经学派影响，反对汉学家的烦琐考据和宋明理学家的心性空谈，主张通经致用，匡时救世，与魏源齐名，有“龚魏”之称。晚年受佛教天台宗影响颇大。诗文多针砭时弊，洋溢着爱国热情，力图打破万马齐喑的沉闷局面。龚自珍文风奥博纵横，汪洋恣肆；诗风气势磅礴，瑰丽奇伟，自成一派。《尊隐》、《明良论》、《乙丙之际著议》、《病梅馆记》等文和《己亥杂诗》，都是他的代表作。著有《定庵文集》十三卷、《定庵文集补编》四卷等，1959年中华书局辑成《龚自珍全集》，吴昌绶曾编《定庵先生年谱》。

龚自珍全集书影（徐俊良提供）

但开风气不为师

龚自珍在《己亥杂诗》的第104首中说："河汾房杜有人疑，名位千秋处士卑。一事生平无齮龁，但开风气不为师。"龚自珍目睹当时世风日下的现状，离开了早先师从外公段玉裁的治学之路，强调顾炎武主张的经世致用之学。他表明自己并不是好为人师，而是要倡导一种好的社会风气，刻意开一代风气之先。他也确实在中国近代思想史、文学史上开了一代风气之先。这种风气，就是与他并称为"龚魏"的好友魏源评说他"以朝章、国政、世情、民隐为质干"的关注国计民生、主张改革的风气；撰写歌颂抗英斗争的《三元里》长诗的爱国诗人张维屏所称颂的"诵史鉴、考掌故，慷慨论天下事"、"药方只贩古时丹"的以史为鉴、古为今用的风气；戊戌变法的领袖人物之一梁启超所赞扬的"往往引《公羊》义讥切时政、诋排专制"的不畏强权、揭露时弊、据理直谏的风气。

龚自珍年轻时就写了许多针对时弊、希望改革政治的文章。他说："壮岁曾为九牧箴。"他的四篇《明良论》、十多篇《乙丙之际著议》，集中体现了他的思想和政治主张。龚自珍在《己亥杂诗》中说："霜毫掷罢倚天寒，任作淋漓淡墨看。何敢自矜医国手，药方只贩古时丹。"自注："己丑殿试，大指祖王荆公上仁宗皇帝书。"他所说的"古时丹"，就是指王安石等历代帝王将相厉行改革、治国平天下的成功经验、"灵丹妙药"。

龚自珍认为，要治理好国家，一定要有明君与良臣。所以他在二十二三岁时写的一组四篇政治论文《明良论》中，对当时的吏治状况、科举考试、用人制度等诸多方面提出了自己的看法，特别强调了"明"（明君）、"良"（良臣）的重要性。

龚自珍认为，皇帝应当要做明君。他在《明良论二》中引《礼记·中庸》说：最贤明的国君（帝），他们像对待自己的老师那样去对待贤臣；贤明的国君（王），他们将臣子当朋友那样对待；比较贤明的国君（伯），他们将臣子当大臣一样对待；而将要亡国的昏君（亡者），则将臣子当佣人那样对待。如果靠着桌子，拿着手杖，左顾右盼，东指西点，那就只有服杂役的人才会到来；如果任意胡为，大声叱骂，那到来的就只有被判刑而服劳役的人了。一个好皇帝，当然不能做“亡者”，而要做明君。

龚自珍认为，作为臣子，就要做一个良臣，不能做溜须拍马、寡廉鲜耻的小人。清乾隆晚年，和珅当权，贪污枉法，无恶不作。民谚曰：“和珅跌倒，嘉庆吃饱。”嘉庆年间（1796—1820），士大夫愈益不顾廉耻。与龚自珍同时代而稍长于他的洪亮吉在嘉庆四年（1799）上疏说：“十余年来，士大夫渐不顾廉耻。有尚书侍郎甘为宰相屈膝者；有大学士七卿之长，且年长以倍，而求拜门生为私人者；有交宰相之僮隶，并乐于抗礼者……”龚自珍面对这种社会现状，强调人必须有耻。他在《明良论二》中说：“士皆知有耻，则国家永无耻矣；士不知耻，为国之大耻。”他认为，对于一般的平民百姓来说，即使没有廉耻（当然也应懂得廉耻），也只是他个人受辱而已；富贵家族的人无耻，也只是有辱于他的家庭或家族；如果是士子无耻，那就是辱国了；至于在朝为官的公卿、大夫等高官无耻，那就有辱于国家社稷了。他在《咏史》中悲愤地说：“金粉东南十五州，万重恩怨属名流。牢盆狎客操全算，团扇才人踞上游。避席畏闻文字狱，著书都为稻粱谋。田横五百人安在，难道归来尽列侯。”诗人借古讽今，描绘并愤怒谴责了那些趋炎附势的无耻小人。

龚自珍希望自己能像王安石那样进行变法，改良政治。他反对“用人论资格”。他在《明良论三》中阐明了排资论辈的危害，认为要早日起用“英奇未尽之士”，来取代老朽无能之人。龚自珍主张用西方的自然科学理论来解释灾异等自然现象，排斥汉代以来方士儒生所鼓吹的阴阳五行、天人感应学说。他希望系统整理历代记载的有关彗星（昆山人俗称扫帚星，古人迷信，认为它的出现，是一种不祥的预兆）的资料，汇编成书，来科学地解释彗星这一天体的自然现象，用以摧毁汉代方士解释天象的错误言论。

我劝天公重抖擞

龚自珍48岁被迫离京，政治理想难以实现。他在淮浦，看到纤夫的悲惨生活，写下了《只筹一缆十夫多》诗。道光年间（1821—1850），贩卖鸦片、吸食鸦片的情况越来越严重。他在《津梁条约遍东南》中讽刺了当时统治者明禁暗护鸦片的罪行："津梁条约遍东南，谁遣藏春深坞逢？不枉人呼莲幕客，碧纱橱护阿芙蓉。"但龚自珍尚思努力"挽颓心"，希望通过宣传与教育来挽救年轻人的"颓心"。"先生宦后雄谈减，悄向龙泉祝一回。"虽然辞官后"雄谈"减少了许多，但他依然决心要悄悄恢复青年时的战斗锋芒，一试龙泉宝剑。

道光十九年（1839）四月，龚自珍辞官独自南归。九月，才北上接家眷。往返途中，写下了一组绝句《己亥杂诗》共315首，这是中国诗歌创作史上的杰作，璀璨瑰丽、声情沉烈、恻悱遒上、妙明在心，乃全于神者。《己亥杂诗》记述了龚自珍的所见所闻和对往事的回忆，抒发了他政治主张不能实现的无限感慨和在"白日斜"的时代背景下无奈离京时"吟鞭东指即天涯"的"浩荡离愁"，表达了自己依然想为国出力、继续奋斗的决心："落红不是无情物，化作春泥更护花。"他给朋友吴虹生的信说："弟去年出都日，忽破诗戒。每作诗一首，以逆旅毛笔书于账簿纸，投一破簏中。往返九千里，至腊月二十六日抵海西别墅，发簏数之，得纸团三百十五枚，盖作诗三百十五首也。"陈元禄《羽琌逸事》载：龚"舣舟吴门，杭人已有传其诗者，时有'诗先人到'之谣"。

龚自珍认为，他所处的时代（嘉庆、道光年间），是一个"能忧心、能愤心、能思虑心、能作为心、能有廉耻心、能无渣滓心"及一切聪明才智都被扼杀，因而"万马齐喑"的"衰世"。要国家振兴，就要搞改革，变通常法，不排资论辈，要有一大批敢作敢为的人才。用今天的话来讲，就是要广用人才，使“干部”年轻化。所以他大声疾呼“九州生气恃风雷，万马齐喑究可哀。我劝天公重抖擞，不拘一格降人才”。表达了他渴望风雷、希望变革现状的强烈愿望和社会责任心。

1839年冬，龚自珍安顿家眷于昆山羽琌山馆，翌年重整宅园。购得病梅三百株，辟“病梅之馆”以疗梅。他作散文名篇《病梅馆记》，谴责“文人画士（指统治者）之祸之烈至此”，使“江浙之梅皆病”。说：“余购三百盆，皆病者，无一完者。既泣之三日，乃誓疗之。纵之、顺之，毁盆，悉埋于地，解其棕缚；以五年为期，必复之全之。呜呼！安得使予多暇日，又多闲田，以广贮江宁、杭州、苏州之病梅，穷予生之光阴以疗梅也哉？”他辛苦往来吴越间从教，正是为了多培养些人才，希望“明年俯看千树梅，飘飖亦是天际想”。

料理看山五十年

《己亥杂诗》第211首云：“万绿无人嘒一蝉，三层阁子俯秋烟。安排写集三千卷，料理看山五十年。（欲写全集清本数十份，分贮朋友家。）”龚自珍1825年33岁时建羽琌山馆的本意是想后半生定居昆山“安排写集三千卷，料理看山五十年”的。可是，他毕竟不是神仙、富豪，面对现实生活，他既忧国忧民，不断为改革弊政写诗作文、号呼鼓吹，还要为维持一家人的生计而南北跋涉、东西奔走。他感慨道：“丹实琼花海岸旁，羽琌山似峚之阳。可惜一家仍烟火，未闻仙人辟谷方。”所以直到1839年底，他才在昆山安顿好家眷，又赶到丹阳云阳书院去教书了。他给胡虹生的信说：“已就丹阳一小小讲席，岁修不及三百金。”第二年往来奔波吴越间，直到八月十二日“暴疾”于丹阳云阳书院去世。甚为遗憾的是，他非但没有来得及“安排写集三千卷，料理看山五十年”，还给世人留下了许多谜团，至今尚未解开。

龚自珍的死因，是个最大的谜。龚自珍为何辞官匆促离京、为何暴死丹阳？照理说，辞官以后，应当是多暇日，可以从容离京的。但龚自珍四月辞官后却匆匆离京，甚至连家眷都顾不上带走，直到九月份才返回北京去接妻子、儿女回南方，而且到达天津后，又逡巡不敢进京，“遣一仆入都迎眷属，自驻任丘县待之”，“儿子书来，乞稍稍北，乃进次于雄县；又请，乃又进次于固安县”。龚自珍为何在进京问题上如此彷徨，这里到底发生了什么事？与龚自珍的死有何关联？

我以为，龚自珍的死，自杀的可能性可以排除。因为死前几天，他还特地赶往扬州去会晤当时另一位革新派大诗人魏源，商讨国家大事。更何况当时驻上海的江苏巡抚梁章钜在《师友集》中载，龚自珍已与他约好，要辞去教职，到上海协助他抗英。梁章钜很高兴，正虚席以待：“余方扫榻以待，数日而凶闻遽至，为之泫然。”因而在挽诗中悲愤地写道：“文章忘忌讳，才气极纵横。正约风云会，何缘雷电惊。”由此可见，龚自珍决不会自杀，而是“他杀”。这“他杀”，历来有如下几种说法：（1）政治原因：被反对派谋害而死；（2）情感原因：有外遇，因与顾太清有染被追杀毒害，或因南行途中所偶遇的红颜知己灵箫而死；（3）体质原因：长期奔波劳累而猝死。

龚自珍在1839—1841年间，奔波繁忙，十分辛劳，突发心血管病引起“过劳死”的非正常死亡的情况是存在的。但没有找到医学上的硬证据。

关于因外遇而“情杀”说，柴萼《梵天庐丛集》提到了两种说法：一是说龚自珍在京师任职期间，曾与一皇室成员的侧福晋、女诗人顾太清有染被发现，因而龚自珍急速辞官南行避祸，一时连妻女都来不及带，最终还是被仇家毒死。这就是刘逸生《己亥杂诗注》第209首按语所说的“丁香花公案”。顾太清是位才女，有人认为：“满洲词人中，男有成容若（纳兰性德），女有太清春而已。”她是“一位感情真挚、豪爽洒脱而又文思敏捷的文坛奇葩”。一生著有《天游阁集》、《东海渔歌》、《红楼梦影》及两部戏剧。一是说龚自珍南行途中在清江浦巧遇红颜知己灵箫，第二年收为侍妾后，灵箫又有外遇。龚自珍想用清宫秘方毒死对方，却反被灵箫毒死。对柴萼的说法，孙家新在《灵箫姑娘之谜》一文中有详细的分析。他认为龚自珍与灵箫是真情。他过清江浦十天，与灵箫热烈相恋，写下了一组堪与世界最著名的爱情组诗媲美的在一场幽梦中写成的词《寱词》（245—271）。他为灵箫而作的诗有三十四首，超过了《己亥杂诗》十分之一的篇幅。定庵继承了屈原、李白等伟大浪漫主义诗人的传统，还显然受到七十多年前去世的大作家曹雪芹的影响，在作品中表现了对女性极大的尊重和赞美。因而认为"灵箫反用此药毒死定庵"这一说法"对定庵、对灵箫可以说都是一种诬蔑"。龚自珍被灵箫害死并无可能。

我以为，龚自珍暴病猝死的可能性最大，而且应当是政治原因造成了这个结果。龚自珍倡言改革，主张抵抗侵略，禁绝鸦片，遭到以主和派权臣穆彰阿为代表的顽固派、投降派的迫害，必欲将其置之死地而后快。1839年，中国社会发展到了一个大的转折点。这是中国由封建社会转入半殖民地半封建社会的关键时刻，是英法联军发动鸦片战争（1840）用枪炮打开中国大门的前夜，是中华民族真正的"危急存亡之秋"。全国要求禁烟的呼声日益高涨，道光皇帝被迫在戊戌年11月15日（1838年底）任命林则徐为钦差大臣，到广州查禁鸦片。1839年1月3日，林则徐向道光皇帝辞行，1月8日离京赴任，3月抵广州。在林则徐离京赴广州前夕，龚自珍写了《送钦差大臣侯官林公序》给林则徐，在序文中，谈了十点内容，即"献三种决定义，三种旁义，三种答难义，一种归墟义"。希望林则徐以两年为期，"使中国十八行省银价平，物力实，人心定，而后归报我皇上"。林则徐看了龚自珍的信非常感动，在途中就给龚自珍写了复信，赞扬他"谋识宏远"，对龚自珍的"关注深切"、坚定他的禁烟决心表示感谢。信中"统惟心鉴不宣"一语，可见龚自珍与林则徐私交至深，在政治观点上多有一致。更值得一提的是，林则徐是放眼看世界的第一人，龚自珍是开一代风气之先的思想家，这两位忧国忧民的历史名人，都与昆山有关。林则徐到过昆山，考察水利，玉峰山上至今还有纪念他的林迹亭；龚自珍则建羽琌山馆，做晚年定居昆山的打算，可惜没有实现“安排写集三千卷，料理看山五十年”的愿望，所建的羽琌山馆至今也已荡然无存。林则徐于1839年协同两广总督邓廷桢在虎门销毁了收缴的外商鸦片237万斤，屡次击退英军的武装挑衅。1840年1月，林则徐任两广总督。是年，鸦片战争爆发。林则徐遭投降派诬陷，10月被革职，次年被遣戍新疆。龚自珍以两年为期，让林则徐实现“归墟义”的愿望彻底落空。道光二十一年（1841）正月初三日，龚自珍从杭州去丹阳，担任云阳书院讲席。三月初五，父亲病故，定庵赶回杭州治丧，继承父亲遗缺，担任紫阳书院讲席，并兼任丹阳云阳书院职务，于江浙来回奔波，十分辛苦。七月，英军进犯福建，攻陷厦门。八月，英军犯定海，葛云飞等三总兵皆战死，上海危急。八月初，龚自珍赴扬州絜园访革新派思想家魏源商讨对策，并答应到上海协助驻防上海的江苏巡抚梁章钜抗英。八月十二日，定庵不幸因“暴疾”，于丹阳云阳书院去世，年仅49岁，正当为国出力的年富力强的时候。由此，我认为龚自珍因政治原因而被暗杀的可能性是最大的。

羽琌山馆也是一个谜。“丹实琼花海岸旁”的羽岭山馆，具体地点究竟在哪里？有人认为在东塘街原徐秉义家旧址，有人认为在西塘街原徐乾学家旧址，有人则以为在玉峰山北麓徐乾学的后花园遂园梅花墩。我认为，应当在东塘街徐秉义家部分旧宅。

当时东塘街、西塘街以北直到樾河岸边，是大片的农田，很少有住房建筑，绝少有高层建筑。东塘街上止多也是两层楼房，更多的则是平房。建在土墩之上的三层阁子羽琌山馆，在那一带的建筑群中，可以说是鹤立鸡群、没遮拦的了，“看山”绝对没有问题。要购买田地，占地三十亩，只要不刻意追求建筑规模与质量，在园中地上多种些病梅以“疗梅”，则是完全有可能的。龚自珍在《洞仙歌壬辰春，忆羽琌山馆之玉兰花，用钱谢庵集中“病中梅花开到九分”韵》中写道：“江东猿鹤，识人间花事，十丈辛夷著花未？忆春分尚早，梅信才完，花开了，狂蝶痴莺都睡。　此花开近处，不是朱楼。杰阁三层绝依倚，高与玉山齐。露下遥天，定勒令井桃回避。又七载低颜软尘红，向金马词场，讯他荣悴。”词中说羽琌山馆“高与玉山齐”。如果山馆建在山的北麓梅花墩，真的像愚公那样面山而居，则二十层楼也不可能“与玉山齐”。玉峰山南麓的千年古银杏这么高，也还到不了半山腰。从物理学透视的角度看，三层高的楼阁看上去要与玉峰山齐，那必须要离开山有一定的距离。所以绝不可能在山北麓的遂园梅花墩。更何况，龚自珍是在道光五年（1825）建羽琌山馆的。在《与吴虹生书》十二中说“幸老人有别业在苏州府属昆山县城”。第二年（1826，丙戌年），龚自珍赴“同年生徐编修宝善斋中夜集，观其六世祖健庵尚书（按：即徐乾学）遂园修契卷子，康熙三十年制也。卷中凡二十有二人。遂园在昆山城北，废址余尝至焉。编修属书卷尾”。如果羽琌山馆在遂园，而且刚刚新建，龚自珍怎么会不说就是我新建的羽琌山馆原址，却说“废址余尝至焉”呢？而且“昆山县城”与“昆山城北”也是有区别的。《己亥杂诗》第203首云：“君家先茔邓尉侧，佳木生之杂绀碧。不看人间顷刻花，他年管领风云色。（从西邻徐屏山乞树栽，屏山允至邓尉求之。）”可见，羽琌山馆在东塘街徐秉义家部分旧址无疑。

至于龚自珍所写的“丹实琼花海岸旁”，琼花栽种的具体地点在哪里，有几株？“丹实琼花”是实写，还是比喻妻子、女儿，抑或是语义双关？这里曾经居住过哪些与龚自珍有密切关联的人，灵箫是否也在其中？他们在这里有过那些活动？他们的归宿如何？羽琌山馆又是在什么时候什么原因消失的？龚自珍到扬州会晤魏源，究竟讨论了些什么？他与林则徐“心有灵犀”的“统惟心鉴不宣”的丰富内涵究竟是什么？林则徐离京时嘱他的本家户部主事林扬祖（岵瞻）向龚自珍“代述一切”的具体内容又是什么？龚自珍死后，他的妻子儿女的去向如何？有哪些活动？灵箫的结局又如何？都只能有待今后进一步的研究。

近代诗人、教育家张庸

马一平

张庸，原名兆荣（一作兆蓉），改名庸，字景云，号玉海。生于清同治七年三月十五日（1868年4月7日），卒于1919年11月24日。昆山蓬阆镇（今昆山市蓬朗街道）人。近代诗人和教育家。

竹林唱和有遗韵

张景云父张德甫，母杨氏。家居蓬阆镇北街，与胡石予（近代著名诗人、画家和教育家）家相距不足百步，两人生日仅差一日（张景云早一日），幼为同学，又同喜诗，少时常在一起读书，并同宿一床，秉烛话诗。同学达十年。

张景云19岁时与同镇胡蕴（字介生，号石予）、陆世勋（字功辅）、唐颂文（号北隐），嘉定望仙桥镇（距蓬阆镇东南十里）毛荻川、张启泰（字孝臣，号顽鸥，后号病苨）、杨珍（字佩甫，号雪庐，景云舅表兄）等同学、文友7人结成文社——竹林社，常相过从，作诗唱和，影响了蓬阆一镇的风气，稍识文字者均爱好吟诗作对。与胡石予、张顽鸥、杨雪庐三人尤为亲密，文酒之会，岁无虚时。

张庸像（马一平提供）

光绪十三年（1887），张庸20岁时，自春至秋，相继应县试、府试、院试，以第14名成绩考入新阳

（清雍正三年析昆山县东北境建县，1912年复并入昆山县）县学，成为生员（俗称秀才）。院试主考官为江苏学政王先谦（湖南长沙人，同治进士，清末著名经学家、史学家、语言文字学家和诗文家，一生著作宏富），考题文为“手之舞之”、“诸冯”，诗为“野烟深处夕阳中”。此科新阳县学共录取生员17名，同镇同学陆世勋（功辅）以第10名、胡蕴（石予）以第12名同科入庠，传为佳话。张景云与胡石予更是六同：同乡、同岁同月、同学、同喜诗、同科秀才、同职业（教师），格外难得。

同年，张景云赴苏州做家庭教师，空闲欲得消遣之法，石予劝他学画画，景云乃要了胡石予画梅12册为范本。光绪十七年（1891），张景云赴金陵参加乡试，未能中举，仍在吴门任教。同年移居苏州阊门内皋桥东。

光绪十九年（1893），张景云的妻子俞氏病逝，独生子孟平刚刚十个月，由母亲杨氏帮助抚养，景云当时才26岁，哀伤不已，作悼亡诗多首，遂不续娶，多年后犹常作忆妻诗怀念。同年十月六日（11月13日）离开苏州回到乡里。

献身教育堪“人师”

光绪二十五年正月二十五日（1899年3月6日），张景云赴元和县甪里镇（今吴中区角直镇）王姓人家做家庭教师，与时任甪里书院山长（即院长）的同乡张方中（1907年改名方还，近代著名书法家和教育家，辛亥革命后昆山县首任民政长）诗酒相交。

光绪三十年（1904）阅读林纾、魏易合作翻译的美国斯托夫人所著小说《黑奴吁天录》，异常感动，作了多首读后诗。又与甪里镇上文人韵士时常雅集。次年因废科举而兴学堂，甪里书院改名为甪里公学，张方中为校长，聘张景云为教师。光绪三十三年（1907），景云辞职离开甫里。

宣统元年四月（1909年5月），景云经同乡挚友方还介绍，被清末状元、著名实业家、教育家和社会活动家张謇聘至通州，任家庭教师，教导其独子张怡祖（字孝若，时在通州师范学校附属小学就读）诗文。时常跟随张孝若回海门直隶厅长乐镇（今海门市常乐镇）家中辅导。厅是明清在新开发地区或具特殊地位的地区所设置的行政区划单位，分为直隶厅和散厅。直隶厅和府、直隶州等级相同，直隶于省、道，多数不领县，长官同知正五品；散厅隶属于府，与散州、县等级相同，长官同知从五品。

次年2月，张謇聘其担任通州（民国后更名南通）民立师范学校教习。这是张謇1902年创办的我国第一所独立设置的师范学校，也是第一所民办师范学校，且一成立即称“学校”，而不称当时国内新式学校习称的“学堂”，无“学堂”改称“学校”的过程。张景云初为“讲报”，1911至1914年授修身课，1914至1919年教国文课。在校教书之外，更重育人，时常与学生函论饮食起居之礼节，对学生后辈倾注满腔热忱，如孵鸡雏。其道德文章为学校师生所敬重。

1911年4月7日，章太炎先生应邀自上海至通州，景云与江谦（号易园，1902年张謇创办通州师范学校后，即在师范任教，先任监理，1914至1928年任校长）慕名拜访太炎先生。次日，南通统一党分部借座商会欢迎太炎先生，农、工、商、军学各界人士咸至，景云也前往，并抽空就太炎先生东渡日本及在日生活采访了太炎先生。4月9日，通州师范学校邀请太炎先生到校演讲，上午九时，候先生于

清末民初南通师范学校校门（马一平提供）

寿松堂，景云又采访太炎先生，内容涉及其科举应试、师承、《苏报》案及系狱、租界狱中生活、邹容狱死等，太炎先生态度平和，有问必答。次年4月12日景云整理为《章太炎先生答问》发表于《南通师范校友会杂志》1912年第2期，留下了清末民初珍贵的第一手历史文献资料。

1912年11月，好友方还自江南至南通，景云陪同张謇接待七日，临别赋诗为赠。同年秋，移住南通博物苑的平安馆，与英文教员丁宗一过从甚密，丁君阅英文报刊，喜与景云谈西方风俗，景云辄记录于册，以作自娱，并摘数则发表于《南通师范校友会杂志》，以广读者见闻。

1914年3月张謇创办的南通图书馆工程竣工（1912年10月在原东岳庙址开始设计建设），有房屋67间、书橱200架、图书13万卷，耗银13260元，是中国较早的公共图书馆之一。张謇即聘张景云担任首任馆务主任，负责图书整理与编目工作。故张景云也是我国最早的现代图书馆工作者，为普及我国早期公共图书馆事业做出了贡献。

当时图书馆聘用职员六人：馆长1名，馆务主任1名，编辑及保管2名，庶务1名，收发1名。馆长为光绪进士、翰林院编修如皋沙元炳（1864—1926），字健庵，但他是如皋名宿，追随张謇创办如皋师范学堂等新式学校，又投资、合资在如皋、南通、上海等地创办各种实业，辛亥革命后又被推举为如皋县民政长，1914年任如皋县水利会会长、清丈局局长，1915年起主持纂修《如皋县志》，无暇顾及图书馆具体工作，只过问重大事宜，具体负责人是张景云。1917年6月3日图书馆正式开幕。1918年2月家乡昆山县公立图书馆创办后，王颂文馆长特别注重昆山地方文献、先哲遗书的收集，得知南通图书馆藏有明代文学家、邑人俞允文的《仲蔚集》二十四卷，乃托景云请人抄录副本。景云非常重视家乡的求助，请人抄成后，仔细校对，对潦草错误处一一加以订正后，方送至昆山图书馆，表达了游子对家乡的一片深情。

诗酒文章阮籍才

张景云的诗作，向来为人称道。张謇曾谦逊地与人语：“吾文不如方惟一，诗不若张景云。”对景云诗给予高度评价。景云为诗，少年时喜作绮语，成年后经历岁月沧桑，并与当世贤豪长者交往，诗风改变，诗作遒劲多姿。

赴通州后，与张謇和著名教育家江谦、著名艺术教育家陈师曾及丁宗一、沈友卿、孙润江等诗友交往并诗酒酬唱，也常与胡石予、方还书信往返，诗相韵和。

自清宣统二年（1910）起还参与编辑《通州师范学校校友会杂志》（民国后更名南通），他历年在该刊发表了不少诗文。景云一生作诗数千首，现存近千首，多蕴诗意。

张景云的诗作，有一部分是描写自然景物，抒发人生感悟的。他往往能够在简单的自然景物里，寻找到人生的真谛，从而自然而然抒发感慨。如1889年中秋写的《秋里》一诗：“天光云影两悠悠，小院初凉颇自由。菱角花时当八月，木樨香里又中秋。百年旦暮鸡三唱，万古消沉土一邱。此夜凭栏回首望，人间何事不东流。”

其一些生活小诗，写得清新隽永，真味十足。1910年4月所作的《三月同江易园李虎臣两先生游狼山》：“携手城南道，风轻日气和。两行新柳短，一路化人多。茅屋家家佛，晴山叠叠螺。僧楼一尊酒，坐久意如何。”

《和许君肇南孙君润江游五山诗韵呈啬公》：“曲曲溪流曲曲堤，环山十里足幽栖。何来车马喧如市，只觉林峦别有蹊。一径苔深思卧鹿，数峰日午不闻鸡。极知宴客开僧阁，豪饮何人似渴霓。”

他对学生又有较深的感情，如1917年夏所作《送孝若弟游学美洲即和其别平安馆诗韵》：“若论而我平生分，岂可无诗送此行。海上风涛三万顷，手中卮酒十年情。炎天暑路谁为伴，异国殊方正苦兵。行矣明朝还一握，相期努力赴前程。”

张景云虽然人生平淡，并没有什么惊天动地的伟业。可是从他的诗作中，还是可以看到他对时事是很关心的。秋瑾女士被杀时，张景云曾写诗哀悼：“惨惨冤霜帝岂知，一编痛史我闻之。百千劫后如相问，两字秋风是狱词。玉骨抛残碧草悲，西湖贞土葬娥眉。可怜万马齐喑日，佳侠天生两女儿。”

他对杀害秋瑾女士的官员是非常愤怒的，特地在诗中抒发道：“时事传来剧可伤，海天六月竟飞霜。岂真杀戮凭蜚语，直欲呼号问彼苍。一世阴霾无白日，万言罗织到红妆。天亡中国生公等，秋雨秋风漫断肠。”

张景云的诗作中，还有一部分是书写对时事的强烈不满和愤怒的。如1909年为《民呼报》被封而作的《百忧》诗：“海天孤烛夜，四顾百忧来。举世雠清议，何人惜此才。哀时几麟凤，当道半豺狼。拔剑狂歌罢，空余斫地哀。”

从中可以看出张景云并非一介文人醉心诗酒，而是表达了对时事的很大关注。他在《满江红·海上夜怀》里，表达了对人生况味的理解和失意的情绪：“四顾苍茫，便容我、海天一角。猛然间、酒酣耳热，弹筝击筑。三日于菟狂欲吼，十年枥骥悲犹伏。看江涛、日夜向东流，真堪哭。　才冠世，人难作。花绝代，金难赎。只孤根脆质，自伤孱薄。眼底飘零全不管，向来肝胆谁相托。莽凭栏、奇气郁拿空，秋星绿。”

一个“酒酣耳热，弹筝击筑”，一个“十年枥骥悲犹伏”，可见张景云此时心态，也是郁郁不得志。胸中怀才，可是“孤根脆质，自伤孱薄”，这应该就是张景云的真实心态和写照。

“文章憎命达”，自古如此。张景云也没有破例。他自悲一生奔波流离，将对人生的感慨与世事的看法付诸诗篇，洋洋千言，风雅卓著。其人的性情精神可从中窥知一斑。

民国元年（1912）1月1日，孙中山在南京宣誓就任临时大总统，宣告中华民国临时政府成立。因张勋逃出南京后带兵顽抗于徐州一带，1月11日孙中山命姚雨平总司令率广东北伐军沿津浦铁路北上讨伐，余天遂（号疚侬，亦昆山蓬阆镇人，胡石予门生，南社著名诗人、书画家和教育家）投笔从戎，加入姚雨平戎幕，直接参加攻打张勋的战斗。余天遂从南京出发那天，胡石予先生作诗为学生送行："杯酒分襟欲暮天，送行诗句补驰笺。征途风雪三千里，旧业文章二十年。忧国自应歌当哭，去家无复梦相牵。却劳病眼登高望，万里平沙漠漠烟。"

张景云在通州报上读到了石予先生《送疚侬入粤军》诗，亦步先生原韵作七律四首，遥送之，节选其第二首："搔首苍茫漫问天，一篇虫鸟苦心笺。江淮烽火连三月，歌哭文章倘百年。浊酒酣时狂欲死，家山唱破恨空牵。年来百事输君处，心折茶炉一缕烟。"

这首诗由时事谈及个人，家国之叹，人生之悲，对后生的赞誉，都写得极为到位。诗篇能够切中深意，缭狂不失工整，真有阮籍之才。

埋骨紫琅留英名

景云为人"敦性蕴情，妪噢群物"，"情思绵邈，于亲故热气拂拂，肝鬲震荡，发为诗，丽若春云"。（方还语）方还推崇其为"天之畸人"。

1919年秋起，张景云患重病，延医诊治但疗效不好。11月21日张謇抽空前往南通图书馆看望，时景云病已笃，他对南通怀有很深的感情，表达了身后欲葬在这块其人生最后十年为之鞠躬尽瘁之地的意愿，张謇慨然允诺。好友方还（同年8月出任南通女子师范学校校长）每日抽空前往看护。

11月24日凌晨1时张景云客逝南通图书馆。噩耗传至，张謇异常悲伤，推崇其为"人师之选"，并经纪其丧。26日又作挽诗一首："右丞断欲未康身，平子工愁不系贫。俯仰忧时弦古瑟，歌谣送日岸儒巾。听经顾拂

方还撰、张謇书的《张景云墓碣》拓片（马一平提供）

天俱澈，啜药支床气不春。夏启商均宁足较，为君行卜好山邻。”

12月14日在中公园嘉会堂召开张景云追悼会。获悉噩耗后，同学挚友胡石予在苏州作《哭景云诗》五律四首和《再吊景云》七律一首，录五律其第二首：“南州张季子（謇），生死不忘君。宾馆十年席，狼山三尺坟。此才真磊落，作鬼亦芳芬。他日渡江去，悲歌表墓文。”

《再吊景云》：“话到悲凉泣数行，秋风承咭北溪堂（儿子昌会丧君来吊咭）。别来书简曾通问，此后音容遂渺茫。同辈诗豪刘梦得，千秋墓傍骆宾王（狼山有骆宾王墓）。此才不死不知惜，说与乡人总感伤。”

胡石予对张景云去世非常悲哀，他特地撰写《张景云哀词》与《张景云遗诗序》，后刊于国学商兑会1920年10月出版的《国学丛选》第十二集。

张謇为之筑墓于长江畔剑山之阳，并立碑碣，碑书大字“昆山诗人张景云之墓”，墓碣由方还撰文、张謇亲自书写。1921年3月25日晨，张謇亲自护送张景云的灵柩到剑山南麓营葬。同时营葬的还有一位英年早逝的荷兰青年水利专家亨利克·特来克（南通当局聘来兴建水利工程，1919年8月18日凌晨病卒，年仅29岁，张謇亲撰墓表）。同日下午在墓前举行了隆重的公祭，以悼念这两位为南通文化教育与水利事业做出较大贡献又长眠于南通大地的异乡和异国优秀人士。

顾瑛传奇

葛　欣

顾瑛(1310—1369),一名阿瑛,又名德辉,字仲瑛,晚年自称金粟道人,元代昆山人。顾瑛祖父为元代官员,父亲是赵孟頫的学生,家藏众多赵孟頫的作品,由于不愿做官,而在家修身养性。顾瑛幼年爱读书,16岁继承父业,经商趋富。30岁弃业,复读古书,且与文人墨客诗酒唱和。40岁后田业全部交给儿、婿经营,开始修建玉山草堂。43岁之后,战乱不断,民不聊生。47岁开始,战乱致使玉山草堂日渐残破,他曾逃难于吴江商溪,后逃难于嘉兴合溪。59岁被发配至临濠(今安徽凤阳),第二年过世。

顾瑛在昆山文化史上可算是一位高人,却没有被列入"昆山三贤"行列,因为顾瑛是出世之人,不属于儒家正统,因此不为主流文化所认可。现从四个方面来讲述顾瑛的传奇故事。

一代大家

吴中巨富

顾瑛碑刻像(葛欣提供)

当时,顾瑛与倪云林、曹梦炎并称江南三大巨富。他虽有钱,却不炫耀,并用在文化上。他花了两年多的时间,建成大型私家园林——玉山佳处,随后广招文人雅士,诗酒唱和,形成玉山雅集,长达二十年，参与者有70多人。曾为杨维桢买才貌双全的声妓舞女，有芙蓉、杨柳、绿花等名角；还为道士于立、僧人良琦等常置专用客房，良琦说：“仲瑛之于朋友，死生交情，能尽其义，可谓善与人交者也。”为了邀请诸好友同去虎丘雅集，专门买船，供大家游玩、观赏；还编印诗集、收藏书画、鉴藏古玩等。如此巨大的财力支付，只有爱文化的顾瑛才能支撑得起。

文化精英

顾瑛为诗而活，对诗爱到骨缝里。他已将红尘荣辱置之度外，直到于安徽临濠去世，也从未将诗置之度外。在诗作方面，顾瑛佩服四个人。一位是东晋大诗人、隐士陶渊明，顾瑛仰慕他的为人，居处好修，行义好洁，评价他如出水芙蓉；一位是唐代杜甫，雅集常以杜甫的诗句来分韵赋诗；还有一位是同时期的杨维桢，他是元末江南诗坛泰斗，他的古乐府诗既婉丽动人，又雄迈自然，史称“铁崖体”，顾瑛为了吸引杨维桢来参加雅集，可谓不惜代价；他还向往晚唐诗人薛能痴于诗，日赋诗文一章。因此他改行跨界做诗人，担当文人雅集的召集人。

他经常邀请好友来喝酒赋诗，随后，将参与者的诗文编辑整理成诗集，计有《草堂雅集》、《玉山名胜集》、《玉山名胜外集》、《玉山纪游》、《玉山倡和》、《玉山遗什》、《玉山璞稿》等。《草堂雅集》是元人编选的存诗数量最多的元诗总集。《玉山名胜集》是记录他们在玉山草堂各景点举办诗会的创作成果。《玉山名胜外集》收录友人间设酒送别和

今日出版的玉山雅集作品（葛欣提供）

相互赠送的诗文。《玉山璞稿》是顾瑛个人诗文专辑。《玉山纪游》收录顾瑛与友人游昆山、苏州、杭州、无锡的诗文。其中《游锡山纪行诗》是顾阿瑛去无锡拜访大文人倪瓒，沿途写的8首诗，并赠给诸位诗友，以诗歌相赠答唱和了20首。其中一首《发阊门》："阊门西去是阳关，叠叠秋风叠叠山。便是早春相别处，如今杨柳不堪攀。"说的是早春，顾瑛送好友归浙江，在苏州城西阊门，如今秋柳衰败，忍受不了离别之时的凄清，表现了诗人的孤苦与伤感之情。顾瑛对元诗的创作贡献极大，举办了玉山雅集，使元代诸多诗作保留了下来，在元代文化史中占有重要地位。

收藏名家

元末殷奎在为顾瑛所作"墓志铭"中说，其"喜购古书名画，三代以来，彝鼎秘玩集录，鉴赏无虚日"。昆山书画史鉴赏专家田洪在《顾瑛的书画鉴藏》一文中提到，（顾瑛）过目及收藏自六朝至元的近百件书画名迹：有倪瓒的《金粟道人小像》、《断桥卧柳图轴》，赵原《合溪草堂图轴》，夏考昌的《溪山渔乐图轴》，曹知白的《石岸古松图轴》，张渥的《玉山雅集图》，王蒙与陈贞分别所作的《玉山草堂图》，倪宏依李公麟《兰亭修禊图》意而作的《金粟塚燕集图卷》等。由于顾瑛自己也精于画，今存《墨菜写生图》（香港萧寿民先生旧藏）、《古树空亭图》（昆山名人文化村"文海楼"藏），至今还留世近十幅署名顾瑛的作品。但现存有关他史迹的六本书中，不知何故难以看到他的绘画经历。

弹阮高手

近代画家傅心畲善弹阮，艺术创作间隙弹奏一曲以后再画。顾瑛精通音律，喜爱弹阮和拉胡琴，享受高雅的娱乐方式。有一张《摘阮小像》是好友顾周道所画，当时顾瑛39岁。据顾瑛自述，一年前，有人捕鱼于太湖，得到古铜器一具，圆圆的铜制乐器，直径二尺多，许多人不认识这是何物。正巧其过西山林屋洞，有人持着这件铜器来问他。

他知道它是古代阮的背，上面有篆刻文字如鸟鹿形状，它的颜色古莹如玉，便立即以钱购得。用旧式的好木料配上，再加上阮弦，用朱丝调试，五音和谐。为此创作《松泉曲》，曲调较为平易，其音凄怆哀怨。顾瑛并自题诗："雅音兮寂寥，摘予阮兮逍遥。涧之泉兮漻漻，松之籁兮翛翛。日月在上兮于慕孔昭，天王圣明兮其仁如尧。念生际兮隆平，靡干禄兮圣朝。钓于水兮田于郊，期嵇阮兮日游与遨。"

三教合一

顾瑛何以"金粟道人"自号？金粟是佛名，即维摩诘大士，为早期佛教界的著名居士。顾瑛在诗中曾写道："晚岁不为干禄士，前身应是小乘僧。""结习未除闻未尽，焚香且对佛前灯。"就说明了顾瑛与佛教有缘。为何出家？可能是战乱所逼，可能是因信仰而远离俗尘。顾瑛曾经为好友题跋《三体心经偈》："斩钉截铁画虚空，三体分明一体同。读得心中无一事，莲花开在海当中。当心一画到如今，画画皆心不可寻。尽说朱珪精字法，看他那画上求心。"这也是一首禅诗，证明顾瑛确实信佛。

顾瑛与诗人来往密切，且诗人中有不少是僧人或道士，诗人于立、张雨、倪瓒、杨维桢等都有道士身份。顾瑛曾自语"又梦中知向一世为黄冠师姚兴孙者是也"，梦中知道自己前世是道人。顾瑛的祖父和父亲都是学道之人，祖父"好道家清净之说，尝以所居为真馆"；父亲玉山高人不屑于入世，修习丹药长生之术，焚香清坐，岁以为常。顾瑛10岁左右受萧元泰真人启蒙，服食养生。可以判断顾瑛又是道家人。

至正十九年（1359），顾瑛曾亲赴法喜寺"楼居日钞佛书，至午而止"的行程。可能就是这次与倪瓒有了彼此期待已久的首次见面。倪瓒在寺中作《金粟道人小像》，此作后为美国私人收藏。顾瑛自题诗一首《金粟道人小像》："儒衣僧帽道人鞋，天下青山骨可埋。若说向时豪侠处，五陵鞍马洛阳街。"这是一首禅诗，首句写他具有儒、释、道三教合一的形象，被收入到《禅诗三百首》。倪瓒为此画题跋：“……忽自逸于尘氛之外，驾扁舟于五湖，性印朗月，身同太虚。非欲会玄于一致，而贯通于儒者耶？”写顾瑛关照内心如同明朗月亮，身体如同宇宙一般博大。高僧释克新在《题顾仲瑛小像》卷后讲道：“句吴顾仲瑛氏，家世儒者。既肄其业，又学于佛于老，以博其道……”顾瑛三教合一，且贯通于儒家，确定无疑。

玉山雅集

古人对山水的感情胜过今人，寄情于山水，道法自然，还在自家园中营构山水。玉山佳处就是玉山草堂，位置大约在今昆山市巴城镇正仪，南接娄江，北达绰墩山村，西到阳澄湖，与唯亭接壤，东到黄泥山。比苏州的留园要早100多年，比拙政园早200多年。景点有二十六处，杨维桢在《玉山佳处记》中有详细介绍：“名其前之轩曰‘钓月’，中之室曰‘芝云’，东曰‘可诗斋’，西曰‘读书舍’。后累石为山，山前之亭曰‘种玉’，登山而憩在者曰‘小蓬莱’，山边之楼曰‘小游仙’，最后之堂曰‘碧梧翠竹’，又有东偏之景也。临池之轩曰‘金粟影’，此虎头之尤痴绝者。合而称之，则曰‘玉山佳处’也。”可见该园林是多么的雄伟壮观。陈履元曾画《玉山草堂图》，早已丢失，有郑元祐题跋诗尚存。各景点都有来处，都有名家撰写匾额、题记和诗。顾瑛春题“学时时习，德日日新”。吴兴赵雍仲穆篆匾。郑元祐作记：“……故君子学欲其博，守欲其要……善读书者，即所以善学圣人也……”周砥作赋《君子之所乐》：“君子之所乐，其乐且何如。结庐在丘壑，委怀在诗书……”顾瑛在“可诗斋”题：“正声存大雅，古调有遗音。”仲瑛建可诗斋，延四方之文人才士与讲论其中，故海内之士慕仲瑛而来者，日相继不绝也。在可诗斋举办诗会最多，留下众多佳句：“要共论风雅，先须识性情。”（秦约句）“风尘澒洞罕相

见，尽醉忘形谁主宾。”（顾瑛句）

玉山雅集自至正八年（1348）到至正二十年（1360），在这12年中，共办过50多次聚会，主要在玉山佳处进行。这里，选两次与大家共享。

爱汝玉山草堂静

1348年春，玉山佳处举办了首次也是最为重要的一次雅集，雅集后顾瑛请张渥画了一幅《玉山雅集图》，大书法家杨维桢撰文并题写，可惜这幅画现已失传，唯有杨维桢的文字存世，此文收集在《玉山名胜集》卷二中。此文首先介绍了雅集活动的举办时间，及参与者在雅集中的不同神态：有戴着鹿皮帽穿着紫色衣坐案几而读书的杨维桢，有倚着茶几而滔滔不绝地雄辩的姚文奂，有呆呆地坐着琢磨遣词造句而走神的郯韶，有从容摇着拂尘、和颜悦色的顾瑛，有展卷作画的李立，有在旁边指点的张渥，有席地虎皮上弯着胳膊枕在石头上的仲晋，可谓姿态万千，场面生动。还有侍女翡翠屏、小琼英、天香秀、丁香秀等殷勤陪伴的画面。当时这些文人都是颜值颇高的俊秀人，美丽可人的侍女、歌女、舞伎簇拥左右，走来走去的小书童活泼灵动。众位文化大家玩着酒令游戏，痛快淋漓，不时尽情地歌唱奏曲。在青绿色梧桐与翠绿色翠竹的映衬下，悠扬乐曲清越美妙、竞芳争秀，落花芳草与文士才情一起飞扬。作者即兴赋诗，下笔就成美文或书作。真是“花月不妖娆，山水有生发”，此图一出，为当时名流所羡慕。当日以“爱汝玉山草堂静”分韵赋诗，诗成者五人。

于立得“爱”字：“青阳在林野，云物殊变态。系船石萝阴，把钓桃水濑。采英延清酌，揽芳结幽佩。欢期岂再必，于焉寄所爱。”

姚文奂得“汝”字：“仲春会桃源，青年映霞举。道人吹铁笛，主者捉玉尘。野航晨不渡，溪渔来何许。欹坐蟠根阴，匡庐故仙侣。众宾各雅兴，辞适忘尔汝。怀哉张李辈，明月在空渚。复念东海迂，云林夜来雨。”

郯韶得“玉”字：“逶迤玉山阿，窈窕桃花谷。林芳缀丹葩，霞彩散晨旭。溪回濯新锦，洞幽答鸣玉。乐哉君子游，于以寄高躅。”

顾晋得“草”字：“客从桃源游，爱此玉山好。清文引佳酌，玄览穷幽讨。流莺答新歌，飞花落纤缟。分坐有杂英，醉眠无芳草。”

顾瑛得“静”字：“兰风荡丛薄，高宇日色静。林回泛春声，帘疏散清影。褰裳石罗古，濯缨水花冷。于焉奉华觞，聊以娱书永。”

诗不成者二人，各罚一觥。

最后，杨维桢对玉山雅集的这次活动夸赞了一番：魏晋时期的兰亭雅集留下了王羲之的《兰亭序》，虽清雅但狭隘；宋代的西园雅集留下了李公麟的《西园雅集图》，虽豪华却过于奢靡。我觉得玉山雅集的影响力可与兰亭雅集、西园雅集相媲美。持续的时间长，参与人数多，留下的作品多，这是其他两集比不过的。

铁笛一声停素云

顾瑛诗集中介绍杨维桢：“当风日清晖，雪月清霁，辄命舟载酒，妓挈俦侣，访予于玉山堂中。醉后披玄鹤氅，坐船屋上，吹铁笛作《梅花弄》，殆忘人世。予家藏法书、名画，多所品题，其奇语天出，人推之为仙才云。”

三月三日，杨铁崖、顾仲瑛饮于书画舫，贴身侍女素云行椰子酒，遂成联句如下。

龙门上客下骢马（顾瑛），洛浦佳人上水帘。
玛瑙瓶中椰子酒（铁崖），赤瑛盘内水晶盐。
晴云带雨沾香炝（顾瑛），凉吹飞花脱帽檐。
宝带围腰星万点（铁崖），黄柑传指玉双尖。
平分好句才无劣（顾瑛），百罚深杯令不厌。
书出拨灯侵茧帖（铁崖），诗成夺锦斗香奁。
臂鞲条脱初擎研（顾瑛），袍袖弓弯屡拂髯。
期似梭星秋易隔（铁崖），愁如锦水夜重添。

劝君更覆金莲掌（顾瑛），莫放春情似漆黏（铁崖）。

联句终，铁崖乘兴奏铁龙之箫，复命素云行椰子酒，顾瑛随口说了一句："铁笛一声停素云。"铁崖赞叹，打拍，立即写成一诗："黄公垆西逢故人，坐客各以能诗闻。椰浆半斗破明月，铁笛一声停素云。茧纸题诗写章草，瓜皮看鼎辨周文。人生嘉会不有述，何异市中群聚蚊。"顾瑛和韵："春水画船如屋里，船头吹笛隔花闻。并刀落手碎玉斗，椰蜜分香属紫云。上客日传金帖子，美人夜织锦回文。高堂醉卧氍毹月，肯信东家帐有蚊。"

还有一些雅聚也很有趣。

每次雅集都有记录，诗酒不分家，酒过三巡，便开始赋诗唱和，留下了诸多与酒有关的诗文，"与尔共倾千日酒，呼童换却五云袍"。"仙人酌我流霞，梦中知在谁家。酒醒休扶上马，为君一洗筝琶"。

"至正十年七月六日，释良琦、李云山过界溪，诗来道问讯，顾瑛命人骑马追还草堂，晚唱酒芝云堂，酒半，快甚，欲赋咏纪兴，以'风林纤月落'分韵拈题，惟李云山狂歌清啸，不能成章，罚三大觥逃去。"诗不成者罚酒一觥，有时罚三觥，相当于三大碗，这次李云山酒喝大了，狂歌清啸，写不出诗，罚了三大碗，逃了。

张翥参加完玉山雅集，赶回常州，后夜酒醒，倚舟远望，意犹未尽，感慨道："……望姑苏有玉气如虹熊然上腾者，必吾草堂诸诗之光焰也。"

"十九日，玉山主人与客吴水西卧酒不能起。余与元璞坐东庑池上，清风交至，竹声荷气，清思翛然，殆非人间世。相与联句若干韵。不知二公在华胥梦中亦有此乐否。书之卷中，以索二公一笑。于立。"第一日，顾瑛与吴水西酒喝多了起不来，第二日，于立和元璞坐在在廊屋池边，景色宜人，乘兴联句赋诗，感慨道：不知二位在梦境中也有我们快乐吗？

"诗皆辄成，独松云子饮酣长啸上马驰去，得'栖'字不赋云。"

只有松云子喝多了，赖账，得“栖”字不赋诗，长啸一声，上马跑了。描摹酒酣耳热之际的癫狂。

陈敬初说：“余尝夜梦从彦成饮，彦成曰：‘荔枝浆也，饮之令人寿，子能为我赋之，当赠三百壶。’余因口占一诗，觉乃梦也。及会仲瑛，闻彦成酿酒，果名荔枝浆，以梦白之，不觉大笑。仲瑛曰：‘君当书此诗，吾当与子致酒以符所梦，因莞尔书之，彦成见此必更大笑也。’”

通过以上有趣的记载，可以看出当时的雅集参与者有悖于儒家正统，上追有魏晋七贤的风骨，不理会“形如槁木”，也不顾“安贫乐道”，只是至情至性，这对于艺术家极有益。何况兵荒马乱、物资匮乏的状况下，许多漂泊的文化人集聚在这里，撞身取暖，放飞艺术梦想。

奇闻轶事

寒翠石

寒翠石最早出自北宋名士王忠玉的快哉亭，其形态奇秀，巧夺天工，苏轼曾在上面题咏。后此石落户昆山周太尉宅，周氏败落，其宅改新安尼寺，石在寺中。到了元末，为顾瑛以粟交换寒翠石所得。将其安置在园林玉山草堂里，当时的名士柯九思听说了，特地前来观赏，对其叩拜而去，顾瑛因此写下《拜石坛诗》以纪念。御史达兼善也闻名而来，作古篆“拜石”，并题“寒翠”，作诗赞美。清嘉庆八年（1803），半茧园迎来了它的镇园之宝——寒翠石，一度备受文人雅士瞩目，得到了不少诗文的赞美，可惜这块充满传奇色彩的石头最后不知去向。

音乐家班

在玉山草堂有一个家庭的音乐班子，里边有顾瑛看中的声伎，如小璚英会弹古琴，琼花会调筝，南枝秀会唱曲，其他如翠屏、素真、素云等也是绝色美人，能歌善舞，她们初通文墨，偶尔会对上一两句诗，一般侍坐立趋，劝酒，佐助饮兴。客人酒酣，她们歌舞助兴。铁笛道人杨维桢初来，她们的任务较单一，等到杨维桢与顾瑛订交后，对她们的文艺要求也提高了。文人雅士唱和的许多新诗、新词，特别是《竹枝词》、《欸歌》、《清江引》，经杨维桢等谱曲，词与乐舞结合在一起，由声伎传唱，成为宴会上的新节目。其中一次雅集记录了戏曲班子的表演，“时炎雨既霁，凉阴如秋。琴姬小璚英、翠屏、素贞三人侍坐与立趋，歙俱雅音。是集也，人不知暑，坐无杂言，信曰雅哉”。唱和即咏诗活动，于结束时，有三个“琴姬”又弹又唱，唱的都是雅韵，不是当地民歌。其实杨维桢、高明、熊梦祥、柯九思、顾瑛等都精通音律，吴国良擅吹箫，张雨擅长小雷琴，其中一个叫文质，酒酣长歌，声若金石。

救助张士诚

至正十年（1350）顾瑛独资赞助昆山重建城隍庙。至正十五年（1355）冬，顾瑛率领水军在石浦协力剿灭贼党，还写了一首《安别驾杀贼纪实歌》。可以看出，顾瑛不仅乐于助人，而且热心公益。据清代顾公燮《丹午笔记》载：顾瑛偶入昆山城，见一个在押盐犯头子即张士诚。顾瑛觉得其貌不凡，非等闲之辈。故劝其改邪归正，并为其保释，住在他的玉山草堂。半年后，张士诚借银一万两离开了顾府。但不多日，顾瑛游杭州西湖时又遇张士诚。张以扇障面，以示无脸再见恩人。顾瑛见其秉性耿直，又满足了张士诚再借白银十万两的请求。因此，张士诚召顾瑛为官，一是为囊括吴中文人，二是为报恩。他们之间的关系还有待进一步考证。顾瑛不愿意出山当官。他在钱选的《浮玉山居图》卷上题诗：“无官落得一身闲，置我当于丘壑间。便欲松根结茅屋，清秋采菊看南山。”流露出顾瑛对闲适、隐居生活的追求。张士诚占据吴地后，顾瑛为了躲避做官，再加上战乱，隐居嘉兴合溪，建立了合溪草堂。《玉山逸稿》卷四载：“至正二十三年（1363），玉山中亭馆折毁殆尽，仅留一草堂耳。今于嘉兴合溪营一别业，颇幽绝。”顾瑛座上宾画师赵原，不能写诗，作画以代诗，融合逸气与古法，绘就了《合溪草堂图》这样的佳作。

失而复得

顾瑛在《玉山草堂名胜集》中记载了一件珍藏书画失而复得之事：“我家在玉山草堂中，亭馆二十四个，其扁题书卷都出自名公巨卿高人雅士之手。有一年春，兵入草堂抢劫，俗人不知好坏，以为书画为多余的东西，没有抢去。当年夏，又一批士兵拿住武器突然来收查我家，且特别急，当时我与家人一起逃难在山中，因此豁免。不知其缘故，过了三天，知道为不义之徒诬陷。我立即回到草堂，许多法书名画都被他们洗劫一空。每当我与袁华叹息佳作丢失，万分悲痛。秋天，我打算谢绝世缘，没有办法，不得不削发做在家僧。一天，一位官员冯秉中下车来问讯我，喝茶之余，游观我的住所。对我讲：‘君家诗卷向为军士持去，予知君好事，皆为君收得之，明当奉还。’没几天，用袋子装了七十卷送过来。校点后，只有‘柳塘’、‘绛雪’、‘绿波’三卷不在。我的天啊，物之聚散难道如此偶然！突遇灾难，宝贝皆星散而去。幸亏得到官员冯秉中在众人手中豪夺以归，使我的亭馆再增笑颜，然而不忍心独使三座亭馆处于寂寞中，空闲的日子，我邀请袁华、马孟昭分补书写一卷。”

灵龟义犬

《信义志》和《玉山名胜集》中有记，玉山佳处景点之一“来龟轩”因纪念一只神龟而得名。请郑元祐作记，顾瑛自题：“我自吴兴避难而归，玉山佳处无一毫之失，忽于西庑空庭中有神龟，大将一尺，四墙无隙，不知所来。乃添一小轩，扁曰‘来龟’，以符龟来之兆。”他还讲到家中曾有一只义犬。“及有旧犬，闻啮军士右足，环柱不能脱，众枪将及，始去，匿于田坂中，不能得之。予因呼之为阿义，陆君良贵有

《义犬行》。因记龟之灵，故及犬之义也。”为了纪念龟之灵和犬之义而赋诗一首：“避乱归来两鬓霜，春风依旧满门墙。喜看义犬眠花坞，惊见灵龟踞石床。曳尾泥涂来远道，负书莲叶出重光。慎须勿落元君梦，端笑能知五世昌。”

自撰墓志铭

顾瑛在49岁时，为自己建了墓地，并撰写了《金粟道人顾君墓志铭》，好友袁华用篆字书写碑额。顾瑛60岁去世，为何十年前就为自己写了墓志铭？墓志铭中写道，有一年，顾瑛侍奉母亲逃难到吴兴（今浙江湖州），居住不多时，母病气突发而去世。顾瑛极悲哀，大哭而突然昏厥。事情平息后，就奉送母亲的遗骨回家乡安葬。顾瑛念母不见，建楼“白云海”，时时登楼，徘徊四顾，以为母亲的骨骸已归葬，魂气在此，终天之痛何时可以停止呢？当时，张士诚强邀他为官，乃削发为僧守孝，阅大藏经以报母恩。又凿自己的墓地于山之阳，环植桂树，起额“金粟”，自题春贴：“三声已悟身如寄，一死须教子便埋。”故先自己写好墓志铭，并为之撰文：“……夫生之有归，尤会之有离。譬彼朝露，日出则晞。予生也与世弗光，予死也于予何伤……”

发配临濠

明洪武元年（1368），顾瑛因儿子曾在元朝为官，全家一并被迫迁徙到临濠（今安徽省凤阳县临淮镇），途中路过多次登临的虎丘，伤感地写下了《登虎丘有感》：“柳条折尽尚东风，杼轴人家户户空。只有虎丘山色好，不堪又在客愁中。虎丘城外骷髅台，无数红花带血开。静听剑池池内水，声声引上辘轳来。”还有一段后记：“仆将发濠梁，因登虎丘。辱彬上人款茶。话间，始知居中禅师住此已久，翻思二十年前与姚子章同见时，真若梦寐，何相见之缘若是。又值吾师远出，仆此行不知何日还乡。漫写前诗，托古道转达，且当一番相见。他日南归，欲来座下作有发侍者也。三月廿六日，金粟

今日玉山佳处旧址上的风光（葛欣提供）

道人顾瑛，合什附寄居中禅师侍香者。”顾瑛已经有了一去无回的不祥预感。中国社会科学院研究员、《全元诗》主编、博士生导师杨镰有一段评论：“诗人的文朋诗友于玉山雅集，都淹没在江山易代之际……顾瑛走后，玉山草堂成了废墟，昆山成了‘空城’。”至今这首诗还碑刻在虎丘碑林中，以供游人忆旧。

玉山雅集与兰亭雅集、辋川集、西园雅集并传于天地间，在于有玉山名胜集在，凡当时之名卿贤士的诗、词、记、序、赞、引等，都详细记录在册，盛况历历在目。2009年3月15日，《草堂雅集》、《玉山名胜集》、《玉山璞稿》首发式暨作品研讨会在昆山举行。会议由中国社会科学院文学研究所、中华书局、中共昆山市委宣传部、昆山市巴城镇人民政府主办，昆山市阳澄湖名人文化村玉山胜境有限公司承办。结束后，来自全国各地的20多位专家学者就“玉山雅集与昆山历史文化”等展开了专题研讨会。杨镰说：“玉山雅集的人员构成，我们统计了是110多位……他们这个群体活动留下了7000首诗，我们做完《全元诗》，元诗近14万首，换句话说，玉山雅集之诗占据了元代诗歌的1/20。”

昆山馆藏名画选粹

叶　凤

中国画是中华民族灿烂文化中的重要组成部分，历代画家经过辛勤耕耘，给我们留下了大量的珍贵作品。昆山的昆仑堂美术馆、侯北人美术馆、昆山博物馆收藏了许多中国画珍品，使广大市民在艺术欣赏中陶冶了情操，得到了美的享受。

昆仑堂主人朱福元先生是当代著名收藏家。1919年出生于昆山石牌。20世纪50年代初，他东渡日本谋生，经艰苦经商后事业兴旺。在长期的海外生活中，他目睹大量中国古代书画流失异国他乡，感到十分痛心，遂萌发收藏之念，然后几十年如一日，收藏中国传统书画。2001年秋，年届八十高龄的朱老先生决定将其珍藏的300余件古代书画作品捐赠给故乡昆山。为此，昆山市人民政府特设立昆仑堂美术馆，于2001年11月建成开馆。

侯北人美术馆位于西街琅环里，以远居美国加州的美籍华裔著名画家侯北人先生命名。他祖籍河北昌黎县，1917年生于辽宁海城，早年随河北省李仲常先生习画，后求教于黄宾虹先生、郑石桥先生。1956年由香港移居美国加州，1979年创立“美国中华艺术学会”，大力推介中国传统文化艺术。他与张大千、傅抱石、朱屺瞻等著名大师过往甚密，一起交流切磋，留下了许多珍贵画作。2002年，侯北人先生决定将自己毕生创作的绘画精品和他珍藏多年的名家名作共300多件捐赠给昆山。为此，昆山市政府特建侯北人美术馆，收藏这些优秀画作。

现介绍收藏在昆山的数幅名画，以飨读者。

唐人《迦理迦尊者像》

唐人《迦理迦尊者像》是一幅以罗汉为题材的唐代绘画作品，日本装裱，画心纵65厘米，横33.5厘米。作品画在麻布上，经纬疏松，在高倍放大镜下观察，托纸也是麻质，虽然貌似残缺不全，但是画作保存完好。此图绘一老僧，朱唇白衣，面相清癯，略显骨感，有须。头面偏向一侧，双目下视，左手以背支颐，右手前伸置膝，身穿大领宽袖长衣，似是坐姿。其形象与龙门石窟看经寺里的唐代浮雕石刻罗汉相似。有一雄狮匍匐于地，仰首上视，染赭色。画面右上角竖题“七迦理迦”四个字。迦理迦为十六罗汉的第七位，完整的名字应是“第七迦理迦尊者”。他是佛陀的一名侍者，也是一位驯象师，所以世称其为“骑象罗汉”。

这幅作品的作者今人已无从考证。著名书画鉴赏家杨新先生在《昆仑堂鉴赏书画记》一文中判断，认为这是一幅早期的罗汉画，应是晚唐时期的作品，并评价该画“其线描功夫，挥洒自如，举重若轻，非等闲之辈”。唐代具有对各种艺术兼容并蓄的非凡气度，儒释道三教并立，诗文、乐舞、书画无不繁荣。其中，绘画名家辈出。由于受宗教影响，许多人物画家皆擅佛道壁画，因此在宫殿、厅堂、寺观、石窟中经常塑造佛像、菩萨、神仙等形象。《迦理迦尊者像》是一件难得的艺术精品，具有很高的学术研究价值。

唐人《迦理迦尊者像》（叶风提供）

徐熙《春燕戏花图》

徐熙《春燕戏花图》(叶风提供)

徐熙，五代至北宋初与黄筌、黄居寀父子齐名的著名花鸟画家。北宋郭若虚在《图画见闻志》中说“黄家富贵，徐熙野逸。”此派多作粗笔浓墨，略施杂彩，而笔迹不隐，素有“落墨花”之称。

昆仑堂藏有《春燕戏花图》轴，绢本，尺寸为纵102厘米，横32.5厘米，无款。该作品画的是两朵盛开的牡丹及数株带雨的梨花，一燕栖息于花枝上，一燕穿梭于花丛间，一派春意盎然的景象。枝叶与花鸟是先用墨笔勾出轮廓，然后再敷以色彩。牡丹、桃花画得神采飞扬，白的淡雅，粉的娇媚，在石青铺地的映衬下，更显端庄秀丽。虽然年代久远，画面有局部破损的痕迹，但仍可看出作品讲究用墨、用色，显得古朴自然。

画中有清初书画家笪重光“徐钟陵春燕戏花图”的题首，及张远、罗振玉的题跋，和黄绍宪的收藏印。从张远的题跋中可知，此图原为笪重光所藏。因为张远十分喜欢，就忍痛将自己收藏的苏东坡墨竹与此图相换。跋语中有“虽然数百年而神理粉色皆完好。绢稍斑驳，所谓徐熙绢如布，良然”之语。还有1923年罗振玉观款。

中国的花鸟画在五代趋向成熟，而写实是其成熟的标志之一。黄筌始创勾线填彩，奠定了工笔花鸟画的基础，具有开宗立派的意义。徐熙虽然是江南一布衣，但志节高尚，放达不羁，所作花木禽鸟，形骨轻秀，朴素自然，清新淡雅，独创了别具一格的“落墨法”。注重墨骨勾勒，淡施色彩，呈现潇洒风格，故后人以“徐熙野逸”称之。

徐熙传世真迹较少。上海博物馆收藏的《雪竹图》相传是徐熙的作品。这幅《春燕戏花图》也是极有艺术价值和研究价值的作品。

龚贤《溪山隐居图轴》

龚贤（1618—1689），明末清初著名画家，江苏昆山人，与同时活跃于金陵地区的画家樊圻、高岑、邹喆、吴宏、叶欣、胡慥、谢荪，并称“金陵八大家”。

龚贤《溪山隐居图轴》（叶凤提供）

昆仑堂所藏《溪山隐居图轴》为龚贤晚年时期所作，纸本，纵111厘米，横42.5厘米。龚贤喜用老辣朴拙的笔法，秃笔与尖笔兼用，他主张“欲秀而老”，在这幅画中，龚贤用秃笔勾勒，尽显刚健苍劲之风；树梢则用笔尖挑出，姿态各异，宛如天成。画家程正揆在赠龚贤的诗中道：“铁干银钩老笔翻，力能从简意能繁。”点出了龚贤在用笔上的独特功力。图中，只见一处小屋掩于茂林深处，露出大半个模样。屋后修竹成片，左上方苍山连绵，丘壑纵横，危岩陡峭，有静穆、稳健之感。细细观摩其皴法，层层叠加，浑然一体。画面中的墨气似露气，似雾气，似岚气，似烟气，似云气……如同龚贤胸中之逸气，清淡静谧。观之，令人神往。

“焚香静坐林中屋，竹树无风也自凉。大笑陶潜未超脱，胸襟犹且看羲皇。”这是明末清初一代书画宗师龚贤在《溪山隐居图轴》上的一段题诗。形象地表现出这幅作品中蕴含的诗情画意。

龚贤为“金陵八大家”之首，其画风独树一帜，尤以浑朴沉着的特点为人所称道。龚贤既能像宋人那样深入自然，又能像元人一样在画中表现作者的胸襟意趣。龚贤还是一位具有诗人气质的画家，有人以“一代人称诗画工”赞誉他。所以，他的作品更有艺术价值。

王翚《书堂秋色图》（叶风提供）

王翚《书堂秋色图》

王翚（1632—1717），常熟人。字石谷，号烟客，清初著名画家。他自幼嗜画，继承家学，因家贫而为画商摹制古画出售，故接触了许多宋、元时期的名迹，又拜学习黄公望画法的同乡张珂为师，所以从小表现出非凡的绘画才能。王翚还师从王时敏、王鉴。当时王时敏看到王翚的画后，惊呼“此烟客师也”。后来，王时敏还在王翚的画作上题有长篇跋文，对其赞赏有加：“余于画道有癖嗜，顾以资钝劣，又婴物务不能恳习，迄今无成。生平所交画友数辈亦多未脱时趋，意谓风尚止此。不图疲暮之年得遇石谷。且亲见其盘礴，如古人忽复现前，讵非大幸？”王翚有机会观赏到王时敏所藏李成、范宽、董源、黄公望等宋、元时期名家的真迹，并悉心临摹，就有了“撷唐宋之精英，漱元明之芳润”的机会。

昆仑堂所藏王翚《书堂秋色图》，纸本，纵203厘米，横49厘米。作品左上角自题：“云林《书堂秋色》为半园主人唐氏所藏，其幽淡静远之致，则营丘、洪谷之遗也。余此幅丘壑不同，而风规差近之。”从中看出该幅《书堂秋色图》是在半园主人家观摩其所藏的倪云林《书堂秋色》之后而临仿的一幅佳作。倪云林即倪瓒，元代画家、诗人，与黄公望、王蒙、吴镇合称“元四家”（一说赵孟頫、吴镇、黄公望、王蒙为“元四家”）。

王翚早期画风清丽工秀，晚期则倾向苍茫浑厚。画史上把他及其弟子一派称为“虞山派”；又把他与王时敏、王鉴、王原祁合称“四王”，“四王”加上吴历和恽寿平又合称“清代六家”，一直被视为清代画坛的正宗代表。

严绳孙《茂林村居图》

严绳孙（1623—1702），字荪友，无锡胶山严埭人，一作江苏昆山人。以诗词书画闻名。

昆山博物馆藏有严绳孙《茂林村居图》长卷，水墨纸本，画心纵51厘米，横162厘米。此画构图奇兀，风格峻爽，密林浓荫，沉郁华滋，远处有几座村舍建筑相连，细细观察，房屋之间有长廊可通，有的只露出屋顶，掩映于茂林之中。画面中间也是一座建筑，只是画出屋顶和一侧墙面，两条细线表现出长长的围墙，又掩于茂密的树林中。画面左侧山势迤逦，高低参差，或碎或整，丛林密布，杂树相间，近处有一片竹林，似乎能听见竹枝摇曳，在沙沙作响。

严绳孙《茂林村居图》(叶风提供)

画面右上有跋文:“藕渔负卓荦之才,高尚其志,徜徉山水数十年,所怀狷洁,轩冕富贵不动其心。梁谿之人争以倪云林目之。及官翰林侍讲,幄记起居,于是感激自奋,不忍以向之高尚狷洁上负知遇。此幅盖其未通籍时作也。画境全仿荆、关,行笔极细而有韵度,诚稀世之宝也。秋玉幸毋忽诸。乾隆辛酉三月下浣钱塘万鹗记。”钤印:樊榭。

从中看出,乾隆辛酉(1741)三月,浙江钱塘人万鹗有幸看到严绳孙的这幅作品,非常激动。他说,严绳孙才能卓越,品行高尚,寄情山水间,洁身自爱,不为官位爵禄而动心。梁溪人都将他与“倪云林”相媲美。万鹗估计这幅作品是其还未当官时候画的。画面仿荆浩、关仝。这两人同属五代十国时期画家。荆浩擅画山水,常携笔摹写山中古松。所作云中山顶,能画出四面峰峦的雄伟气势。自称兼得吴道子用笔及项容用墨之长,创造水晕墨章的表现技法。关仝画风朴素,形象鲜明突出,简括动人,被誉为“笔愈简而气愈壮,景愈少而意愈长”。荆浩和关仝代表的北方山水画派,开创了独特的构图形式,善于描写雄伟壮美的全景式山水,对后世影响很大。严绳孙在这幅作品中行笔细腻,用淡墨轻轻渲染,再以纤细而有力的墨线勾出树木,显得恬淡细致,气韵生动,的确是稀世之宝。

长卷签条上写道:“严荪友中元山水真迹卷。仿荆、关笔意,万樊榭题,曾藏马秋玉处。高氏宝砚齐重装秘笈。”钤印:白厓山人。题签者高培兰,字杏船,号香林,号香林、香譝,室名宝砚斋,贵州贵筑(今贵阳)

人。监生，光绪年间（1875—1908）在湖北应城、蕲水诸县任知县。

严绳孙生于明天启三年（1623），祖父严一鹏曾为明尚书，出身于显赫的官宦人家，自幼聪颖过人，六岁能书大字，在艺术上极有天分。他不仅书画卓越，诗词也特别优秀。与朱彝尊、姜宸英同授编修，时称“江南三布衣”（也有资料将李因笃列入，称“江南四布衣”）。后来历任日讲起居注官、山西乡试正考官、右中允兼翰林院编修、承德郎等职。康熙二十四年（1685）辞官回家乡隐居。

在这幅茂林村居图中，古树参差，修篁历历，苔藓遍地，屋舍俨然，真像东晋陶渊明《桃花源记》中描写的场景：“土地平旷，屋舍俨然，有良田美池桑竹之属。”这既是写自然之景，又是构心中之景。在他凝重的笔墨下，似乎水不流，风不兴，路上没有行人，水中没有渔舟，村舍廊亭静对沉默的山林。这里山静日长，这里无争、无斗、淡泊、自然，正是“懒出户庭消永日，花开花落罔知年”的境界。

2010年，故宫博物院杨新教授看到《茂林村居图》后，非常激动，欣然题字《茂林村居图》，并写道：“严绳孙茂林山居图，一时游戏之作。出自心臆，不拘一家一法。厉樊榭谓为仿荆关，实则指其未堕末代文人画习气也，其可珍贵。”2014年，中央美术学院薛永年教授评价《茂林村居图》，称：“荪友此卷，以松江笔墨出吴门理法，实中见虚，静中见动，盖气韵不凡，而不乏实诣者也。杨新大鉴家之论允哉。”后人对严绳孙绘画有“工赡绝伦”、“足以括当世之士”的评价。传世作品有《老树寒鸦图》、《鹤寿图》、《江村草堂图》等。

潘澄《渡口载鹤图》

这是一个静寂秋天的江面，画面中间部分是如镜的江面，空阔缥缈，远处是延绵不绝的群山，巍峨起伏，苍茫秀润，林木葱郁，靠近江面处，有几处湖石露出水面；近处，几棵高大的松树立于山上，岸边有两座木亭立于水边，一位高士坐在亭中，向湖中张望，前方的湖面，一叶小舟正向岸边缓缓划来，小舟上载有一只白鹤，船夫在船尾用力撑篙，白鹤引颈向亭中高士眺望，鹤嘴张开，似乎正在鸣叫。江面开阔，小舟缓行，渺渺秋江中，白鹤通过摆渡，急切与主人相见的场景令人生发无尽遐思。

画家于画面右上角题诗道："渡口秋来树，迎风叶叶黄。怀人相望久，犹道是斜阳。丁卯夏日，昆山潘澄。"

潘澄《渡口载鹤图》（叶风提供）

潘澄，明末清初人，字弱水，又字若水，江苏昆山人氏。［康熙］《昆山县志》载："潘澄，字若水，性狂侠，善画，时吴中张宏陈遵之流，皆以山水擅名，澄后起，遂驾出其上，又喜饮，每酒酣放歌，泼墨淋漓，浓淡相得，辄成胜景，识者以为有神助，素尚气节，故虽在艺流，贤士大夫，多与之交，维扬季给谏开生，尝延澄至京师，给谏以言得罪，徙尚阳堡，亲朋左右，无敢送者，澄独携襆被，追随徙所，寒风朔雪，相依岁余，迨海盐陈公之遴，亦以谴至。澄曰，给谏，今有友，无庸澄居此，乃南还，会郭侯文雄殆，澄经纪其葬事，感病卒。"

这幅《渡口载鹤图》作于明代天启七年（1627）。当时明王朝统治日益腐败，社会矛盾激化。面对黑暗处境，士林结社，他们或论政于朝堂之上，或放荡于山野之间。《渡口载鹤图》就是他隐逸时的作品。

“待渡”是中国山水画中是最常见的题材。渡，或作度。既是渡河的“渡”，又是精神的“度”，度到一个理想的世界中。潘澄将这样的精神期许放在秋色夕阳下的空阔江面上，载鹤的扁舟已经快到岸边了，诗意的理想气息越发浓郁——灵苇一片，渡出苦海。仙鹤马上就到身边了，“鹤鸣于九皋，声闻于天”。这是画家用心构造的意念世界。

黄宾虹《九华山图》

黄宾虹（1865—1955），现代杰出国画大师。原籍安徽歙县，出生于浙江金华。其画风在丰富多变的笔墨中，蕴涵着深刻的文化精神。黄宾虹的绘画一直受到美术界的广泛关注，并逐渐释放出巨大的能量，影响着当今的中国画坛。

现藏于侯北人美术馆的《九华山图》是黄宾虹的写生作品。尺寸为纵112厘米，横41厘米。此幅山水条幅取高远式构图，一眼望见山峦重叠，林木扶疏，云雾缭绕。主体为近处的青山草木，郁郁葱葱，山路顺山谷蜿蜒而上。有几间民房，前后错落，民房内坐俩人。房前方有一片广阔的空地，有拱桥跨过溪水，连通对岸。山腰树木丛生，枝条欹斜，有一四角亭，往上高山耸峙，岿然独立。远山以浓淡结合的水墨

黄宾虹《九华山图》（叶风提供）

写出云雾氤氲。山上有一泓泉水蜿蜒而下，以山衬水，以水烘山，繁与简，虚与实，对比中互相衬托，使画面更灵动。正如宾虹先生所言：“作画实中求虚，黑中留白，如一灿之光，通室皆明。”

作品右上方有款识：“九华山碧霄亭，空山细响鸟，梵鸣泉云石萦纡，皆娱心目，黄宾虹记游。”钤有黄山予向（白文）、朴居士（白文）、片石居（白文）、竹北移（朱文）四枚。这幅画尽管表现崇山峻岭，山路曲折盘旋，林木丛生，层次丰富，但画面仍清妍秀润，意趣生动。构思平中见奇，近取其质，远取其势，不落俗套，有虚有实，显得繁而不乱。这与画家长期的艺术实践分不开，实践也使其画艺达到了炉火纯青的境地。

黄宾虹擅画山水，后来成为山水画的一代宗师。六岁时，临摹家藏的沈庭瑞（樗崖）山水册，曾从郑珊、陈崇光等学花鸟。早年受“新安画派”影响，以干笔淡墨、疏淡清逸为特色，人称“白宾虹”；八十岁后以黑密厚重、黑里透亮为特色，人称“黑宾虹”。其作重视章法上的虚实、繁简、疏密的统一；用笔凝重，遒劲有力，行笔谨严处，有纵横奇峭之趣。逐步形成“黑、密、厚、重”的画风。黄宾虹一生画了大量描写九华山的作品。1900年，黄宾虹由新安经青阳，首次登览九华山。在《九华山纪游》题画中写道：“时值初夏，山花放馥，林鸟唤雏，游目骋怀，处处引人入胜。对观山容，潦草图数十纸，虽有记述，不能详尽。”可见，面对这座佛教名山，他激情难抑，一次次引起了创作冲动。从此，黄宾虹对九华山依依难舍，多次重游。所到之处，无不墨翰飘香，留下了《九华山东崖》、《游九华山》、《九华拜经台》等作品。侯北人美术馆收藏的《九华山图》作品未注年款，按照画法推算，大约是其八十岁时所作。

溥心畬《闺怨诗意图》

溥儒，字心畬，号西山逸士。满族，北京人，为清道光皇帝曾孙，宣统皇帝溥仪的堂兄。溥儒在书画史中具有特殊的地位，与张大千并称“南张北溥”。由于他有与众不同的人生经历，其书画既展现了宫廷绘画技巧，繁复工整趋于极致，又具有文人之风，淡雅素净超然世外。

仕女画是以封建社会中妇女生活为题材的中国画。侯北人美术馆藏有溥儒的一幅《闺怨诗意图》，纸本设色，款识：“小院风初起，庭叶已疏红。清波见鱼戏，不寄一行书。丁亥秋日写闺怨诗意，西山逸士溥儒书并题。”印文：溥儒之印（白文）、心畬（朱文）。尺寸102×33厘米。画中场景时值秋月，几株老树长于河边，秋风乍起，树叶零疏，一个女子独自站于树旁，右手衣袖倚在弯曲的树干，左手清理发髻，头部微微右倾，低眉凝望脚边水中的游鱼。其面部神情若有所思，愁怨哀伤。画面中仕女衣底纹线非常流畅，体态婀娜。背景的草木、坡石刻画亦十分精彩。树的枝干线条劲健挺拔、顿挫有力。松针繁而不乱，笔笔扎实，无一懈怠。坡石和半掩的太湖石连勾带皴，迅疾痛快。这反映出溥儒高度概括、洗练的能力和高超的技巧。正是由于他抓住了对仕女的瞬间神态，才能塑造出高于一般生活的人物形象。

溥心畬《闺怨诗意图》（叶风提供）

“小院风初起，庭叶已疏红。清波见鱼戏，不寄一行书。”真实反映出既惆怅又无奈的萧索情怀。据传，1917年，溥心畬迎娶了清末陕甘总督升允的女儿罗清媛。罗清媛是一位雅善丹青的才女，婚后两人经常联合作画，举办联展。1947年，两人结婚30周年之际，罗清媛却先他而去，病逝于颐和园介寿堂，这令溥心畬倍感伤情。溥儒在作这幅画时，其妻子罗清媛在他心中仿佛就是一位半倚在树干上的古代仕女，端庄清秀，文雅恬静。将这份怀念之情倾注在画面上，使画作更加引人入胜。

张大千《杏花春雨图》

张大千（1899—1983），是20世纪中国画坛最具传奇色彩的国画大师，被誉为“当今最负盛名之国画大师”。徐悲鸿说过：“张大千，五百年来第一人。”

侯北人美术馆藏有张大千的多幅作品，其中的《杏花春雨图》是其最具代表性的精品力作。作品高79厘米，宽193厘米，以横幅构图。画面采用传统的平远和深远相结合的方式，以泼彩和勾勒相兼的技法为观众展现了一幅色彩斑斓、水墨淋漓的春雨江南图画。细细体味，可见数叠亭台楼阁隐于山林，溪桥横斜，洲渚淡远，树木葱茏中有粉红色杏花正开得烂漫，红霞一片，乃一派平淡天真的世外江南景色。

大千在画上自题诗云：“一片红霞烂不收，更霏微雨弄春柔。水村山店江南梦，勾起行人作许愁。五十八年岁己酉三月，北人道兄韵琴夫

张大千《杏花春雨图》（叶凤提供）

人招予夫妇加州看杏花，即归三巴，写图赋诗以寄，即乞俪正，大千弟张爰。”据侯北人先生在《念张大千居士》一文中介绍，这是他第一次得到张大千赠送的泼彩山水画。1969年3月12日，侯北人曾邀请大千与他夫人徐雯波到侯北人住的小城来看杏花。这座小城原为杏圃，每年春季，杏花开遍，花香扑鼻。恰逢天降小雨，此情此景，令大千不禁回想起年轻时寄居江南的旧景。早在20世纪30年代，张大千与其二哥张善孖为了作画曾居住在苏州网师园。这一番春雨杏花江南、小桥流水人家的景致成为大千魂牵梦绕的江南情梦。他回家后不久，就绘制了《杏花春雨图》，赠送给侯北人先生。

“水村山店江南梦，勾起行人作许愁。”这是大千先生作为一名游子远离家乡，漂泊海外的江南梦，也是侯北人先生的江南梦。几许思念，几许忧愁，其中复杂的乡愁难以用语言言表，唯有融进画里，才能让人回味无穷。

林纾《槃亭图卷》

2013年，中国近现代著名天文学家朱文鑫诞辰130周年。为此，昆山举办了纪念活动。其间，朱文鑫后人向锦溪镇捐献了一幅书画长卷——《槃亭图卷》，引起了社会各界的广泛关注。

朱文鑫，号槃亭，生于陈墓（今锦溪）镇众安桥东堍朱氏老宅。他1908年赴美国威斯康星大学留学，1913年学成回国，毕生从事天文学研究，是第一个写出天文通史的中国人。他的天文学著作有15种之多，主要有《星云星团实测录》、《天文考古录》等，对当时和后世产生了重要的影响。

1916年，适逢交通部上海工业专门学校（今上海交通大学）建校二十周年，学校委托朱文鑫设计建设纪念亭。此亭参考三国时诸葛亮

林纾《槃亭图卷》(叶凤提供)

八卦阵图原理和国外古代迷宫，结构曲折回旋，入亭需要循序渐进，若方向错误，就难以走出。时任校长唐文治先生看后非常高兴，特为之取名“槃亭”。五年以后，应朱文鑫邀请，写下了一篇《槃亭记》：“……为内歧途约三十余，为门如之。广约八千平方尺，由门面达于亭，为途长约二百丈。苟得途径，仅数分钟可以抵亭。不然，蜿蜒曲折，使游其间者，有“山重水复疑无路，柳暗花明又一村”之慨。其视中央巍然高耸之亭，则犹如海上仙山，可望而不可即。”今天读来，仍然令人遐思，激动不已。

槃亭落成后，清末状元张謇挥毫题写了“槃亭”二字。朱文鑫就将“槃亭”作为自己之号。他从政期间始终清正廉明，克己奉公，曾作一首《槃亭》来勉励自己：“槃阿多乐地，门无车马盼。德业保衡石，富贵自浮云。亭亭竹有节，皎皎玉无纹。岁寒知松柏，鹤立燕雀群。”

朱文鑫还邀请当时一些社会贤达、文人雅士题诗作画，以作励志之用。著名文学家、翻译家、国画家林纾(琴南)于1924年绘制了《槃亭图》相赠。林纾能诗善画，特别擅于绘画山水。在这幅画中描绘了一座茅亭立于湖边，旁边青竹摇曳，两棵古树参差，一座木桥跨过湖岸，中有少许怪石，杂花点缀，细径曲折，苔藓遍地，得“老树幽亭古藓香”之境界。一位长者立于桥中，向远方凝视，神情怡然，湖中芦苇郁郁葱葱，微风徐来，似乎能听到沙沙作响。

这显然不是朱文鑫在上海工业专门学校建筑的槃亭，但是，林纾先生了解朱文鑫的心境。这平常的茅亭、修竹、湖水、古树、小桥，正是朱文鑫魂牵梦绕的家乡五保湖的景致，是朱文鑫心中的“槃亭”。后来，唐文治、陶惟坻、张一麐、吴湖帆、庄蕴宽、叶楚伧、柳诒徵等八位文人雅士陆续为之题诗作画。再后来，朱文鑫将这些作品，连同当年自己的励志诗《槃亭》汇集装裱成7米长卷《槃亭图卷》珍藏。

海上大家吴湖帆集鉴赏家、书画家、收藏家于一身，其画作气象高华、意境独运，为世人所珍。吴湖帆与朱文鑫及其儿子朱章淦交谊深厚。1946年，朱章淦特邀请吴湖帆绘制《槃亭续图》。在这幅长卷上，吴湖帆取倪瓒笔法纯以意写之，又纯出淡墨，画中四角茅亭依山而立，亭旁树影婆娑，空幽冷寂、恬淡天真，充盈山野世外之趣。构图取倪瓒三段式，并略作改造，使成对角线三段式，颇有奇趣。他在题字中写道：“隐隐乾坤一竹亭，水乡景美晚风清。菰蒲生处沙鸥扑，暎带垂虹万里情。”吴湖帆出神入化、游刃有余的诗、书、画，组合成一种婉约风雅的意境。令人遗憾的是，这幅《槃亭续图》后来流落到社会上，出现在拍卖市场了。

千百年积淀下来的书画文物，不仅是中华文化璀璨的瑰宝，也是中华文化博大精深、源远流长的物证。今人只要走进昆仑堂美术馆、侯北人美术馆和昆山博物馆，就能欣赏到这些珍贵的书画作品，领略书画之精，感受艺术之美。

附：《鹿城故事》总目录

《鹿城故事1》目录

《鹿城故事2》目录

《鹿城故事3》目录

《鹿城故事4》目录

《鹿城故事5》目录

《鹿城故事6》目录

《鹿城故事7》目录

编后记

从2010年开始，昆山市文化馆为了继承传统文化，每年编选一册《鹿城故事》，至今已编8辑，总共积累了160个讲题，涉及诸多文化亮点，内容丰富，成为一组了解昆山历史的通俗读物。

这一辑故事的内容同样丰富多彩。马一平的《昆山历代方志述要》是作者多年研读昆山志书的全面总结，从编撰背景、行文特点、版本沿革等方面都做了简要介绍；陈柏华的《昆山百年老校掠影》是作者多年来收集老校史料的全面展示，从中能够了解建校功臣、衍变轨迹，是一份珍贵的校史档案；徐俊良的《回眸掖布场廿四家屋》是作者回忆孩童时代的生活经历，写得真实有趣，是一份记取乡愁的生动教材。

每一个故事虽然只有八千字左右的篇幅，但往往要花费作者数月甚至数年的心血，为的是要把历史上诞生过的名人、发生过的事件，讲给今人听，留给后人传。永远记取那些不忘初心的文化精英，为了实现艺术梦想，而呕心沥血地不断进取。读了这些故事，可以从中获取精神力量，从而得到鼓舞，并为拥有这份优秀遗产而感到自豪。

在坚守“鹿城故事”讲台的那些日子里，主办单位不断拓展讲题内容，不断物色讲师人选，目的是使“鹿城故事”源源不断地涌现。本书一如既往地坚持图文并茂的特色。所述内容一定存在错谬，敬请读者批评指正。

编　者

2017年8月

图书在版编目（CIP）数据

鹿城故事. 第8辑 / 韩承峰主编. — 苏州：古吴轩出版社，2017.11
ISBN 978-7-5546-1055-8

Ⅰ. ①鹿…　Ⅱ. ①韩…　Ⅲ. ①文化史—昆山—文集
Ⅳ. ①K295.34-53

中国版本图书馆CIP数据核字（2017）第294238号

封面题签：王　清

责任编辑：蔡时真
见习编辑：杨晶晶
责任校对：靳晓虹　徐　铼
特约校对：白之黑
责任照排：刘　浩

摄影统筹：毛宇龙
封面摄影：徐耀民

书　　名：鹿城故事. 第8辑
主　　编：韩承峰
出版发行：古吴轩出版社
地址：苏州市十梓街458号　　邮编：215006
Http://www.guwuxuancbs.com　　E-mail:gwxcbs@126.com
电话：0512-65233679　　传真：0512-65220750
出 版 人：钱经纬
印　　刷：苏州日报印刷中心
开　　本：890×1240　1/32
印　　张：9
版　　次：2017年11月第1版　第1次印刷
书　　号：ISBN 978-7-5546-1055-8
定　　价：25.00元